Barganhando sobrevivências

os trabalhadores da expedição de
Henrique de Carvalho à Lunda (1884-1888)

Barganhando sobrevivências

os trabalhadores da expedição de
Henrique de Carvalho à Lunda (1884-1888)

Elaine Ribeiro

Copyright© 2013 Elaine Ribeiro

Grafia atualizada segundo o Acordo Ortográfico da Língua Portuguesa de 1990, que entrou em vigor no Brasil em 2009.

Publishers: Joana Monteleone/Haroldo Ceravolo Sereza/Roberto Cosso
Edição: Joana Monteleone
Editor assistente: Vitor Rodrigo Donofrio Arruda
Assistente acadêmica: Danuza Vallim
Projeto gráfico, capa e diagramação: Ana Lígia Martins
Revisão: Samuel Vidilli
Imagens de capa: Registros da expedição de Henrique de Carvalho

CIP-BRASIL. CATALOGAÇÃO NA PUBLICAÇÃO
SINDICATO NACIONAL DOS EDITORES DE LIVROS, RJ

R367b

Ribeiro, Elaine
BARGANHANDO SOBREVIVÊNCIAS: OS TRABALHADORES DA EXPEDIÇÃO
DE HENRIQUE DE CARVALHO À LUNDA (1884-1888)
Elaine Ribeiro, 1ª ed.
São Paulo: Alameda, 2013.
314 p.

Inclui bibliografia
ISBN 978-85-7939-225-2

1. Angola – História. 2. Angola – Colonização. I. Título.

13-04045   CDD: 967.3
                 CDU: 94(673)

ALAMEDA CASA EDITORIAL
Rua Conselheiro Ramalho, 694 – Bela Vista
CEP: 01325-000 – São Paulo, SP
Tel.: (11) 3012-2400
www.alamedaeditorial.com.br

"a memória social de suas vidas [foi-se] perdendo antes por um esquecimento ideológico do que por efetiva ausência dos documentos.
É verdade que as informações se escondem, ralas e fragmentadas, nas entrelinhas dos documentos, onde pairam fora do corpus central do conteúdo explicito.
Trata-se de reunir dados muito dispersos e de esmiuçar o implícito [...]
É uma história do implícito resgatada das entrelinhas dos documentos,
beirando o impossível, de uma história sem fontes..."

Maria Odila Leite da Silva Dias

MUHAMBA

Sumário

Prefácio - A sociedade expedicionária   9
em movimento
por Cristina Wissenbach

Introdução - Trabalho e Identidades   17

Os carregadores da África centro-ocidental   25

Relatos de viagem como fonte historiográfica   37

I - Controle da mão de obra africana e   49
administração colonial: faces convergentes da
política portuguesa oitocentista

A adoção pelos homens políticos portugueses do   75
vocabulário dos direitos e deveres de senhores e
escravizados, bem como dos carregadores

II - Interstícios imperiais na obra   95
de Henrique de Carvalho

Discursos imperiais no Portugal da segunda metade do XIX   96

As singularidades do pensamento colonial do português   112
Henrique de Carvalho

III - Os caminhos da Expedição Portuguesa à   139
Mussumba do Muatiânvua

"Mas o território não é o mapa"   160

IV - Os trabalhadores da Expedição Portuguesa à Mussumba do Muatiânvua	203
A resistência dos trabalhadores libertos de Angola às persistências da escravização e do trabalho forçado	204
Os "contratados de Loanda"	217
O sentido social da mukanda	257
Os loandas e a devoção a Nossa Senhora da Muxima	266
Muxima...	272
Considerações finais	277
Fontes e bibliografia	281
Agradecimentos	311

Prefácio

A sociedade expedicionária em movimento

Henrique de Carvalho pode não ter sido o primeiro europeu a atingir a capital dos lundas no século XIX, na África Central. Antes dele, comerciantes brancos como Rodrigues Graça, o pombeiro africano Pedro João Baptista, a serviço do capitão mor da feira de Kasange, nas primeiras décadas do Novecentos e os sertanejos Silva Porto e Ladislau Magyar, além de vários viajantes alemães, na segunda metade do século, já haviam visitado a cidade e firmado relações diplomáticas e comerciais diretas entre os lundas, os representantes europeus e a administração portuguesa de Luanda. A par disso, os mesmos personagens históricos haviam ultrapassado a barreira que durante séculos impedira a penetração dos europeus e seus emissários para além do rio Kwango, em direção às áreas de domínio exclusivo das sociedades africanas. No entanto, como poderemos conhecer na leitura desse trabalho que tenho a honra de apresentar, foi Henrique de Carvalho o primeiro a descrever com minúcias a corte do Muatiânvua – o dirigente maior da Lunda – e a revelar com detalhes o plano espacial da mussumba, a aglomeração urbana em que esteve em 1887 e onde se assentava o chefe político africano. Além de apresentá-la como uma cidade na acepção moderna, organizada em torno da distinção entre as zonas de moradia e de poder político e as áreas de produção e de trabalho manual, o expedicionário revelou sua disposição na forma de uma tartaruga, símbolo de perenidade e resistência que

10 Elaine Ribeiro

se desejava à realeza africana. Decifrou um desenho urbanístico, que se mantinha mesmo quando a mussumba mudava de lugar, em que as partes do animal – cabeça, tronco, membros e calda – dispunham os lugares sociais e de poder do universo lunda: a hierarquia dos parentes e dos servidores diretos do dirigente africano, os trabalhadores e artesãos, e assinalavam também a maior ou menor aproximação entre vassalos e aliados e o chefe da grande unidade política "lundaizada". Foi ele também, e muito antes do estudioso do século XX, Victor Turner, o primeiro a descrever os rituais de iniciação dos jovens lundas e chokwes, chamados de mukandas, como observou o professor Carlos Serrano, por ocasião da defesa do mestrado do qual resultou a presente obra.

Outra percepção imagética pode ser buscada para dar forma à composição da sociedade expedicionária analisada nesse livro, na qual em torno de sua cabeça – o major português Henrique de Carvalho – gravitavam inicialmente seus auxiliares diretos – o farmacêutico Sisenando Marques e o fotógrafo Sertório de Aguiar e abaixo deles, seus homens de confiança, os africanos que haviam sido arregimentados em Luanda ainda nas fases iniciais de preparação da expedição e a quem Henrique de Carvalho chamava carinhosa e soberanamente de "os meus loandas". Africanos de diversas procedências que caminhavam junto com suas famílias, encarregados de garantir a segurança do militar e sua alimentação, de mediar a relação dele com as turmas de carregadores, e que se colocavam como seus emissários nas embaixadas dirigidas às diversas autoridades africanas com as quais cruzavam e de quem dependiam para seguir viagem. Homens que, ao final de tudo, recusavam-se a se desmobilizar dada a ligação ou a dedicação que passaram a lhe dirigir. São esses alguns dos elementos constitutivos da expedição de Henrique de Carvalho, realizada entre os anos de 1884 e 1888, matéria aprofundada nesse estudo, instigante e denso.

Nele, com o titulo de *Barganhando sobrevivências: os trabalhadores centro-africanos na expedição de Henrique de Carvalho* à *Lunda* (1884-1885), a professora e mestre, Elaine Ribeiro da Silva Santos, acompanha a feição social da expedição informada principalmente pela leitura dos vários volumes da obra na qual o expedicionário descreveu a viagem. Munida de uma perspectiva inovadora e em constante diálogo com a historiografia que elegeu o mesmo personagem e seus escritos como fonte para o estudo da Angola portuguesa e das sociedades africanas da época, a jovem pesquisadora busca perceber, nos detalhes descritos da viagem e nas entrelinhas dos relatos, a natureza do projeto expedicionário e as dinâmicas existentes entre o seu chefe e os africanos que participaram dele. Nesse sentido, as relações constituídas em torno da questão do trabalho na expedição conformam o tema central do estudo, sobretudo porque, como nos mostra a historiadora, a partir de sua remontagem é possível devolver subjetividade aos africanos. Seguindo suas análises e informações, reconhecemos nomes, perfis étnicos e demais afiliações dos diversos tipos de trabalhadores que viabilizaram o empreendimento, e somos levados a perceber também neles a experiência transformadora da viagem. Além disso, aprendemos sobre as formas de arregimentação, as hierarquias que separam carregadores e patrões, os termos de seus contratos e, em especial, o rol de suas exigências, acepções e valores próprios evidenciados nas negociações feitas com o chefe da expedição.

Defendido em 2010 como monografia de mestrado e agora transformado em livro, o estudo revela não só capacidade analítica e sutileza de interpretação de sua autora, como principalmente os resultados dos esforços de uma investigadora madura que tomou gosto pela pesquisa histórica desde os primeiros anos de graduação no Departamento de História da USP. Em um percurso que tive oportunidade de orientar, e usufruindo tanto dos auxílios concedidos pela Universidade de São Paulo, quanto das dotações da Fapesp, em suas várias modalidades (Treinamento Técnico, Iniciação Científica e Mestrado), Elaine Ribeiro trilhou os caminhos de uma formação acadêmica exigente, combinando a realização de cursos com o contato intenso com a documentação disponível sobre a história da África – relatos de viagem, compilações de fontes impressas, documentação disponibilizada por meios eletrônicos, entre outras fontes. Mas, principalmente, com aquelas que diziam respeito aos trabalhadores africanos. Foi esse sempre o foco privilegiado por ela desde as primeiras investigações em que revelou as histórias dos africanos ligados às dinâmicas marítimas atlânticas, nomeadamente os canoeiros kru e os carregadores dos portos da África ocidental, até a sua pesquisa de mestrado.

Para além de sua própria experiência e de seus compromissos pessoais, essa opção foi embasada em referenciais teóricos e metodológicos de grande valor: a história social do trabalho de Edward Thompson e de Eric Hobsbawm e, em termos mais diretos, os estudiosos da história africana que contemplaram não só a escravidão no continente, como as formas de trabalho compulsório que lhe seguiram. Nessa direção, destacam-se as orientações de Frederick Cooper, Elisio Macamo, Alfredo Margarido e Jean-Luc Vellut, como também, as dos "angolistas" Jill Dias, Isabel de Castro Henriques, Beatrix Heintze, Maria Emília Madeira Santos e mais recentemente Roquinaldo Ferreira. Do conjunto desses estudiosos, e de cada um deles em particular, Elaine Ribeiro retirou referenciais teóricos e informações e lhes deu, no trato interpretativo, novos sentidos.

Mas, na construção do sentido original e inovador do livro apresentado, gostaria de salientar, no entanto, o contributo da aprendizagem feita nos marcos da historiografia social da escravidão brasileira e dos estudiosos que, a partir dos anos de 1980, leram os processos sociais da escravidão de forma diferenciada. Conceitos e metodologias deles retirados e que podemos vislumbrar nas interpretações da autora, indicados na leitura da documentação feita "a contrapelo", na busca pela compreensão das dinâmicas sociais implícitas nas relações de poder e na capacidade de detectar, apesar de todas as dificuldades, as experiências históricas

Barganhando sobrevivências 13

dos dominados, dos subalternos, daqueles que não tiveram oportunidade de legar fontes e testemunhos diretos – vozes dissonantes que vivenciaram a seu modo os movimentos de implantação do colonialismo nos finais do século XIX inscritos sobretudo na relação com o trabalho africano. A historiografia social brasileira inspirou também, acredito, a concepção do poder em suas múltiplas faces e dimensões, a não considerar os discursos como estruturas unívocas, a buscar como ela apreciou a descrever na sua análise, os interstícios em que os projetos colonialistas revelavam suas fissuras e também suas empatias e que acabavam por relativizá-los. Ou, usando de suas palavras, que causavam "perturbações astigmáticas do olhar soberano". É esse sem dúvida o caso do projeto político e da prática social de Henrique de Carvalho nas incursões africanas e de onde vem a relevância de suas avaliações etnográficas, plenas de empatia e moldadas no jogo de suas experiências e necessidades.

A maturidade da jovem historiadora revela-se, de outra forma, na maneira pela qual concebeu as direções e as partes do livro. Sem comprometer o foco, ousou se embrenhar nas discussões sobre os temas complexos que moldaram o desempenho político de Henrique de Carvalho: os debates em torno do abolicionismo português e das propostas de reformulação da legislação relativa ao trabalho africano, bem como seu posicionamento diante das conjunturas europeias e dos interesses que marcaram as disputas pelos territórios africanos. Contextualizando, de outra parte, a própria viagem de Henrique de Carvalho, e começando a radiografar os movimentos da expedição, procurou nas descrições das obras do expedicionário os marcadores espaciais que delimitavam as presenças portuguesa e africana nos territórios da África Central: uns mais antigos como presídios, feiras, fortes e outros mais recentes, como as chamadas "estações civilizadoras", convivendo lado a lado com as banzas das sociedades africanas, com as termiteiras inspiradoras das construções habitacionais, com os muquiches – pequenas cubatas erigidas em honra a N'Zambi, as barracas e as

14 Elaine Ribeiro

bandeiras da expedição junto às árvores sagradas e às sepulturas – elementos que corporificam o pano de fundo sobre o qual se desenvolveram as experiências da viagem. Em termos amplos, somente depois de constituídas as molduras históricas características do panorama europeu e africano dos finais do século XIX, é que a historiadora se dispõe a elucidar o seu tema predileto: a questão do trabalho e as relações sociais tecidas entre os diferentes níveis dos participantes da expedição.

Por fim, é preciso dizer que *Barganhando as sobrevivências* se insere num conjunto mais amplo de investigações acadêmicas que vem sendo feitas no âmbito das instituições brasileiras sobre os temas de história africana. Relaciona-se, de um lado, às possibilidades de novos olhares sobre temas tratados anteriormente quase que exclusivamente pelas historiografias africana, europeia e norte-americana, adicionando a elas outra sensibilidade. Centrado na perspectiva da história social, este trabalho revela as contribuições das transversais sul-a-sul e dos ganhos de interpretações atentas à documentação histórica, aos arquivos e à complexidade e diversidade que podem ser atribuídas aos processos históricos de larga abrangência. De outra parte, evidencia também os aportes que a história africana pode trazer à nossa vida acadêmica. Nos grupos de pesquisa e de discussão no interior dos quais esse trabalho foi gestado, no âmbito do Departamento de História da USP e do Programa de História Social da FFLCH, nas discussões da linha de Escravidão e História Atlântica e do projeto temático já concluído Dimensões do Império Português, nas reuniões dos grupos menores de orientandos dedicados a temas afins, aprendemos gradativamente a considerar as contribuições que a história africana oferece para a compreensão dos processos brasileiros. Em parte porque as dinâmicas africanas se estendem à nossa história. Como pontua Elaine Ribeiro, utilizando os dados coligidos por outra das mestras citadas, Mary Karash, pelo menos 19% dos escravizados brasileiros vieram das regiões percorridas pela expedição de

Henrique de Carvalho, num período um pouco anterior: grupos com denominações mais conhecidas como bantos e cassanges e outros com etnônimos obliterados pelo desconhecimento da história dessas regiões: cucungos, cojocos, pulondas, nuquelôas, entre outros. Ou, numa outra direção e usando as palavras de Alberto da Costa e Silva, igualmente citadas no presente trabalho, porque "O oba do Benin ou o angola quiluanje [e a eles poderíamos acrescentar o Muatiânvua dos lundas] estão mais próximos de nós do que os antigos reis da França". Ou ainda, porque a história africana permite vislumbrar elementos singulares que trazem uma melhor compreensão dos complexos processos que marcaram as histórias interconectadas dos continentes.

Cristina Wissenbach
Departamento de História – USP
Janeiro de 2013

Introdução

Trabalho e Identidades

"... *dizíamos-lhes que o pagamento só eles podiam vê-lo quando levantassem com as cargas para seguirem viagem e marcassem bem as pousadas que se deviam fazer. A resposta porém era sempre a mesma: — Ainda não vimos nada!*

Se lhes perguntávamos o que queriam? Respondiam: — rações e três peças.

— Mas que peças?

— Fazendas, pólvoras e armas.

— Sabem quanto vale uma arma?

— Quatro peças.

— E quanto um barril de pólvora?

— Duas peças.

— Então se sabem isto, lhe retorquíamos, como podemos dar nas três peças uma arma?

Um riso aparvalhado era a resposta!

Era preciso muita resignação e por isso continuávamos a interrogá-los.

— Onde vamos?

— A Muári Calumbo, no Cuengo.

— Quantas jornadas são d'aqui até lá?

— Nove. — Então querem uma peça por três jornadas e ainda por cima rações?

18 Elaine Ribeiro

> — *Muene Puto é muito grande, tem muitas cousas, pode pagar muito bem.*[1]

Desde o século XVI, quando dos primeiros acordos entre portugueses e as populações instaladas nas regiões próximas ao litoral angolano, as respostas africanas para as solicitações europeias se traduziram, por parte das elites, em contratos formais – os chamados tratados de vassalagem.

Enquanto estes tratados significavam para os portugueses a conquista sobre territórios e populações, já para os sobas, os *undamentos* ou juramentos realizados na presença das autoridades portuguesas de Luanda tinham o efeito de reconhecimento e legitimação de seu poder, pois expressavam uma aliança contra possíveis ameaças internas e/ou externas às suas posições de dirigentes políticos. Há muito que a historiografia vem destacando este encontro de interesses, que permitiu a ascensão de novas elites políticas africanas e a integração de novos conjuntos de poder ao sistema comercial do atlântico.[2]

Sobre estas relações, Isabel de Castro Henriques ressaltou a autonomia e o dinamismo africanos face às necessidades europeias. Tratou-se, segundo a historiadora portuguesa, de um esforço das sociedades centro-africanas de identificar os meios para

---

1   Diálogo da negociação entre o expedicionário Henrique de Carvalho e os carregadores de Muxaela em: CARVALHO, Henrique A. Dias de. *Expedição Portuguesa ao Muatiânvua 1884-1888: Descrição da Viagem à Mussumba do Muatiânvua.* Lisboa: Imprensa Nacional, 1892, vol. II (Do Cuango ao Chicapa), p. 198-199.

2   Para a análise de algumas destas alianças ver os trabalhos de Joseph Miller e Catarina Madeira Santos, que tratam da relação dos portugueses, respectivamente, com os imbangalas e com os ndembus, em: MILLER, Joseph. C. *Poder político e parentesco.* Os antigos estados Mbundu em Angola. Luanda: Arquivo Histórico Nacional; Ministério da Cultura, 1995 e SANTOS, Catarina Madeira. "Escrever o poder. Os autos de vassalagem e a vulgarização da escrita entre os africanos: o caso dos Ndembu em Angola (séculos XVII-XIX). *International Symposium Angola on the Move:* Transport Routes, Communication, and History. Berlim, 24-26 sept. 2003. Disponível em: http://www.zmo.de/angola/Papers/Santos. Acesso em: julho de 2008.

Barganhando sobrevivências 19

solucionar problemas e organizar-se em favor das relações atlânticas. Na complexidade histórica, esta disposição significou um processo de transformação das estruturas sociais e de reorganização política e econômica dos territórios africanos, inclusa a reformulação das regras de produção e trabalho.

Deste modo, ao longo do tempo, imbangalas e chokwes, estabelecidos nas margens opostas do rio Kwango, desempenharam um papel essencial como intermediários comerciais. Suas lideranças políticas, que tudo fizeram para ganhar autonomia frente ao poder da Lunda, com quem eram aparentados historicamente, constituíram alianças com portugueses e demais europeus do trato atlântico. O estudo destas sociedades africanas por Henriques permitiu "pôr em evidência as particularidades das respostas africanas, quanto à influência exterior como às solicitações internas, resultantes das novas articulações políticas".[3]

Durante toda a fase do comércio de escravizados, a proeminência foi dos imbangalas de Kasanje que controlaram por quase duzentos anos (c. XVII – c. XIX) as relações do litoral com o interior além do rio Kwango. A partir da década de 1840, este importante papel de intermediário passou aos chokwes, sobretudo, no comércio de marfim e borracha, uma vez que dominavam as técnicas de caça aos elefantes e residiam na área de incidência da planta rasteira *landolphia*, da qual extraíam a borracha.[4]

Também sob o prisma das relações atlânticas, Beatrix Heintze tratou da emergência de grupos sociais a partir dos contatos históricos entre africanos e portugueses. Neste processo, enfatizou a agência de africanos e luso-africanos, em especial dos ambaquistas que se destacaram nas relações comerciais e nos serviços de secretariado junto aos titulares políticos africanos. Este termo

---

3   HENRIQUES, Isabel Castro. *Percursos da Modernidade em Angola:* Dinâmicas Comerciais e Transformações Sociais no Século XIX. Lisboa, IICT, 1997, p. 16-17.

4   HENRIQUES, Isabel Castro. *Percursos da Modernidade...*, p. 16-17.

20 Elaine Ribeiro

identitário, derivado do presídio português de Ambaca, mais do que se remeter a atributos físicos, já que a maioria dos ambaquistas eram homens negros que se autodenominavam brancos, ligava--se mais a características culturais.

De acordo com a historiadora alemã, na segunda metade do século XIX, fase de aprofundamento europeu nos territórios africanos, foram estes homens "os pioneiros por excelência na África centro-ocidental", divulgadores "da língua portuguesa oral e escrita, além da sua língua materna, o kimbundu, de novas plantas de cultura e de novas técnicas culturais". Estes foram os conhecimentos que lhes possibilitaram o exercício dos ofícios de sapateiro, alfaiate, carpinteiro e das funções de intérprete e escriba junto aos dirigentes africanos.[5]

Igualmente persistindo no estudo das configurações identitárias evoluídas a partir da interação atlântica, Jill Dias, além dos ambaquistas, estudou os canoeiros vilis da costa do Loango, ao norte do rio Congo e os caravaneiros zombos das regiões a leste de Mbanza Kongo (São Salvador). Estas também foram coletividades que ao se engajarem no tráfico atlântico de escravizados acabaram por constituir grupos de força que influenciaram nas transformações sociais de suas regiões de origem.

Para além das estabilidades comerciais e políticas destes grupos, a historiadora inglesa revelou a importância de se prestar atenção àquilo que chamou de "sentido subjetivo da diferença":

---

5 Tal como Lourenço Bezerra Correio Pinto, também conhecido como Lufuma, um ambaquista que nos anos de 1860 estabeleceu uma colônia na mussumba de Chimane do muatiânvua Muteba (Muteb a Chicomb, 1857-1873/74). Nesta colônia ambaquista, os seus agregados cultivaram couves, cebolas, feijão, tomate, mandioca, tabaco e arroz etc., fabricaram sapatos com solas de madeira, esteiras, cestos, chapéus, machados e enxadas de ferros e criaram ainda algum gado bovino. Sendo Lufuma o líder da comunidade, foi a ele concedido pelo muatiânvua o direito de comerciar marfim. Sobre Lufuma ver: HEINTZE, Beatrix. Pioneiros Africanos. Caravanas de carregadores na África Centro-ocidental (entre 1850 e 1890). Lisboa: Editorial Caminho, 2004, p. 17, 59-61 e 84-89.

Barganhando sobrevivências 21

adornos corporais, objetos portados e práticas costumeiras, que por vezes foram "imperceptíveis ou incompreensíveis ao olhar estrangeiro", mas que entre os grupos africanos fizeram toda a diferença em termos de identificação social – algo que no caso dos vilis significou "o registro da riqueza através do uso privilegiado de formas de vestuário, em especial determinados tecidos e peles, e do direito ao transporte numa tipoia".[6]

Por fim, foi na época complexa do tráfico ilegal de escravizados e de produtos ditos "legítimos" que a interiorização das redes de produção e comércio ensejou também a ascensão de grupos sociais estabelecidos nas regiões costeiras, destacando-se entre eles indivíduos como a comerciante angolana D. Ana Joaquina dos Santos Silva, também conhecida como Andembo-iá-Lala, figura de destaque na documentação da época e resgatada posteriormente pela historiografia.[7]

---

6 Cf.: DIAS, Jill. "Novas identidades africanas em Angola no contexto do comércio atlântico". In: BASTOS, Cristina; ALMEIDA, Miguel Vale de; FELDMAN-BIANCO, Bela (org.) *Trânsitos Coloniais*. Diálogos críticos luso-brasileiros. Campinas: Editora da Unicamp, 2007, p. 317 e 319.

7 Sobre D. Ana Joaquina, entre outros, ver: WHEELER, Douglas L. "Angolan Woman of Means: Dona Ana Joaquina dos Santos Silva Mid-Nineteen Century Luso-African Merchant Capitalist of Luanda". Santa Bárbara Portuguese Studies, 3, 1996, p. 284-297; MILLER, J. C. *Way of Death*. Merchant Capitalism and the Angolan Slave Trade, 1730-1830, Madison, University of Wisconsin Press, 1988. Nas pesquisas que vem realizando a historiadora Maria Cristina Cortez Wissenbach busca nos relatos de viagem as informações sobre outros agentes comerciais que emergiram neste mesmo contexto. Para tanto, ver: *Entre caravanas de marfim, mercadorias europeias e o tráfico de escravos: Georg Tams e os centros do comércio atlântico e sertanejo em Angola (década de 1840)*. Ensaio apresentado como relatório final da bolsa da Fundação Biblioteca Nacional do Rio de Janeiro (PNAP), 2009. Este estudo ensejou também a publicação do artigo: WISSENBACH, M. C. C. As feitorias de urzela e o tráfico de escravos: Georg Tams, José Ribeiro dos Santos e os negócios da África Centro-Ocidental na década de 1840. *Afro-Ásia*, 43, p. 43-90, 2011.

22 Elaine Ribeiro

A importância do tema das configurações identitárias emergidas a partir da relação atlântica também foi tratada em nossa pesquisa anterior, na qual focalizamos movimentos similares ocorridos na costa ocidental africana, por meio da documentação europeia do trato atlântico, principalmente dos relatos de viagens produzidos por agentes ingleses.

Neste trabalho, que foi um esforço investigativo sobre a prática profissional da canoagem marítima, conseguimos visualizar a atuação de grupos de remadores que se destacaram nas descrições europeias como peritos na navegação. Entre estes grupos, os canoeiros Krus protagonizaram importantes papéis nos movimentos atlânticos. Além disso, constatamos que Kru foi um termo generalizante utilizado por estrangeiros para designar uma série de comunidades costeiras estabelecidas entre o Cabo Mesurado e o Cabo Lahou, regiões das atuais Costa do Marfim, local onde eram recrutados os trabalhadores da canoa. Assim, a pesquisa nos permitiu vislumbrar estratégias de sobrevivência de grupo em contextos de opressão aos africanos.

Neste sentido, ao desenvolverem seu trabalho junto aos navios do trato atlântico – e em especial junto aos esquadrões ingleses de combate ao tráfico – estes homens acabaram por assumir tal denominação, em favor de interesses próprios. Deste modo, mais que uma identidade étnica referida à língua falada ou aos ritos praticados, no processo histórico do Atlântico ela significou a aceitação desta qualificação por homens com tradição de trabalho no mar, em favor de uma coesão social que previa, além da sua não escravização, a sobrevivência material de suas comunidades.[8]

---

8 A pesquisa referida foi realizada como iniciação científica, sob a orientação da profª. drª. Maria Cristina Cortez Wissenbach e com incentivo financeiro da Fapesp. Nela estudamos grupos de trabalhadores atuantes na região do Golfo do Benim, entendidos *a priori* como intermediários na dinâmica das relações entre europeus e africanos no contexto do tráfico atlântico de escravizados, entre os anos de 1720 e 1858. O objetivo central foi identificar, na documentação disponível, tais grupos, acompanhando referências sobre suas trajetórias

Barganhando sobrevivências 23

Tendo isto posto, importante é o reconhecimento destas emergências identitárias africanas – em parte, possível devido as suas relações com os europeus do trato atlântico – de modo a enfatizar a sua agência histórica. Porém igualmente relevante nesta questão é não ignorar que elas também podem estar configuradas em virtude do discurso do poder, seja ele europeu ou das elites africanas, presente nas diferentes fontes escritas e orais. De outra parte, ao se tornarem visíveis aos olhos estrangeiros, por causa das atividades que desempenharam e das alianças que engendraram, estas coletividades conquistaram ao longo do tempo a condição de disputar o controle político de suas regiões.

Assim, partindo da premissa da importância de se tentar refletir sobre identidades históricas sob uma perspectiva menos elitista – ou seja, aquela que preconiza a atenção exclusiva sobre os grandes movimentos e os grandes personagens – é que neste estudo nos propusemos a investigar grupos de trabalhadores da África centro-ocidental, na segunda metade do século XIX, a fim de perceber, por meio de práticas, crenças e valores, a agência cotidiana de homens alijados das decisões de poder, mas que, na longa duração, tomaram um importante papel nas complexidades históricas africanas.

Desta maneira delineada a questão mais significativa para nós (e também em decorrência dela), outro ponto marcante neste estudo é que ele partiu da análise crítica do relato de viagem do explorador português Henrique Augusto Dias de Carvalho. Apoiada numa bibliografia que esclareceu a importância desta fonte para

---

ao longo do período apontado. Desta documentação destacaram-se os relatos de agentes europeus como missionários, administradores, expedicionários, mercadores, entre outros, que observaram de forma particularizada os aspectos do trato negreiro e das populações nele envolvidas. Parte dos resultados desta nossa pesquisa encontra-se em: SANTOS, Elaine R. S. Nas engrenagens do tráfico: grupos canoeiros e sua atuação nos portos do Golfo do Benim. In: *Anais do XIX Encontro Regional de História. Poder, violência e exclusão*. São Paulo: Anpuh, 2008 [cd-rom].

24   Elaine Ribeiro

o entendimento de movimentações históricas essenciais e relativas ao espaço que hoje é Angola, pretendemos demonstrar ao longo deste estudo que seu deslindamento poderá trazer contribuições efetivas na compreensão das configurações identitárias de diferentes grupos de trabalhadores centro-africanos.

Entre os trabalhos que analisou a obra de Henrique de Carvalho podemos citar um dos últimos estudos produzidos por Beatrix Heintze que sumariza a importância desta fonte para além do entendimento dela ser "um mero conjunto de informações isoladas, de entre as quais podemos escolher as que mais nos convêm". Conforme a historiadora, a qualidade do relato de Carvalho

> deve-se principalmente à sua concepção do Homem, que não colocava à partida os africanos e luso-africanos numa categoria diferente da dos europeus, como era habitual na sua época. Isto torna--se evidente, se compararmos os seus relatos com os de outros exploradores em Angola, não só portugueses, mas também alemães [...] Deste modo, encontram-se repetidamente nas descrições daquele explorador indivíduos que se destacam da massa geralmente anónima de empregados africanos de outros relatos, que tentavam, de diversas maneiras, vencer as dificuldades da vida que Carvalho nos permite acompanhar em algumas das suas fases. Graças às invulgares fotografias da expedição, conhecemos os seus rostos, imaginamos alguns dos seus sentimentos íntimos e aprendemos, através dos dados biográficos fornecidos por Carvalho que os antigos escravos não viviam necessariamente uma vida obtusa, que eram curiosos e tinham uma grande vontade de saber, que utilizavam as suas capacidades especiais e que, de vez em quando, também sentiam prazer no seu trabalho. Carvalho apresenta-nos de modo semelhante muitos dos seus

interlocutores africanos com que se cruzou pelo caminho, por palavras e imagens.[9]

Os carregadores da África centro-ocidental

A historicidade das intenções portuguesas no controle da mão de obra africana foi argutamente destacada por Alfredo Margarido em um estudo realizado no final da década de 1970. Nele, o estudioso português tratou em detalhes da política de arregimentação dos carregadores centro-africanos, bem como do espaço que esta problemática ocupou na documentação administrativa portuguesa.[10]

Já nos primeiros tratados de vassalagem realizados entre as autoridades africanas e lusas no século XVI a questão da arregimentação de trabalho aparece entre as cláusulas que previam a obrigação dos dirigentes políticos africanos em fornecer mão de obra para suprir os serviços de carregamento de produtos comercializados, de um ponto a outro do território.[11] Também desde o

---

9 Cf.: HEINTZE, Beatrix. *Um tesouro para a investigação científica:* os relatos de Henrique Dias de Carvalho sobre a sua "Expedição ao Muatiânvua" na Lunda/Angola (1884-1888). Texto apresentado na Academia das Ciências de Lisboa aos 28 de maio de 2009 no Acto da admissão como Acadêmica Correspondente Estrangeira da Academia e publicado em: HEINTZE, B. A Rare Insight into African Aspects of Angolan History: Henrique Dias de Carvalho's Records of his Lunda Expedition, 1880-1884. *Portugal Studies Review,* 19, 1-2, p. 93-113, 2011.

10 É importante notar que a questão da dependência em relação ao serviço dos carregadores centro-africanos deve ser considerada vis-à-vis à incidência da mosca tsé-tsé em algumas dessas regiões e a dificuldade imposta pelos terrenos acidentados ao transporte de mercadorias e pessoas por animais de carga. Cf.: MARGARIDO, Alfredo. "Les porteurs: forme de domination et agents de changement em Angola (XVII-XIXe. Siècles)". *Revue Française d'Histoire d'Outremer.* Tomo LXV, 1978, 240, p. 377-400.

11 Importantes reflexões sobre os tratados de vassalagem em momentos e espaços diferenciados da relação dos africanos com os portugueses encontram-se em HEINTZE, Beatrix. O contrato de vassalagem afro-português em Angola

26 Elaine Ribeiro

século XVII, a mesma problemática faz parte dos regimentos governamentais: nas instruções dadas aos governadores de Luanda, previa-se a interdição do serviço de transporte gratuito prestado pelos carregadores aos comerciantes em geral. Tratava-se, na visão de Margarido, de proposições em nada filantrópicas, mas intervenções feitas no sentido de coibir as atuações fraudulentas dos capitães-mores, mantendo o fornecimento de homens sob o controle da administração portuguesa, uma vez que estes trabalhadores eram indispensáveis, na época do tráfico, no transporte de bens necessários para obtenção de escravizados.

Devido à "inquietude que provocava face às consequências negativas de um recrutamento contínuo e violento dos carregadores" que implicavam desde a deserção ao trabalho forçado até o despovoamento de regiões inteiras, os problemas advindos desta situação também são verificados na documentação do governo "ilustrado" em Angola, na época do marquês de Pombal.[12] Por exemplo, em um ofício de 30 de julho de 1767, o governador-geral Francisco Inocêncio de Sousa Coutinho alegava a importância "de se colocar um ponto final no abuso infame e injusto de fazer trabalhar os negros sem pagamento, o que destroe províncias inteiras".[13] Todavia, as circunstâncias continuaram as mesmas, conforme escreveu, pouco tempo depois, por volta da década de 1790, o militar Elias Alexandre da Silva Correa:

---

no século XVII. *Angola nos séculos XVI e XVII*. Estudo sobre fontes, métodos e história. Luanda: Kilombelombe, 2007, p. 387-436 e em SANTOS, Gabriela Aparecida. *Reino de Gaza*: o desafio português na ocupação do sul de Moçambique (1821-1897). São Paulo, Alameda, 2010. Tanto no trabalho de Heintze sobre a parte ocidental africana, quanto no de Gabriela Santos, sobre o lado oriental, aparecem nos tratados analisados as cláusulas da arregimentação de trabalhadores.

12 Cf.: MARGARIDO, Alfredo. Les porteurs..., p. 378.

13 *Apud* MARGARIDO, Alfredo. Les porteurs..., p. 379.

Barganhando sobrevivências 27

> A sujeição dos Sobas ao seu Capitão mor lhe põem nas maons a dependência do expediente. Os volumes de fasendas seccas, e molhadas, q. girão o Conthinente se depozitão nos hombros dos nascionaes, para os transportar. Cada certanejo exige o numero dos precizos carregadores. O Capitão mor em benefício do comércio he obrigado a fornecellos; mas a ambição tem chegado ao excesso de os vender debaixo de hua aparência honesta: quero dizer: sobre a falta de carregadores recebe antecipados prêmios, para os apromptar, sem cujas dádivas, prezistirião as fazendas empatadas, sem se conduzirem às Feiras destinadas.[14]

Há ainda notícias de recrutamentos violentos na primeira metade do XIX. Em 1810, D. João de Almeida de Melo e Castro, o 5° Conde das Galveias, sobre as dificuldades do comércio no interior da África centro-ocidental anotou que "os negros espancados pelos certanejos, fugiam e desapareciam ao ponto que se achava quase impedida o tráfico por falta de carregadores".[15]

No ofício de 1839 enviado a Sá da Bandeira pelo coronel Fortunato de Melo podemos verificar que os carregadores eram "frequentemente libambados para não fugirem" – ou seja, presos do mesmo modo que os escravizados – e eram "dados pelos capitães-mores aos feirantes e aos aviadados ou pombeiros".[16] Em decorrência destas denúncias, o ministro português decretou em seguida a abolição do transporte obrigatório de mercadorias,

---

14 Cf.: CORREA, Elias Alexandre da Silva. *História de Angola*. Lisboa: Agência Geral das Colônias, 1937, p. 37.

15 Cf.: Minuta de João de Almeida de Melo e Castro, 5° Conde das Galveias, secretario de Estado da Marinha e Conquistas sobre as dificuldades do tráfico no interior da África, devido à falta de carregadores. 22 de junho de 1810. Col. IHGB DL82, 05.14.

16 *Apud* MARGARIDO, Alfredo. Les porteurs..., p. 384.

28 Elaine Ribeiro

medida que apesar de mal recebida pelos mercadores de Luanda, assim mesmo foi determinada pelas autoridades locais.

Porém, esta situação tendeu a se agravar, porque junto ao vagaroso findar do tráfico atlântico de escravizados, o desenvolvimento de áreas de produção do tipo *plantation* nas regiões angolanas, voltadas para a exportação em larga escala de artigos locais, fez com que aumentasse o recrutamento forçado de trabalhadores centro-africanos.

Em uma pesquisa sobre a região do Cazengo, a historiadora Jill Dias conseguiu visualizar na documentação da época a incidência, a partir dos anos de 1840, de plantações de café de propriedade de europeus e de sobas, como João Guilherme Pereira Barboza e Kalulu Kamuinsa, que necessitavam de braços africanos para levarem adiante o novo empreendimento.[17]

À luz destes registros, podemos entender que assim como o decreto português imposto ao término do trato atlântico de escravizados (1836) não significou o final da escravidão em Angola, as medidas lusas que exigiram o fim do recrutamento forçado de carregadores (1839 e 1856) também não se revelaram eficazes, uma vez que escravizados que vinham do interior e aqueles que eram recrutados nas adjacências costeiras foram paulatinamente levados para regiões como a de Cazengo, onde deveriam não só tocar a produção de matérias-primas, de forma compulsória, como também transportá-las aos portos da costa para serem embarcadas para o hemisfério norte.

Em suma, durante grande parte do século XIX, a escravização e o recrutamento forçado, como processos violentos que caminharam *pari passu*, obrigaram as autoridades portuguesas, devido às pressões da era abolicionista, a repensarem o estatuto do trabalho

---

17 Para tanto, ver: DIAS, Jill. O Kabuku Kambilu (c. 1850-1900): uma identidade política ambígua. In: *Actas do Seminário Encontro de povos e culturas em Angola*. Lisboa: Comissão Nacional para as Comemorações dos Descobrimentos Portugueses, 1997, p. 24-25 e 28.

Barganhando sobrevivências 29

nas regiões africanas sob seu controle administrativo, no que concerne à busca de novas formas de submetê-lo. Não obstante todas as medidas restritivas decretadas por alguns homens políticos portugueses, a coação do serviço de carregador às sociedades africanas não só persistiu, mas marcou, em geral, "uma das intenções ou desejos do colonialismo português", no dizer de Alfredo Margarido.[18]

Na segunda metade do XIX, à questão do controle da força de trabalho adicionam-se outros aspectos. Como vimos, embora a arregimentação de carregadores continuasse a ser um negócio acordado entre autoridades e grandes comerciantes, a expansão mercantil de produtos ditos "legítimos" e a política portuguesa relacionada a este comércio – como, por exemplo, a abolição de monopólios no caso do marfim (1834) – provocaram um afluxo populacional em torno dos diferentes empreendimentos de iniciativa europeia na África centro-ocidental. As redes africanas do interior, por sua vez, ao se adaptarem ao novo quadro comercial, permitiam o engajamento espontâneo e cada vez maior de grupos de homens e mulheres às diferentes caravanas que passavam por suas regiões.[19]

Nesta perspectiva, assim como as caravanas africanas, as expedições europeias de fim de século foram empresas que no contexto da interiorização espacial do continente atraíram e mobilizaram uma imensa energia africana, já que tudo no terreno da viagem passava pelo trabalho e saberes africanos.

Assim, para os itinerários, os europeus precisavam das informações das populações locais; para as marchas em terra e as travessias dos rios, necessitavam de carregadores e canoeiros,

---

18 Por isso, segundo Alfredo Margarido, "estabelecer o inventário dos carregadores significa desenhar o verdadeiro retrato do modo de pilhagem português em Angola". Cf.: MARGARIDO, Alfredo. Les porteurs..., p. 397.

19 No final do século XIX, a partir do cálculo de alguns produtos de exportação, Alfredo Margarido chegou ao número de 200.000 carregadores envolvidos anualmente com as atividades comerciais nesta parte do continente. MARGARIDO, Alfredo. Les porteurs..., p. 397.

30 Elaine Ribeiro

tanto para si mesmos como para as suas imensas cargas; para sua alimentação, precisavam de caçadores para obter carne e de cozinheiros para preparar os alimentos obtidos nas regiões pelas quais passavam:

> Quando à tarde montávamos o acampamento na mata, os carregadores chegavam a fazer grandes excursões pelas imediações para encontrar uma aldeia habitada ou uma colônia abandonada com alguma plantação de mandioca. Por vezes, quando conseguia encontrar alguns tubérculos de mandioca numa remota aldeia abandonada, a minha gente dava provas do seu caráter generoso ao cuidar, com uma dedicação comovente, do seu patrão em primeiro lugar, aguardando calma e pacientemente a sua vez de matar a fome.[20]

para a cura de suas febres, quando não havia mais o quinino, demandavam os "remédios" preparados pelos ngangas:

> A prática das rezas ao fim da tarde, inicialmente dirigidas contra o feitiço mau, virava-se agora contra mim. Logo que escurecia e todos jaziam agrupados em redor da fogueira, ouviam-se discursos rebeldes no mato silencioso até cerca de meia-noite, que, a ajuizar pelo tom arrebatado, não eram nada maus e os oradores eram recompensados com grandes aplausos. No meio deste inferno estava eu próprio, solitário e abandonado, sacudido pela febre e cheio de desespero. Agora sinto vontade de rir, quando penso nesses tempos em que muitas vezes cheguei a amaldiçoar a África inteira e toda a exploração de África e em que considerei perdida toda a expedição. Naquela altura

---

20 Cf.: Paul Pogge, *Im Reiche des Muata-Jamvo*, 1880, *apud* HEINTZE, Beatrix. *Pioneiros africanos...*, p. 40.

> eu ainda não sabia que o clamor e os gritos dos
> meus 120 negros eram muito menos perigosos do
> que pareciam e, na confusão do momento, não me
> apercebi de que no fundo tinham razão.[21]

para a sua segurança, de homens que se dispusessem a defendê-los; para o entendimento com as autoridades africanas, um intérprete que traduzisse os seus propósitos...

Por outro lado, a situação de dependência dos europeus em relação aos africanos também se traduziu em um cotidiano de tensões e resistências.

Conforme visto na epígrafe desta introdução, o diálogo entre o expedicionário Henrique de Carvalho e os porta-vozes dos quarenta carregadores da Muxaela é um testemunho exemplar neste sentido, porque pode fornecer não só uma ideia de como se davam as contratações de trabalhadores – quanto à negociação de bens materiais arrolados como remuneração ou das rotas a serem trilhadas – mas também informar sobre os receios e as expectativas de ambas as partes.

Enfrentando um problema muito comum às diversas expedições que percorriam a África centro-ocidental – a desistência de alguns grupos de carregadores de prosseguirem viagem – o chefe da expedição ao Muatiânvua se viu obrigado a parar no caminho e enviar o seu guia a outras regiões para tentar substituí-los.

Após dias de espera, em uma manhã chegaram ao acampamento "quarenta e não vinte rapazes que diziam pertencer à povoação de Muxaela, a mais longínqua a que fora o ajudante". Sendo, nesta época, frequente as pessoas se engajarem por conta própria nas expedições – já que apareceram mais trabalhadores do que era previsto pelo chefe – vinham elas com a intenção de transportar as cargas até Camaxilo, isto é, até um certo ponto da viagem e não

---

21 Cf.: Max Buchners, *Reise nach Zentralafrika*, 1878-1882, *apud* HEINTZE, Beatrix. *Pioneiros africanos...*, p. 43.

32 Elaine Ribeiro

por toda a viagem até a mussumba do Kalani, "porque não lhes era possível afastarem-se nesta epoca, por muitos dias, das suas casas"; bem como o desejo de comerciar os seus produtos com os membros da expedição, já que os muxaelas "andaram até perto das três horas da tarde pelo acampamento a vender as provisões que traziam, e só depois vieram dizer [a Henrique de Carvalho] que o senhor capitão os mandara para transportarem cargas".[22]

Nestas negociações havia de ambas as partes o receio do contrato acordado não ser cumprido. Do mesmo modo que não era difícil grupos de carregadores se negarem a continuar a jornada, sem antes conseguir melhor remuneração ou condições de trabalho, igualmente possível era estes homens não serem devidamente pagos pelos chefes das expedições ou das caravanas.

Por outro lado, e tomando ainda como referência o texto da epígrafe, o diálogo entre os trabalhadores e Henrique de Carvalho se deu entre pessoas que demonstraram ter uma prévia noção umas das outras. Na visão de Carvalho, sendo os africanos "aparvalhados", nada escandaloso que não soubessem contar, por isso a confusão com a remuneração exigida e a necessidade de se ter muita "resignação" no trato com eles. Já para os muxaelas, sendo o chefe da expedição um "filho" de Muene Puto (rei de Portugal ou autoridade portuguesa estabelecida em Luanda), provável era que pudesse pagar bem, por isso a barganha para receber mais.

Ao fim de tudo, as negociações não foram bem sucedidas, os quarenta rapazes de muxaela não aceitaram a remuneração oferecida e nem a rota estabelecida para a viagem e voltaram para suas casas deixando Henrique de Carvalho aturdido no acampamento, que só teve como saída "rogar com ameaças" a ajuda do cacuata Tâmbu, para quem enviou, a fim de conseguir carregadores, um intérprete e dois rapazes lundas. Estes levaram o seguinte recado, caso o dirigente lunda recusasse ajuda: de "dizer a Muene Puto que

---

22 Cf.: CARVALHO, Henrique A. D. *Descripção...*, vol. II, p. 197.

Barganhando sobrevivências 33

não mandasse mais filhos seus visitar o Muatiânvua e tampouco consentisse que de suas terras saísse mais negócio para as d'elle".[23]

As exigências impostas pelos muxaelas são exemplares por demonstrar o poder de barganha que os grupos de carregadores detinham, dada à dependência dos estrangeiros em relação ao seu trabalho. Embora não tenham conseguido que fossem aceitas suas prerrogativas, porque dessa vez o chefe da expedição teve com quem se salvar, o cacuata Tambu, para os muxaelas a não permanência significava que, da mesma forma que Henrique de Carvalho, também tinham outras opções, visto que "não lhes era possível afastarem-se nesta epocha, por muitos dias, das suas casas".

Em muitos casos os carregadores eram pequenos produtores que acorriam às caravanas comerciais e às expedições europeias em busca de pequenas transações e trabalho temporário para compor o ganho de sua sobrevivência. Como bem lembrou a historiadora Jill Dias, dificilmente identificado nas fontes coloniais, carregador era uma denominação genérica que abarcava toda a população negra da África centro-ocidental, que "não passava de uma reserva de mão de obra", entre a qual não se distinguia nenhuma categoria social, reconhecendo-se somente os patrões, isto é, "os chefes linhageiros das aldeias, responsáveis pelo fornecimento aos agentes coloniais, a seu pedido, daqueles carregadores".[24]

Em decorrência dessa situação, o entendimento do processo violento do controle da força de trabalho africana necessita ser realizado do ponto de vista da sua resistência cotidiana face às imposições, tanto da administração colonial portuguesa, quanto das próprias elites africanas.

Por isso, entender o poder de barganha destes *carregadores* é compreender desde suas formações sociais, modos de vida e até

---

23 Cf.: CARVALHO, Henrique A. D. *Descripção...*, vol. II, p. 200.

24 Cf.: DIAS, Jill. Angola. In: ALEXANDRE, V.; DIAS, J. *Nova História da Expansão Portuguesa*. O império africano 1825-1890. Lisboa: Editorial Estampa, vol. X, 1998, p. 357.

34   Elaine Ribeiro

aspirações. Esta é uma premissa que nos proporciona uma visão para além da sobrevivência material.[25] O perscrutar, por exemplo, a existência de associações horizontais entre os diferentes grupos de trabalho envolvidos com as expedições europeias, em um nível em que se tente desvelar suas noções de direito e de dever, quiçá como nos ensinou Maria Cristina Wissenbach quando revelou a importância de se atentar para as aspirações de homens e mulheres em sua luta cotidiana contra uma realidade dura.

A partir da análise da documentação judiciária e tomando emprestada a distinção de Michelle Perrot entre reivindicação e aspiração, na qual reivindicar constitui um espaço estreito de negociação, já que se reivindica o que é possível consensualmente, enquanto que aspirar é tentar transformar por meio dos "arranjos diários da sobrevivência a realidade dura em favor dos desejos e sonhos", a historiadora nos revelou casos de escravos e forros da São Paulo das décadas entre 1850 e 1880 em que pôde apreender concepções de mundo e de liberdade em espaços improvisados de autonomia que significaram movimentos políticos de sobrevivência.[26]

Neste sentido, o esforço investigativo de Maria Cristina Wissenbach, que resultou na visualização de uma não quebra total com a realidade de forças desiguais por parte da população mais sofrida de São Paulo, mas sim uma adequação possível a ela, é significativo para o nosso estudo sobre os diferentes trabalhadores africanos no contexto de abusos exercidos pelos europeus na partilha dos seus territórios e nas distintas formas de exploração.

---

25   Subjacente às ideias de "negociação", "noção de direitos" e "fluidez da concepção de resistência" existe logicamente a referência ao trabalho do historiador E. P. Thompson, em especial, aos artigos sobre economia moral publicados na coletânea *Costumes em comum. Estudos sobre a cultura popular tradicional*. São Paulo: Companhia das Letras, 1998.

26   Cf.: WISSENBACH, Maria Cristina C. *Sonhos africanos, vivências ladinas. Escravos e forros em São Paulo, 1850-1880*. São Paulo: Hucitec; História Social USP, 1998, p. 32.

Além disso, esta questão dos trabalhadores centro-africanos pode nos remeter para a situação angolana atual. Voltando à afirmação de Alfredo Margarido, sobre o estudo dos carregadores significar um desenho do retrato do colonialismo português em Angola,[27] chegamos à ideia da pertinência do diálogo com o passado, no tocante à precariedade do cotidiano atual do trabalhador angolano, uma realidade que também não é desconhecida de nossa sociedade brasileira.

Neste sentido, entendemos que nossa pesquisa também se inscreve naquela vertente que tão bem explicou a historiadora Maria Odila da Silva Dias,

> ...[neste tipo de estudo] o conhecimento histórico tende para o configurativo e o perspectivista; nele um tema é construído a partir do ponto de vista do historiador que, imerso em sua contemporaneidade, consegue iluminar um fragmento do passado por meio das fontes, entabulando com elas um diálogo...[28]

Mais ainda, para nós brasileiros, olhando em termos das relações históricas que mantiveram Angola e Brasil ligados, um estudo que olhe para as regiões lundas e lundaizadas,[29] pelas quais passou a expedição de Henrique de Carvalho, pode significar uma contribuição para a história de uma parte dos escravizados que foram trazidos para cá, entre o final do século XVIII e a primeira

---

27 MARGARIDO, Alfredo. *Les porteurs...*, p. 397.

28 Cf.: DIAS, Maria Odila Silva. Hermenêutica do quotidiano na historiografia contemporânea. *Projeto História*. Revista do programa de estudos pós-graduados em História e do departamento de História da PUC-SP, n° 17, nov. 98, p. 234.

29 Lundaizado é o termo genérico utilizado pela historiografia contemporânea para designar os povos tributários do império Lunda. No relato de Henrique de Carvalho, lundaizados são [na grafia do autor] xinjes, muxaelas, bangalas, quiocos, entre outros.

36   Elaine Ribeiro

metade do xix, no contexto de interiorização das redes de escravização na África centro-ocidental, como sugere Joseph Miller.[30] À medida que os trabalhos sobre o tráfico atlântico se afirmam, ou se tornam mais extensos, é possível vislumbrar cada vez melhor a procedência dos escravizados que foram trazidos para o Brasil. No levantamento realizado por Mary Karasch em *A vida dos escravos no Rio de Janeiro*, entre os anos de 1830 e 1852, eram do norte de Angola 19% dos escravizados do total de todas as áreas escravistas arroladas: as Áfricas ocidental, centro-ocidental e oriental. Destes, 53% provinham ou eram identificados com as áreas lundaizadas, conjuntos identitários pouquíssimo mencionados nos estudos sobre o tráfico. Eram eles os bonbas, os cassanjes, os cucungos, os coizas, os cojocos, os pulondas, os nuquelôas, os colués, os molués, os matiavos, os lundes, os samuimbos, entre outros.[31]

Em última instância, parafraseando o africanista Alberto da Costa e Silva, o estudo em geral da história africana está

> ... para nós, brasileiros, porque ajuda a explicar-nos. Mas é importante também por seu valor próprio e porque nos explica o grande continente que fica em nossa fronteira leste e de onde proveio quase a metade de nossos antepassados. Não pode continuar o seu estudo afastado de nossos currículos, como se ela fosse matéria exótica. O oba do Benim ou o angola a quiluanje estão mais próximos de nós do que os antigos reis da França.[32]

---

30 Para tanto, ver: MILLER, Joseph C. África Central durante a era do comércio de escravizados, de 1490 a 1850. In: HEYWOOD, Linda M. *Diáspora Negra no Brasil*. (trad. Ingrid C. V. Fregonez, Thaís Cristina Casson e Vera Lucia Benedito) São Paulo: Contexto, 2008, p. 65.

31 Cf.: KARASCH, Mary C. Apêndice A: Origens africanas do Tráfico de escravos para o Rio de Janeiro, 1830-1852. *A vida dos escravos no Rio de Janeiro* (1808-1850). São Paulo: Companhia das Letras, 2000, p. 481-496.

32 Cf.: COSTA e SILVA, Alberto da. Os estudos da História da África e sua importância para a História do Brasil. Abertura da ii ª. Reunião Internacional de

Relatos de viagem como fonte historiográfica

As implicações teóricas e metodológicas de nossa pesquisa também incidem sobre a problemática da utilização dos relatos de viagem como fonte da história africana. De maneira geral, esta questão já foi tratada por importantes estudiosos como Edward Said e Mary Louise Pratt que ressaltaram a relevância de prestarmos a atenção aos níveis de discursos presentes nos diferentes relatos produzidos.[33]

De modo mais particular, sobre as narrativas que se referem ao continente africano, os diversos autores reunidos na coletânea organizada por Beatrix Heintze e Adam Jones e também as historiadoras Isabel de Castro Henriques e Maria Emília Madeira Santos, mais preocupadas com as produções sobre as regiões de colonização portuguesa, destacaram o caráter eurocêntrico presente nas descrições dos agentes europeus, sua natureza parcial, quanto às interpretações culturais generalizantes e imprecisas, baseadas em discursos ideologizados pela predominância civilizacional europeia.[34]

Em especial, as obras destes autores nos ajudam a compreender questões da produção e divulgação dos relatos de viagem.

História da África. In: *A dimensão atlântica da África*. São Paulo: CEA/USP; SDG-Marinha; CAPES, julho de 1996, p. 20.

33 Ver: SAID, E. *Orientalismo*. São Paulo: Companhia das Letras, 1990 e PRATT, Mary L. *Os olhos do império*. Relatos de viagem e transculturação. Bauru: Edusc, 1999.

34 Ver: HEINTZE, Beatrix e JONES, Adam (org.) European Sources for Sub-Saharan African before 1900. Uses and Abuses. *Paideuma*, n° 33, Stuttgart, 1987; HENRIQUES, Isabel de Castro. Presenças angolanas nos documentos escritos portugueses. In: *Actas do II Seminário Internacional sobre a História de Angola*. Construindo o passado angolano: as fontes e a sua interpretação. Lisboa: Comissão Nacional para as Comemorações dos Descobrimentos Portugueses, 1997, p. 26-62 e SANTOS, Maria Emília Madeira. *Viagens de exploração terrestre dos portugueses em África*. Lisboa: Centro de Estudos de História e Cartografia Antiga do IICT, 1988.

38 Elaine Ribeiro

Entre outras, a prática do plágio, problema metodológico que vem sendo debatido pela historiografia contemporânea, que significa a cópia sem referências de informações de outros relatos, frequentes nas obras dos chamados "compiladores de poltrona", aqueles editores e autores que nunca estiveram nas regiões descritas, mas que publicaram narrativas muito apreciadas por um público europeu ávido de conhecer o "exótico".[35] E, ainda, na questão das apropriações sucessivas, também relacionadas aos próprios viajantes que se preparam de forma prévia para sua viagem com informações sobre a região a ser visitada e que na ação de sua escrita podem ter deixado pouco espaço para conclusões próprias.[36]

Por fim, as modificações que os relatos sofreram no processo de edição, seja pela ausência do autor-viajante nesta fase, seja pela interferência de eventos e pessoas não anotados nos diários de viagem, porém lembrados posteriormente por meio das lentes embaçadas da memória ou informações modificadas intencionalmente por razões posteriores a viagem, não somente aquelas de cunho pessoal, mas também as referidas ao debate social da época.

Portanto, para além das simples anotação das informações que encontramos nos relatos de viagem que analisamos, houve a

---

35 A prática da apropriação de informações por diferentes autores ao longo do tempo a respeito do reino do Daomé, da África ocidental, foi alvo de nossas preocupações em: RIBEIRO, Elaine. O Daomé como evento histórico. In: RIBEIRO, Alexandre Vieira; GEBARA, Alexsander L. A. Estudos Africanos: múltiplas abordagens. Niterói: EdUFF, 2013, p. 368-393.

36 Cf.: JONES, Adam e HEINTZE, Beatrix. Introduction. *Paideuma*, p. 1-17. Em específico sobre a questão do plágio em diferentes perspectivas ver: VANSINA, J. "The many uses of forgeries – The case of Douville's Voyage au Congo." *History in Africa*. 31, 2004 e LAW, Robin. "Problems of Plagiarism, Harmonization and Misunderstanding in Contemporary European Sources. Early (pre-1680s) Sources for the 'Slave Coast' of West Africa". In: JONES, Adam e HEINTZE, Beatrix. *Paideuma*, do qual foi retirada a expressão "armchair compiler". Robin Law, nos lembra também a importância de considerarmos nesta questão a característica do mercado editorial até o século XVIII, sobre a maior liberdade dos editores em parafrasear, cortar e até mesmo adicionar informações aos textos.

Barganhando sobrevivências · 39

necessidade de examinar elementos sobre os seus autores, relacionados às suas origens, profissões, interesses e noções de direitos e deveres – num movimento parecido ao que utilizamos no exame do próprio objeto de estudo, no caso, os trabalhadores africanos. Além disso, na questão teórica especificamente relacionada aos trabalhadores africanos, o esforço investigativo do discurso de agentes exteriores para tentar entender o espaço de possíveis agências africanas não significa uma premissa da ausência de opressão, mesmo quando essas agências destacam protagonismos que fazem parecer como uma espécie de facilitação à política colonialista europeia sobre os territórios africanos.

Pelo contrário, compreendemos que este foi um processo dialético no qual a agência africana acabou por se voltar contra si mesma, também no sentido de uma violência epistemológica na produção de um conhecimento que contou com a participação de informantes, guias e intérpretes africanos.

Por isso, como bem argumentou o historiador Alexsander Gebara, não se trata de recuperar "vozes de vencidos", mas entender a atuação de grupos originários de territórios que passaram a ser conhecidos como Angola, num espaço atlântico de interação que deve ser entendido para além dos simplismos ou dualismos, exatamente porque os termos identitários africano e europeu não conseguem abarcar o todo complexo da existência de pessoas originárias destas regiões.

> Desta forma, é preciso pensar no espaço de produção do conhecimento "ocidental" de maneira ampliada, como um espaço interativo, relacional que se constitui simultaneamente ao processo material de expansão imperial. Ao utilizar este enfoque, a análise do discurso colonial ganha outros contornos. Não mais se limita a demonstrar a violência epistemológica exercida sobre os não europeus, mas ao fazer isto, recupera as experiências de

40 Elaine Ribeiro

embates, resistências e colaborações oriundas do contato cultural e material que criam as necessidades de representações que constituem o próprio discurso colonial.[37]

Assim, reafirmamos a pertinência dos relatos de viagem como fonte historiográfica do trabalho africano, por permitir a busca, além de suas representações, dos papéis históricos de pessoas que, embora com presença ostensiva, foram ao longo do tempo socialmente desvalorizadas, em um movimento semelhante ao exposto pela historiadora Maria Odila Leite da Silva Dias quando justificou a viabilidade e a importância do seu estudo sobre as mulheres da São Paulo do século XIX:

> [a] memória social de suas vidas [foi-se] perdendo antes por um esquecimento ideológico do que por efetiva ausência dos documentos. É verdade que as informações se escondem, ralas e fragmentadas, nas entrelinhas dos documentos, onde pairam fora do corpus central do conteúdo explicito. Trata-se de reunir dados muito dispersos e de esmiuçar o implícito [...] É uma história do implícito resgatada das entrelinhas dos documentos, beirando o impossível, de uma história sem fontes...[38]

Esta perspectiva teórica e analítica é similar ao movimento realizado, na década de 1980, pela historiografia social da escravidão no Brasil, que retomando o uso de processos criminais

---

37 Cf.: GEBARA, Alexsander. *A África de Richard Francis Burton*. Antropologia, política e livre-comércio, 1861-1865. São Paulo: Alameda, 2010, p. 16. O historiador Jaime Rodrigues também fez importante observação a respeito do alto grau de generalização que as categorias "europeus" e "africanos" comportam no seu *De costa a costa*. Escravos, marinheiros e intermediários do tráfico negreiro de Angola ao Rio de Janeiro (1780-1860). São Paulo: Companhia das Letras, 2005, p. 75.

38 DIAS, Maria Odila L. S. *Quotidiano e poder em São Paulo no século XIX*. São Paulo: Brasiliense, 1984, p. 7 e 10.

Barganhando sobrevivências 41

– documentação tida até então como própria dos agentes repressores e, portanto, externa aos escravizados – conseguiu comprovar a sua importância para o entendimento tanto do papel dos escravizados como agentes históricos, quanto da dinâmica histórica da escravidão. Assim, as questões postas no presente estudo, no que concerne a utilização dos relatos de viagem, por vezes entendidos como ficção, por outras como representação do real, em suma, como fontes externas aos africanos, aproximam-se do constante questionamento e esforço promovidos por esta vertente da historiografia brasileira.

Em vista disso, nos termos de uma reflexão documental mais pontual e crítica, encaramos a obra do major português Henrique de Carvalho de maneira mais alargada, como um gênero que abarca em si um conjunto de documentos – cartas, ofícios, relatórios, fotografias, entre outros, produzidos pelos portugueses componentes da expedição e pelos africanos, ambaquistas, intérpretes e carregadores.[39]

Nesta perspectiva, foi necessário promover um estudo sobre a composição dos documentos em análise, desde a investigação dos seus autores, passando pelo contexto de sua produção, até a natureza de sua divulgação. Nesta estratégia a questão metodológica que se impôs foi a filtragem da informação relatada comparada ao universo de produção do próprio documento, num sentido semelhante ao proposto por Beatriz Heintze e Adam Jones: "quando lemos um relato italiano sobre matrimônio ou práticas

---

39 Além dos trabalhadores, carregadores, guias e intérpretes, a expedição portuguesa a mussumba do muatiânvua era composta pelo empregado português Augusto Cesar, pelo major Henrique Augusto Dias de Carvalho (chefe), pelo farmacêutico Augusto Sisenando Marques (subchefe) e pelo capitão Manuel Sertório de Almeida Aguiar (ajudante). Sendo que além de Carvalho, Sisenando Marques escreveu o volume sobre o clima, a geografia e as produções das regiões centro-africanas e Manuel Sertório produziu as fotografias que integraram o albúm da expedição. Para a citação completa das obras da expedição ver a seção Fontes e Bibliografia no final deste trabalho.

42 Elaine Ribeiro

de guerra na África, nós podemos comparar isto com o que sabemos sobre matrimônio ou guerra na Itália do relator".[40]

Outro exercício foi considerar também o papel dos acompanhantes locais dos viajantes portugueses, uma vez que serviram de principais informantes dos costumes e da história das populações africanas. E, ainda, aproximar o relato analisado, a *Descripção da viagem à Mussumba do Muatiânvua*, a outras publicações de Henrique de Carvalho para verificar se há diferenças discrepantes de escrita e de concepção de ideias.[41]

A pertinência de analisar estes pontos arrolados está no entendimento de possíveis legados epistemológicos sobre a história africana, expressos nos documentos e no "pano de fundo" de sua produção, no sentido de uma dialética entre memória e evento, como observou Richard Price:

> ... No nível mais simples, afirmo que, para compreender plenamente o "discurso" (a memória coletiva e os modos pelos quais se atribui sentido a figuras como a escravidão, a resistência, ou a África da atualidade), devemos, simultaneamente, considerar o "evento" (a demografia – inclusive a etnicidade – ao longo do tempo, a sociologia e a economia de determinados regimes das plantations e assim por diante). E que, para compreender o "evento" ou a "história", devemos também considerar o "discurso" e a ideologia...[42]

* * *

---

40 Cf.: JONES, Adam e HEINTZE, Beatrix. "Introduction". *Paideuma*, p. 4 [tradução minha]

41 Tal como veremos no segundo capítulo deste trabalho, sobre as distintas linguagens utilizadas pelo expedicionário português em diferentes volumes de sua obra para se referir as mesmas pessoas.

42 PRICE, Richard. O milagre da crioulização: retrospectiva. *Estudos Afro-Asiáticos*. Ano 25, n° 3, 2003, p. 406.

Barganhando sobrevivências 43

Declarado o vínculo de nossa pesquisa com a historiografia da escravidão no Brasil, devemos dizer ainda que os seus trabalhos nos ajudaram também na reflexão sobre a legislação trabalhista portuguesa.

Esta tendência teórico-metodológica, que associa o estudo da legislação às ferramentas da história social, propõe que devemos levar em conta "concepções de liberdade" no contexto jurídico da abolição gradual, porque "a lei [revela-se] como mediação substancial nas relações sociais, instrumentalizando e prenunciando os movimentos de expropriação e concentração da propriedade capitalista". Nesse sentido de mediação social, esta orientação foi importante para compreendermos a questão jurídica do trabalho africano nas áreas de colonização lusa: como a legislação foi influenciada e influenciou visões de liberdade, produção e trabalho, como pretendemos demonstrar no primeiro capítulo deste trabalho.[43]

Outro tópico importante para a abordagem do tema foi o recurso à historiografia que trata da história dos trabalhadores em Angola, em específico, aquela que aborda as diferentes modalidades de trabalho, o escravizado e o compulsório, no caso deste último, as pesquisas que se referem ao serviço forçado dos carregadores nos territórios africanos. Nesta linha de interpretação, além do estudo de Alfredo Margarido, *Les porteurs: forme de domination et agents de changement em Angola*, que nos alertou para o modo e a intensidade da pilhagem do colonialismo português, podemos apontar também os vários trabalhos de Jill Dias, Aida Freudhental, Isabel de Castro Henriques e Beatrix Heintze.[44]

---

43 Para o trecho citado ver a análise de Maria Cristina Wissenbach do estudo realizado por Thompson sobre a lei negra de 1783 em *Sonhos africanos, vivências ladinas...*, p. 23. Outro trabalho importante que segue a mesma orientação é o de Joseli M. Mendonça sobre a lei dos sexagenários de 1875: *Entre as mãos e os anéis*. A lei dos sexagenários e os caminhos da abolição no Brasil. Campinas: Editora da Unicamp, 1999.

44 Ver referência completa dos estudos dos autores mencionados no final deste trabalho.

44 Elaine Ribeiro

Quanto a esta última historiadora, é mister apontar o seu *Pioneiros africanos* como um dos principais textos com os qual dialogamos e obtivemos uma série de informações e testemunhos. As considerações contidas no trabalho de Beatrix Heintze referem--se especificamente ao objeto de estudo que elegemos para esta pesquisa, que também utiliza, em grande medida, como fonte historiográfica, a obra de Henrique de Carvalho.

De outra parte, a pesquisa da historiadora alemã se mostrou profícua para análise documental comparativa, uma vez que contém trechos dos relatos dos exploradores alemães que podemos relacionar com o discurso de Henrique de Carvalho, bem como parte das fontes guardadas nos arquivos portugueses e angolanos, que nos foram inacessíveis, especialmente o conjunto de fotografias publicadas no seu estudo e que compõe o *Álbum de Fotografias da Expedição Portuguesa ao Muatiânvua* 1884/1888 de Manuel Sertorio de Almeida Aguiar (fotografias) e Henrique Augusto Dias de Carvalho (anotações).

Sobretudo, as biografias reveladas em *Pioneiros africanos* nos mostraram a possibilidade de um estudo aprofundado dos trabalhadores da expedição a partir da obra de Henrique de Carvalho.

Junto com essa bibliografia sobre a questão do trabalho, examinamos textos que tratam da história geral de Angola. Utilizamos para tanto estudos clássicos de Joseph Miller, Maria Emilia Madeira Santos, Jill Dias, Isabel de Castro Henriques e de Elikia M'Bokolo. São obras e artigos científicos que consultamos com certa frequência, pois constituem a base das informações que dispomos sobre o tema investigado.

De temáticas específicas, outros estudos analisados foram aqueles que dizem respeito à imprensa de Luanda e outras regiões, como Benguela e Moçamedes, produzidos por Mario Antonio F. Oliveira, Aida Freudhental, Rosa Cruz e Silva e Fernando Gamboa, que serviram também como material documental, uma vez que apresentam artigos da imprensa angolense de fim de século, que discutem a questão do trabalho africano.

Já os estudos de Manuela Cantinho Pereira e Sérgio Campos Matos foram importantes para nos ajudar a compreender o contexto português finissecular de produção de conhecimento sobre os territórios africanos. São estudos sobre intelectuais e instituições da época, como a Sociedade de Geografia de Lisboa, que ajudaram a fomentar a colonização nos tempos iniciais. A compreensão destas atuações nos proporcionou o dimensionamento da natureza dos escritos que analisamos nesta pesquisa.

De cunho metodológico, o trabalho da escritora angolana Ana Paula Tavares nos ajudou a refletir sobre a estrutura narrativa dos quatro volumes da *Descripção da viagem a Mussumba do Muatiânvua*. Este importante estudo destaca também o resgate da obra de Henrique de Carvalho na Angola atual, especificamente, no que concerne o papel do mito de fundação do império Lunda, registrado pelo militar português em fins do XIX, na construção da nacionalidade angolana no pós-independência, e em especial, na releitura do mito pelo escritor Pepetela, em seu romance *Lueji, o nascimento de um império*.

Deste modo, levando em consideração as inquietações teóricas e os propósitos analíticos apresentados, como estrutura narrativa desta pesquisa, propomos no primeiro capítulo a análise da legislação abolicionista portuguesa, porque entendemos que nela existe desde seus primeiros projetos apresentados no parlamento a intenção colonizadora pelo controle da força de trabalho africana que se tornou mais evidente em fins do século XIX com a racialização da legislação e o avanço administrativo e militar português sobre os territórios africanos. A análise desta intenção portuguesa do controle da mão de obra africana nos ajudou na reflexão sobre os trabalhadores contratados para a expedição portuguesa ao Muatiânvua.

46 Elaine Ribeiro

Em seguida, no segundo capítulo, sobre o contexto do imperialismo luso, marcado por uma necessidade de "reaportuguesar" a nação, pontuamos as diferenças de pensamento e projeto entre os homens políticos portugueses. Neste sentido, por meio dos interstícios presentes no discurso imperialista de Henrique de Carvalho, elaboramos uma reflexão que pretendeu ultrapassar os dualismos que buscaram separar civilização de barbárie, ou ainda, desenvolvimento capitalista de atraso econômico, destacando a possibilidade de reconhecermos protagonismos africanos.[45]

No terceiro capítulo, tratamos dos espaços africanos representados ou "cartografados" na narrativa de viagem de Henrique de Carvalho. Na primeira parte, discutimos a construção das representações de mundo dos europeus a partir de um olho soberano que pretendeu ordenar a paisagem por meio da arquitetura, artes, literatura, cartografia, ciência etc. Ao longo do tempo, este mesmo olhar desenvolveu um senso de superioridade relacionado a outros povos como os africanos. Neste desenvolvimento, destacamos o olhar dos portugueses que lhes possibilitou o entendimento de sua existência no mundo como um modo peculiar. Na segunda parte, discutimos a produção de paisagem pelas sociedades africanas que – acreditamos – igualmente formularam seus espaços de poder por meio da apropriação prática e simbólica destes, também como um modo de ver.

Estas análises são importantes para entendermos as descrições de Henrique de Carvalho e, a partir delas, as configurações sociais contatadas nos caminhos da viagem até a mussumba. Com este direcionamento investigativo objetivamos alcançar os

---

45 A proposta de análise do discurso imperialista por meio dos seus interstícios é inspirada na leitura do intervalo de João Alexandre Barbosa e na ideia de escovar a historia a contrapelo de Walter Benjamin. Cf.: BARBOSA, João Alexandre. A leitura do intervalo. São Paulo: Iluminuras, 1990. BENJAMIN, W. Sobre o conceito da História. In: Obras Escolhidas I: Magia e técnica, arte e política. São Paulo: Brasiliense, 1985: 222-234.

Barganhando sobrevivências 47

significados das relações entre os diferentes grupos de trabalhadores da expedição e as sociedades locais.

Por fim, no último capítulo, resgatados dos interstícios dos documentos analisados e para além das intenções colonizadoras dos portugueses, tratamos especificamente da agência dos trabalhadores angolanos e em especial dos contratados *loandas* da expedição portuguesa à Lunda.

Esta agência encontra-se explicitada nas circunstâncias em que os trabalhadores africanos incorporaram a seus atos valores ou sentidos que lhes eram próprios: os diferentes entendimentos sociais de fuga, tais como registrados na documentação – vatira, shimbika [chimbika] ou tombika; percepções outras mobilizadas pelo debate abolicionista, as fugas estimuladas com os rumores sobre a abolição e, ainda, a consciência da legislação nas estratégias de enfrentamento nas esferas legais da sociedade colonial.

Tal delineamento argumentativo sobre o trabalho africano realizado nas regiões de colonização portuguesa serviu para melhor entender a experiência dos *loandas*, grupo de trabalhadores que participou da expedição portuguesa à Lunda, sobretudo, no que concerne à maneira como encaravam o contrato de trabalho firmado com Henrique de Carvalho e, a partir dela, a compreensão de suas crenças e concepções de autonomia e identidade social.

Capítulo I

Controle da mão de obra africana e administração colonial: faces convergentes da política portuguesa oitocentista

Sempre que era chamado à tarefa de "cidadão português no exercício de funções públicas", o secúlo Paulino envergava o velho casacão verde de fardo, pertencente à farda de qualquer soldado americano desconhecido. O comprimento, os botões dourados ostentando as armas a que pertencera o defunto, conferiam-lhe a solenidade dos porteiros. No dia do recenseamento, assim vestido. [...] Mesuras, salamaleques, cofió na mão direita, respondia ao chefe de Posto: – Sô eu Paulino kambulu, secúlo do Salundo, meu Chefe manda... Viva Portugale! Assim todas as vezes. Preliminar decorado e invariável, pronunciado de dentro do dólman verde de botões amarelos, de submissão e presença.

[...]

O problema da mão de obra começava a avolumar-se. As rugas não resolviam coisa nenhuma. Os cipaios deixavam-se corromper. Uma ou duas galinhas, um garrafão de vinho, era um homem a menos na granja à espera de embarque. Surgiram então os angariadores invadindo as sanzalas, nas suas carrinhas com toldo de lona. [...]

50 Elaine Ribeiro

> Famílias que se destroem. Ficam as mulheres e crianças, que do contrato verbal não constava o seu transporte. Partem os homens debaixo dos toldos, em camiões de lonas, cujas cargas declaradas são couros ou mercadoria vendável no litoral. [...]
> Antes que tivessem voltado os primeiros, cresceu o pranto das mulheres e das crianças diante da casa do secúlo:
> — Paulino, não deixes que levem o meu homem. – Não quero que morra no mar. – Não quero que o levem... – E se não volta?
> E o Paulino ouvia confiante. Cedo, porém, passou a escutar sem fé, calado e esquecido de si, o grito aflitivo do amor de esposa, coração mais negro que a noite escura da pele. [...]
> Paulino bebia muito mais agora. Afogava no álcool a impossibilidade do poder que não tinha e lhe exigiam.[1]

Segundo a historiografia em Portugal, a problemática emancipacionista do trabalho escravizado deve ser entendida à luz dos processos desencadeados pela independência do Brasil ou, para alguns, pela desintegração do império luso-brasileiro. Assim, para os políticos portugueses que pretendiam a formação em África de *novos brasis*, importante era cuidar, em um primeiro momento, da abolição do tráfico de escravizados, no sentido de tentar dissipar, sobretudo, as relações diretas entre as regiões angolanas e brasileiras.[2]

---

1 Escrito em abril de 1958, *Um conto igual a muitos* foi publicado no livro *Estórias de Contratados* que, segundo o autor, são relatos de vida de pessoas que conheceu na infância, "cuja memória [conservou] com indelével saudade". Cf.: ANDRADE, Fernando Costa. *Estórias de contratados*. Lisboa: Edições 70, 1980, p. 17 e 40-43.

2 Constantemente mencionada pela historiografia é a cláusula no tratado de Paz e Reconhecimento de 1825 sobre a aceitação da independência brasileira por Portugal estar condicionada à não anexação de regiões africanas ao império que se formava. Para uma análise do mesmo tratado e da comissão mista

Em parte, este é o entendimento do historiador Valentim Alexandre que defende a necessidade do projeto colonial português ser pensado para além das pressões externas, nomeadamente inglesas, sob pena de cair em um preconceito teórico que considera "como estagnadas ou como 'irracionais' as sociedades que não se desenvolveram segundo o modelo das zonas de capitalismo mais avançado".[3]

Em um movimento interpretativo semelhante ao de Alexandre, a historiadora Miriam Halpern Pereira, ao discutir a vigência de duas leituras clássicas da sociedade oitocentista portuguesa que preconizam os temas da decadência e do subdesenvolvimento, propõe que "a expansão colonial e a dependência externa não sejam compreendidas de maneira estática, de natureza sempre idêntica", de forma a ressaltar também o seu caráter imperialista.

Em específico sobre o tema da decadência, divulgado com intensidade no período da partilha pelos europeus dos territórios africanos e asiáticos, contexto de nossas preocupações nesta pesquisa, ele foi celebrizado por Antero de Quental em *As causas da decadência dos povos peninsulares*, no qual defendeu a tese da "progressiva perda de um lugar de vanguarda e a passagem de Portugal para um segundo plano na história europeia". Segundo Halpern, o motivo para aceitação e divulgação deste tema no

---

composta com o intuito de arbitrar litígios quanto aos bens daqueles que se consideraram a partir de então brasileiros ou portugueses, entre os quais comerciantes com negócios na África, ver: RIBEIRO, Gladys Sabina. *Desenlaces no Brasil pós-colonial*: a construção de uma identidade nacional e a Comissão Mista Brasil-Portugal para o reconhecimento da Independência. Disponível em: http://www.historia.uff.br/artigos/ribeiro_desenlaces.pdf. Último acesso em: dezembro de 2009.

3 Cf.: ALEXANDRE, Valentim. O liberalismo português e as colônias de África (1820-1839). *Velho Brasil Novas Áfricas*: Portugal e o Império (1808-1975). Porto: Afrontamento, 2000, p. 121.

52 Elaine Ribeiro

pensamento português é devido ao seu discurso superficial contra
o imperialismo.[4] Considerando as proposições de Halpern e Alexandre, podemos compreender que as soluções para os problemas que mais
afligiram os governantes portugueses no século XIX, a saber: a abolição do Antigo Regime, a promoção da independência econômica
do reino em relação à Inglaterra e a reconversão de uma economia
baseada no império que tinha como eixo Brasil-Angola, caminharam no sentido de promover uma política que continuasse "a via
da expansão colonialista", a partir de então mais preocupada com
os territórios africanos.

Neste sentido, esta política tentava ainda a conciliação dos
interesses de grupos sociais antagônicos no plano interno da sociedade lusa, que viviam em constantes tensões. Como no caso da
disputa econômica entre os partidários do livre-cambismo e do
protecionismo, respectivamente, entre a burguesia industrial algo-
doeira composta de produtores de tecidos crus com negócios no
Brasil e na África e os industriais do setor da estamparia, finaliza-
dores dos tecidos ingleses.[5]

Prósperas desde os primeiros acordos anglo-portugueses as-
sinados entre os séculos XVII e XIX, entre eles o famoso tratado

---

4   Sobre o tema do subdesenvolvimento, que ao longo do século XX sobressaiu
ao de decadência, a mesma historiadora atribui esta leitura à historiografia de
cunho econômico que tendeu a "designar o defasamento da grande maioria
dos países inseridos no sistema capitalista em relação a um centro mais avançado". Cf.: PEREIRA, Miriam H. Decadência ou subdesenvolvimento: uma
reinterpretação das suas origens no caso português. *Análise Social*, vol. XIV,
n° 53, 1978, p. 9.

5   Cf.: ALEXANDRE, Valentim. O liberalismo português e as colónias de
África..., p. 135. Para uma visão diferente sobre o [não] interesse da burguesia portuguesa na colonização de territórios africanos, ver: MARQUES,
João Pedro. *Os sons do silêncio*: o Portugal de Oitocentos e a abolição do
tráfico de escravos. Lisboa: Instituto de Ciências Sociais da Universidade de
Lisboa, 1999, especialmente o capítulo "Impasses coloniais: novos Brasis ou
verdadeiras Áfricas?".

Barganhando sobrevivências 53

de Methuen de 1703, conhecido como Panos e Vinhos, o desenvolvimento destas burguesias comercial e industrial foi possível devido à posição intermediária dos portos portugueses no comércio do Atlântico Sul com as regiões da Europa setentrional. Este embate de interesses econômicos divergentes ligados ao comércio de tecidos nos territórios africanos foi um problema que avançou o século XIX, chegando até o contexto finissecular de avanço do colonialismo português sobre as regiões africanas.

Na década de 1880, por exemplo, esta questão foi discutida pelo comerciante Custódio Machado na correspondência que enviou a Henrique de Carvalho, chefe da expedição portuguesa à Lunda. Sobre a concorrência das casas comerciais de Manchester e da ação de seus parceiros portugueses na região angolana escreveu:

> ... em vez de educar e alimentar a nossa população com industrias, cujos productos teem neste illimitado paiz tão largo consumo, preferem antes animar a industria e o commercio estrangeiro, servindo apenas de seus intermediarios, para nos venderem essas mercadorias depois de haverem tirado d'ellas um fabuloso lucro, alem da commissão, que se lhes paga por tal serviço...[6]

Tendo em mente este quadro de interesses, precisamente relacionado ao controle dos territórios e da mão de obra africanos, podemos entender que os movimentos desde os anos de 1820 e 1830 da política portuguesa, vistos em seus relatórios e projetos de

---

6   Cf.: Correspondência de Custódio José de Sousa Machado ao chefe da expedição, inclusa "Lista das mercadorias que mais convem para os mercados do interior d'esta parte da Africa, por ser com ellas que se fazem as permutações de cera, borracha e marfim, com os povos gentillicos – Tecidos e Varios artigos de differentes industrias". s/d In: CARVALHO, Henrique A. D. *Expedição Portuguesa ao Muatiânvua* 1884-1888: Descrição da Viagem à Mussumba do Muatiânvua. Lisboa: Imprensa Nacional, vol. 1 (De Luanda ao Cuango), 1890, p. 339-342.

54   Elaine Ribeiro

lei, apresentam formas características do pensamento colonialista atreladas ao discurso abolicionista.[7]

Enquadra-se nesta nossa interpretação o projeto de lei do deputado José Antonio Braklami, apresentado às Cortes na sessão de 11 de dezembro de 1826. Tal projeto propunha para a colonização da África, entre outros: incentivos, abatimentos e isenções fiscais quanto ao comércio de produtos do reino em direção às colônias africanas (artigos 1, 2, 3 e 4), a inexistência de um exclusivo colonial quanto aos portos de comércio (artigo 5), o envio de missões de exploração e de evangelização (artigos 14 e 15) e, na política de fomento ao trabalho livre, a condecoração com hábitos das ordens militares aos cidadãos portugueses que não utilizassem trabalho escravizado em seus empreendimentos nos territórios africanos (artigo 12). Além do tom passadista, que demonstra a

---

7   Há que mencionarmos sobre a orientação abolicionista da política portuguesa dessa época a interpretação do historiador João Pedro Marques que destaca o grande peso da pressão inglesa sobre Portugal. Essa interpretação, que entendemos ser correta, não compromete, a nosso ver, a leitura sobre as intenções coloniais da política lusa, já que para além da importante variável "pressão inglesa" é preciso considerar o poder institucional das sociedades africanas, a debilidade portuguesa no controle das colônias litorâneas e todas as práticas comerciais que ligaram especialmente Angola ao Brasil, como já apontou uma historiografia avalizada sobre o tema: ALENCASTRO, Luis Felipe. *O trato dos viventes:* formação do Brasil no Atlântico Sul, séculos XVI e XVII. São Paulo: Companhia das Letras, 2000 e MILLER, Joseph. *Way of Death.* Merchant Capitalism and the Angolan Slave Trade, 1730-1830. Madison, University of Wisconsin Press, 1988. Sobre as controvérsias em torno do tema do abolicionismo português ver o debate entre Valentim Alexandre e João Pedro Marques publicado em diferentes edições da revista Penélope: MARQUES, J. P. Uma revisão crítica das teorias sobre a abolição do tráfico de escravos português e ALEXANDRE, Valentim. Projecto colonial e abolicionismo. *Penélope*, n° 14, p. 95-125, 1994; MARQUES, J. P. Avaliar as provas. Resposta a Valentim Alexandre e ALEXANDRE, Valentim. "Crimes and misunderstandings". Réplica a João Pedro Marques. *Penélope*, n° 15, p. 143-168, 1995; ALEXANDRE, Valentim. Sem sobra de pecado. Tréplica a João Pedro Marques e MARQUES, J. P. O equívoco abolicionismo de setembro. Segunda resposta a Valentim Alexandre. *Penélope*, n° 17, p. 123-151, 1997.

Barganhando sobrevivências

singularidade das propostas para o fim do antigo regime português, há que destacarmos no texto deste legislador a ideia do trabalho escravo como impedimento da produtividade em série:

> Art. 12 – Sendo quase todos os trabalhos, e a maior parte dos serviços campestres, e domésticos praticados na África por Negros escravos, circunstância esta, que tanto se opõe ao adiantamento, e perfeição dos mesmos trabalhos, e serviços, que medram, e se aumentam muito mais exercidos por mãos livres; fica determinado que o Dono de Engenho, Roça, ou outro estabelecimento, quer de Agricultura, Comércio, Indústria, Navegação, Armações, etc. que se ajudar, e servir com homens forros, brancos, ou pretos, portugueses, ou estrangeiros, na proporção de mais de metade dos seus trabalhadores gozará dos Foros de Nobreza para si, e seus filhos, e será condecorado com um dos Hábitos das Ordens Militares.[8]

Em uma "segunda geração" de escritos abolicionistas de políticos portugueses, o ministro Bernardo de Sá Nogueira de Figueiredo, então visconde de Sá da Bandeira, no relatório *A Abolição do Tráfico de Escravos e o futuro da África Portuguesa* de 1836 discutiu a possibilidade de eliminar a concorrência comercial brasileira com o fim do tráfico atlântico, já que os brasileiros não mais poderiam contar com a força de trabalho africana para suas lavouras e indústrias e nem lucrar com o comércio de humanos escravizados.

---

8 Para tanto ver o projeto de lei, que não foi aprovado, em: "Um plano para as colônias. Proposição e projeto de lei apresentados às Cortes pelo deputado Braklami, Diário das Cortes, sessão de 11/12/1826 da Câmara dos Deputados." In: ALEXANDRE, Valentim. *Origens do colonialismo moderno*. Lisboa: Sá da Costa, 1979, p. 92-100. (Portugal no século XIX. Antologia de Textos Históricos).

56 Elaine Ribeiro

Neste relatório, a direção do projeto colonial de Sá da Bandeira seguiu o mesmo sentido do projeto de lei do deputado Braklami, da década anterior: isenções fiscais aos negócios portugueses, incentivo ao trabalho livre e política de povoamento em favor da população branca e livre a exemplo daquela realizada por ingleses na África do Sul e por estadunidenses na Libéria:

> ... mas para isto é necessário [escreveu Sá da Bandeira] reformar inteiramente a legislação colonial. Se pelo resultado se pode julgar o sistema de uma legislação, nenhuma poderá ser pior do que a das nossas possessões: séculos têm decorrido depois que se acham no domínio português; e pouco diferentes estão na civilização do que eram no tempo da conquista, enquanto a vizinha colônia do Cabo da Boa Esperança em muito menos tempo tem avançado rapidamente em população branca, e em riqueza; enquanto a nova colônia americana denominada Libéria composta de negros livres, situada na costa da Guiné, que não conta ainda três dezenas de anos de existência, tem prosperado dum modo espantoso, e já vai lançando suas vistas cobiçosas para a nossa ilha de Bolama, doentia sim, mas tão rica em madeiras, e tão vantajosamente situada na foz do Rio Grande e do Rio de Geba.[9]

9   Cf.: "Extrato do relatório do Secretário de Estado dos Negócios da Marinha e Ultramar, Sá da Bandeira (1836)". In: ALEXANDRE, Valentim. *Origens do colonialismo moderno...*, p. 103 e 104. Conhecida na historiografia portuguesa por *questão da Bolama*, o enredo clássico aponta, tal como Sá da Bandeira, para as "pretensões estrangeiras" sobre a ilha de Bolama, na África Ocidental, as quais estavam no bojo das frentes de colonização inglesa em território africano, no caso, no projeto dos oficiais do exército inglês Beaver e Darrymple, em 1792. No desenvolvimento dos acontecimentos, as disputas territoriais entre colonos ingleses, portugueses e bijagós, originários da região, acabaram por serem arbitradas somente em 1870, pelo presidente dos EUA, Ulisses Grant, que decidiu em favor dos portugueses. Cf.: REGO, A. Silva. *O ultramar português no século XIX (1834-1910)*. Lisboa: Agência Geral do Ultramar,

A consequência mais importante dos projetos de Sá da Bandeira foi o decreto da abolição do tráfico a 10 de dezembro de 1836, uma vez que entendia que a colonização dos territórios africanos e o controle do comércio de seus produtos dependiam em primeira instância desta "lei capital, base da civilização e da prosperidade dos povos africanos", pois sem ela – em uma intencional africanização do tráfico atlântico – "inútil seria legislar, porque uma parte daqueles para quem são destinadas as leis, ou seriam arrebatados para além do mar, ou eles mesmos continuariam a ocupar-se no tráfico e nas guerras intestinas...".[10]

Contudo, uma coisa era a extinção do tráfico, outra bem diferente era decretar a abolição da escravidão nas regiões litorâneas do continente africano controladas pelos portugueses. O mesmo imediatismo exigido para o final do comércio atlântico de escravizados, com vistas ao desenvolvimento do ultramar português, levando-se em conta também as pressões externas, não se verificou na decretação de leis emancipacionistas que ficou marcada por uma feição gradativa.

Sintomaticamente, a abolição da escravidão foi um tema progressivamente aflitivo para os políticos portugueses desde, pelo menos, as primeiras discussões dos projetos de lei da abolição do tráfico, apresentados nas décadas de 1820 e 1830 à Câmara dos Pares. Com este panorama, não é de se admirar as brechas no

---

1966, p. 132. Sobre as implicações ideológicas da política abolicionista que promoveu a colônia da Libéria – sendo uma delas, "levar os descendentes africanos para seu lugar de origem" – como também sobre a resistência a esta ação dos libertos estadunidenses que tinham projetos próprios, ver: BURIN, Eric, *Slavery and the Peculiar Solution. A History of the American Colonization Society*. Gainesville: University of Florida Press, 2005.

10 Cf.: "Extrato do relatório do Secretário de Estado...". In: ALEXANDRE, Valentim. *Origens do colonialismo moderno...*, p. 104.

58   Elaine Ribeiro

decreto abolicionista do tráfico de 1836, quanto à possibilidade ainda da condução de escravizados por terra e mar.[11]

Além dos interesses de controle da mão de obra, tais "lacunas" nos textos legislativos também podiam estar ligadas à questão da indenização dos proprietários de escravizados, conforme podemos notar na fala do deputado Alexandre de Morais Sarmento, que mesmo se dizendo abolicionista, nas seções de março e abril de 1836 propôs que se evitasse "falar muito em liberdade de escravos", já que Portugal não tinha o arrojo dos ingleses que se multaram "em duzentos milhões de cruzados para pagar indemnizações aos senhores".[12]

Dentre os discursos parlamentares da época destacáveis são as crenças no abolicionismo gradual da escravidão a partir do final do tráfico de escravizados. Desta forma, acreditava-se que a inexistência de novas ofertas de braços faria com que os proprietários tivessem que tratar melhor de seus escravizados remanescentes, algo que elevaria o custo da mão de obra até não poder mais competir com o trabalho livre e assalariado. Este paradoxo abolicionista, igualmente referido aos espaços coloniais africanos, nos faz refletir sobre as reais vantagens do trabalho assalariado para os empregadores.[13]

---

11   Precisamente neste caso, nos artigos 2, 3, e 4 do decreto a concessão aos colonos transportarem escravizados entre regiões controladas pelos portugueses, desde que não ultrapassassem o número de dez e tivessem a permissão das autoridades alfandegárias dos portos de embarque. Para tanto, ver o texto do decreto de D. Maria II de Portugal, assinado por Antonio M. L. Vieira de Castro, Manuel da Silva Passos e visconde de Sá da Bandeira, em: BIKER, Julio Firmino Judice. *Collecção dos tratados, convenções, contratos e actos publicos celebrados entre a coroa de Portugal e as mais potencias desde* 1640. Lisboa: Imprensa Nacional, 1880, vol. 28, p. 634-659.

12   Sobre as falas do deputado Alexandre de Morais Sarmento ver o estudo de João Pedro Marques em Uma cosmética demorada: as Cortes perante o problema da escravidão (1836-1875). *Análise Social*, vol. XXXVI, n° 158-159, 2001, p. 211 e 215.

13   Para uma discussão aprofundada desta situação, ver o estudo do historiador estadunidense Eric Foner sobre o Caribe inglês com o sugestivo título: *Nada*

Barganhando sobrevivências 59

Portanto, no quadro de agitação política, a questão das indenizações significou a resistência dos proprietários de escravizados aos projetos apresentados por Sá da Bandeira ao parlamento luso nos anos de 1845, 1846, 1849 e 1850. Oposição que muito influenciou os próprios legisladores abolicionistas, que assim contribuíram para o emperramento do processo da abolição.

Porém, mesmo com todas estas contrariedades, a política emancipacionista portuguesa acabou por se afirmar na vaga do *grand experiment* inglês justificada na propalada incapacidade do autogoverno do africano e de seus descendentes nas Américas. De acentuado gradualismo, esta política preconizou um período de aprendizagem para os ex-escravizados sob a justificativa do abrandamento da transição da escravidão para o trabalho livre. Sob a tutela dos senhores, argumentavam os políticos ingleses, criar-se-iam novas bases de relacionamento capazes de "remodelar a cultura do trabalho", que eliminaria a pretensa "natural indolência dos ex-escravos e dos africanos".[14]

Na sequência da política abolicionista, após o decreto de supressão do tráfico, foi assinado em 1842 um tratado com a Inglaterra que determinou o aprisionamento de navios de bandeira portuguesa suspeitos de comércio escravagista e a instauração de uma comissão mista em Luanda para julgar os casos dos navios apreendidos e regulamentar os direitos e deveres dos "resgatados".

---

além da liberdade. A emancipação e seu legado. Rio de Janeiro; Brasília: Paz e Terra; CNPq, 1988.

14 Segundo Eric Foner, a derrocada da lei do aprendizado no Caribe foi inevitável, "dadas à aspiração dos ex-escravos a uma liberdade completa e imediata e a intenção dos fazendeiros [...] de manterem obstinadamente o poder arbitrário sobre os negros". Assim, no contexto de resistência escrava no Caribe inglês, além das fugas das fazendas, outro fator importante foi a formação de um campesinato negro que "resultou de uma série mais complexa de articulações e motivos [sendo] tanto uma resposta às condições da emancipação quanto um legado da escravidão." Para tanto, ver o seu supracitado *Nada além da liberdade...*, p. 36-37 e 39.

60 Elaine Ribeiro

Sob o emblema da promoção do trabalho livre na agricultura e na indústria e de acordo com a política do aprendizado, insigne nestes casos foi que os africanos liberados pela ação das esquadras inglesas e lusas foram entregues a proprietários de terras para cultivo de produtos de exportação e a empresários que pretendiam desenvolver alguma manufatura em territórios africanos.

Adequam-se nestes casos os colonos Valentino Pereira e José Soeiro, estabelecidos em Moçamedes, que em 1850 contaram com vinte destes "resgatados" para trabalharem em sua fábrica de sabão. E ainda, João Guilherme Pereira Barbosa, que em 1846 recebeu do governo vinte e quatro libertos para "auxiliá-lo nos seus úteis trabalhos de cultura do café", na região do Cazengo.

Quanto a este último colono, na década de 1880, no tempo da expedição de Henrique de Carvalho à Lunda, havia ainda o imaginário português de ter sido João Guilherme Barbosa o iniciador do cultivo de café nesta região. Ignorando um provável desenvolvimento anterior da cultura desta planta, esta memória referia-se a crença lusa da inexistência entre as populações locais de uma intenção produtiva em larga escala, já que os "pés de café, em 1837, quando Barbosa chegou ao Cazengo" eram vistos como "silvestres". Partindo deste imaginário, Henrique de Carvalho destacou que o conhecimento do agricultor, que vinha de experiências no Brasil, possibilitou "devido aos seus cuidados, um tal desenvolvimento que os indígenas da localidade o imitaram".

Particularmente reveladora é a acusação que o mesmo expedicionário fez à inabilidade governamental portuguesa quanto ao não desenvolvimento ao longo do tempo da produção de café em grande quantidade devido à ausência de "protecção oficial de capitaes", de não cuidar da "falta de braços e das dificuldades de transporte" e do erro de "afastar o pequeno proprietário". A despeito de Henrique de Carvalho também apontar para o problema da "baixa do preço do café na Europa", esta última acusação remete-nos para o importante motivo dos diversos conflitos

Barganhando sobrevivências   61

armados ocorridos na década de 1870, que na documentação oficial foi chamada de resistência dos dembos: a tentativa colonial lusa de controle das terras.

Sobre as motivações destes conflitos, que nos permitem entender a orientação colonial da política portuguesa ao longo do século XIX, o governador-geral de Angola, Francisco Joaquim Ferreira do Amaral (1882-1886) não pode deixar de reparar que

> os proprietarios brancos têm absorvido todas as pequenas propriedades dos indígenas, o que fizeram principalmente em 1874 no tempo da fome [...] quando os pequenos proprietários [entenda-se, africanos], pela sua falta de previsão, se constituiram na necessidade de vender primeiro os frutos pendentes e depois o próprio terreno para se alimentarem a si e a suas famílias. Hoje que vêem quanto perderam na precipitação da venda, pretendem que já o lucro obtido pelos novos proprietários tem sido tal que está forra em muito a quantia por que foram vendidos os diversos tratos de terreno e a lucta entre as duas miserias, representadas pelas relações entre os antigos pequenos proprietários e os actuaes possuidores de terrenos, é igual à que existe entre estes e o Banco [Nacional Ultramarino], que se não der remédio prompto e efficaz a este estado anomalo, encontrará principalmente se não se construir o caminho de ferro de penetração [de Luanda até Ambaca], fortes perdas dos capitaes empregados.[15]

---

15 Relatório de F. J. Ferreira do Amaral em: OLIVEIRA, Mário António Fernandes. Angolana (Documentação sobre Angola) 1 (1783-1883). Luanda; Lisboa: Instituto de Investigação Científica de Angola; Centro de Estudos Históricos Ultramarinos, 1968, p. 188. Sobre as afirmações de Henrique de Carvalho, ver: *Descripção...*, vol. 1, p. 122-123. Mais sobre as atividades de João Guilherme Pereira Barbosa no artigo de Jill Dias O Kabuku Kambilu (c. 1850-1900): uma identidade política ambígua. In: *Actas do Seminário Encontro de povos*

62   Elaine Ribeiro

Outro destino dos africanos liberados, como também de muitos escravizados que prestavam serviços em Angola, foram as roças de café e cacau das ilhas de São Tomé e Príncipe. A intensidade progressiva do transporte destes trabalhadores entre o litoral angolano e as ilhas atlânticas forçou, logo em seguida, a regulamentação de tal prática.[16]

Tal conformação legal deu-se por meio do anexo de um decreto baixado em 25 de outubro de 1853, que concedeu a João Maria de Sousa e Almeida, posteriormente barão de Agua-Izé, um terreno na Ilha do Príncipe para a instalação de uma exploração agrícola. Apesar da determinação estabelecida no decreto abolicionista de 1836, sobre o número de escravizados transportados não exceder a dez, o que já era uma exceção, acabou sendo alargada, porque a mesma disposição permitiu ainda a este concessionário transportar cem (100) escravizados que possuía em Angola sob a condição de lhes conceder carta de alforria.[17]

---

e culturas em Angola. Lisboa: Comissão Nacional para as Comemorações dos Descobrimentos Portugueses, 1995, p. 13-53.

16   Conforme lembrou João Pedro Marques em: Uma cosmética demorada..., p. 222.

17   Participante da rede do tráfico clandestino, na década de 1840, como sócio de firmas escravagistas que controlavam barracões de escravos na região de Moçamedes, João Maria de Sousa e Almeida foi um dos precursores a investir em roças de café nas ilhas atlânticas. Nascido na ilha do Príncipe, estabeleceu-se primeiro em Angola como comerciante do tráfico, retornando depois à sua região natal como concessionário de terras, onde criou, especificamente em São Tomé, a roça Agua-Izé, localidade de onde surgiu seu título de barão, galardoado pelo rei português em 1868. O historiador Augusto Nascimento argumenta que na década de 1870, depois da abolição da escravidão, os libertos preferiam ficar nas pequenas roças dos ilhéus que eram diferentes das grandes roças como Água-Izé, que "em geral pertença de europeus, [eram] afamadas pelos maus tratos e privação da liberdade." Cf.: NASCIMENTO, Augusto. São Tomé e Príncipe. In: ALEXANDRE, Valentim e DIAS, Jill (eds.). *Nova História da Expansão Portuguesa.* O império Africano 1825-1890. Lisboa: Editorial Estampa, 1998, p. 296. Para uma análise das redes do tráfico considerado clandestino junto ao comércio de exportação de produtos naturais em Angola,

Barganhando sobrevivências   63

A partir deste caso, a regulamentação do trabalho dos escravizados transportados para as ilhas atlânticas tomou a seguinte forma: no caso dos trabalhadores, a obrigação de servirem por mais sete anos e de maneira gratuita aos seus senhores, observando-se que no caso dos menores de 13 anos esta situação deveria perdurar até atingirem a idade de 20 anos (artigo 10). Sobre os deveres dos patrões, a obrigatoriedade da entrega da carta de alforria aos seus trabalhadores, após serem batizados (artigo 1) e a responsabilidade por sua alimentação, vestuário, instrução religiosa, vacinação e assistência médica (artigo 15), sob pena dos novos empregados obterem sua liberdade (artigo 13). Para fiscalizar o cumprimento dos deveres e dos direitos de ambas as partes foi criada a Junta de Superintendência dos Libertos com sede em São Tomé (artigos 3 e 4).[18]

No decorrer da legislação trabalhista portuguesa e baseado no decreto de 1853, o artigo 7 do decreto de 14 de dezembro de 1854 generalizou as determinações sobre os direitos e deveres dos escravizados transportados por terra entre as regiões continentais controladas pelos portugueses. Mesmo sendo imediatamente declarados livres, estes trabalhadores deveriam ainda servir aos seus senhores por mais dez anos. Outras disposições deste mesmo decreto foram: a obrigação do registro dos escravizados, que em caso de não ser realizado implicava na declaração automática destes à

---

ver: WISSENBACH, M. C. C. As feitorias de urzela e o tráfico de escravos: Georg Tams, José Ribeiro dos Santos e os negócios da África Centro-Ocidental na década de 1840. Afro-Ásia, 43, p. 43-90, 2011.

18 Esta e outras disposições legais foram parcialmente analisadas a partir das transcrições contidas em CUNHA, J. M. da Silva. *O trabalho indígena*. Estudo de direito colonial. (2ª. edição) Lisboa: Agência Geral do Ultramar, 1954, p. 132-133, nota 8. Há que observarmos que não deixamos de levar em conta em nossa análise os objetivos do estudo de Silva Cunha, patrocinado por agência do governo colonialista português, de defesa lusa nos debates sobre a escravatura e o trabalho forçado promovidos pela Organização das Nações Unidas (ONU) e Organização Internacional do Trabalho (OIT), nas décadas de 1940 e 1950.

64 Elaine Ribeiro

categoria de libertos (artigos 1 e 9) e a declaração de livres para os escravizados pertencentes ao Estado, com o dever de ainda o servirem por mais sete anos (artigo 6).

O decreto de 1854 estabelecia ainda a possibilidade da indenização pecuniária dos proprietários pelos respectivos escravizados, isto é, da compra da carta de alforria (artigo 31) e as situações nas quais a "tutela dos libertos" – assim chamado o prazo estabelecido em lei para o trabalho dos ex-escravizados – poderia ser extinta: no caso de conseguirem se graduar por alguma universidade ou se tornarem clérigos, oficiais do exército ou da armada, professores, proprietários rurais, negociantes de grosso trato, guarda-livros ou primeiro caixeiro, administradores rurais ou de fábricas ou ainda o exercício de cargos públicos (artigo 33). Por fim, as determinações deste decreto ficavam a partir de então sujeitas aos organismos criados e chamados de Juntas Protetoras dos Escravos e Libertos (artigo 10).[19]

Outro importante decreto do processo gradual da abolição, instrumentalizado pela política do aprendizado, foi instituído em 24 de julho de 1856. Espécie de "lei do ventre-livre portuguesa", determinou que nascessem livres os filhos das mulheres escravizadas, porém com a obrigação de trabalharem para os proprietários das mães até a idade de 20 anos. Referendada por Sá da Bandeira, esta lei foi encarada pelo estadista como mais um meio de promover o "costume do trabalho" entre os africanos, já que acreditava na sua natural indolência. Tal determinação, segundo o político português, faria com que "sendo creados com os paes escravos, e trabalhando com estes até terem vinte annos de idade", os libertos

---

19 O decreto de 1854 dispôs ainda a possibilidade da indenização de 5 mil réis fortes, paga no ato do batismo, para a libertação de crianças escravizadas com até 5 anos de idade. Para o texto do decreto de 1854, ver: CUNHA, J. M. da Silva. O trabalho indígena..., p. 132-135.

Barganhando sobrevivências 65

no ventre materno achar-se-iam "habituados ao serviço, quando chegasse o tempo de ficarem completamente livres".[20]

Outra deliberação relevante foi o decreto de 29 de abril de 1858, também assinado por Sá da Bandeira, que determinou o prazo de vinte anos para a abolição total da escravidão nos espaços coloniais africanos, isto é, para a data de 29 de abril de 1878.

No final década de 1860, prosseguindo no quadro legislativo emancipatório, outro decreto instituiu para todos os escravizados o estatuto civil de *liberto*. Por esta determinação legal, assinada em 25 de fevereiro de 1869, as relações trabalhistas ainda obrigatórias daqueles libertos a partir de então deveriam ser regidas pelas disposições do decreto de 1854 até a supressão total da escravidão, em 1878. A propósito destas relações trabalhistas, as mesmas disposições possibilitaram e generalizaram a venda do serviço dos libertos. Como bem lembrou o historiador João Pedro Marques, "a par de um mercado de escravos, [passou] a haver igualmente um mercado de libertos, o que constituía uma verdadeira aberração numa medida formalmente abolicionista".[21]

Dados práticos sobre esta questão podem ser observados nos jornais luandenses da época, no crescente número a partir de 1869 de anúncios de oferta de aluguel de serviços de libertos.[22]

---

20 Para os comentários do próprio estadista português sobre o decreto de 1856, ver: BANDEIRA, Marquês de Sá da. *O trabalho rural africano e a administração colonial*. Lisboa: Imprensa Nacional, 1873, p. 23.

21 Lembrando que o processo de mudança do estatuto civil dos escravizados para o de libertos iniciou-se pelo artigo 7 do decreto de 1854, que dizia respeito somente aos escravizados do Estado e àqueles transportados por terra e mar, conforme exposto anteriormente. Na ocasião, o parlamentar Afonso de Castro, consciente da contradição das disposições do decreto de 1854, manifestou a sua preocupação com as gerações futuras que, segundo ele, haveriam "de admirar-se que [os legisladores da época julgassem] isto um grande passo no caminho da civilização". Para tanto, ver: MARQUES, João Pedro. Uma cosmética demorada..., p. 230-231.

22 Conforme ressaltou Mário Antonio no seu texto: Os "Libertos" em Luanda no Terceiro Quartel do século XIX. In: SANTOS, Maria Emilia Madeira (org.)

66 Elaine Ribeiro

Neste contexto legal – diga-se de passagem, difícil de acompanhar – há ainda que mencionarmos, com vistas ao entendimento da complexidade do estatuto do trabalho africano nos códigos lusos, as prescrições da Lei de abril de 1875 e o Regulamento de novembro de 1878.

Preparando a supressão total da escravidão legal, a lei de 1875 determinou o fim do estatuto dos libertos, decretado seis anos antes, para um ano após a sua promulgação, quando todos seriam declarados "livres, mas ainda sob tutela pública" e com o dever de servir aos mesmos senhores até o ano de 1878. O historiador João Pedro Marques entende que a lei de 1875 foi nada mais nada menos que a solução encontrada para o problema da falta de mão de obra nas ilhas de São Tomé e Príncipe, já que ao instituir as regras do contrato de trabalho, a lei possibilitava o envio de trabalhadores chamados a partir de então de *serviçais* para prestarem serviços em regiões que não àquelas de sua origem (artigo 6).[23]

Tanto assim foi que no próprio texto do decreto previa-se a contratação de trabalhadores para as ilhas com o governo como órgão engajador e, mais notável, a não permissão da legalização de contratos suspeitos de tentarem promover o tráfico de escravizados:

> Artigo 24 – O governo, se achar conveniente, poderá auctorisar o governador da provincia de S. Thomé e Principe a contratar, por conta da província, colonos em qualquer outra parte, podendo esses contratos ser, com as mesmas condições, sublocados a particulares;

Primeira Reunião Internacional de História da África. Relação Europa-África no 3º quartel do século XIX – Actas. Lisboa: CEHCA; IICT, 1989, p. 260.

23 Cf.: MARQUES, João Pedro. Uma cosmética demorada..., p. 244.

Artigo 25 – Estes contratos não serão permitidos se por qualquer modo se mostrar que servem para promover o trafico da escravatura.[24]

Segundo a historiadora Jill Dias, este estímulo legal para a contratação de trabalhadores em um período de prosperidade comercial das plantações de cacau de São Tomé só fez com que as regiões angolanas mergulhassem em num novo surto de tráfico, que durou até o século XX. Esta situação pode ser constatada no relatório do cônsul inglês em Luanda, David Hopkins, datado de 1877, que denuncia a "farsa da emigração livre entre Angola e S. Tomé" e revela as condições desumanas com que eram transportados os trabalhadores: "em rebanhos, sem privacidade ou separação dos sexos, obrigados a deitar-se juntamente com porcos, carneiros e cabras".[25]

Prosseguindo na miscelânea legislativa portuguesa, o Regulamento de 21 de novembro de 1878, decretado logo após a abolição da escravidão, que extinguiu o conceito da tutela pública com relação aos *serviçais*, dispôs novamente sobre os contratos de trabalho. Contendo 107 artigos, esta regulamentação tratou ainda, entre outros aspectos, sintomaticamente, das condições de transporte dos trabalhadores (capítulo V); do controle policial

---

24 Referendado pelo então ministro e secretário de estado dos negócios estrangeiros e interino dos da marinha e ultramar João de Andrade Corvo, o texto do decreto de 29 de abril de 1875 pode ser consultado em http://www.fd.unl.pt/Anexos/Investigacao/1425.pdf. Último acesso em: outubro de 2010.

25 Cf.: DIAS, Jill. Angola. In: ALEXANDRE, Valentim e DIAS, Jill (eds.). *Nova História da Expansão Portuguesa*. O império Africano 1825-1890. Lisboa: Editorial Estampa, 1998, p. 461. Para uma discussão mais aprofundada da revitalização das relações escravistas nas roças são-tomenses, ver o estudo de Augusto Nascimento na mesma coletânea que traz o texto de Jill Dias: São Tomé e Príncipe. In: ALEXANDRE, Valentim e DIAS, Jill (eds.). *Nova História da Expansão Portuguesa*. O império Africano 1825-1890. Lisboa: Editorial Estampa, 1998, p. 283-293.

68 Elaine Ribeiro

sobre os mesmos, por intermédio da lei da vadiagem instituída pelo Código Penal Português de 1852 (capítulos VIII).[26] Interpretando este regulamento, a jurista e historiadora Esmeralda Simões Martinez aponta uma tensão na questão da "apregoada liberdade contratual" do trabalhador africano, a partir do texto introdutório do Regulamento, o qual limitava o raio de ação dos trabalhadores africanos:

> Considerando, outrosim, que o estado de civilisação entre os indigenas não os habilita ainda a promoverem, por si próprios, a manutenção dos seus direitos de cidadãos livres, e que, por tal rasão, uma protecção especial da auctoridade se lhes torna essencial, o que foi attendido no mencionado projecto de regulamento.[27]

Desta situação, compreendemos que o impasse apontado revela não o plano prático das ações, mas aquilo que as autoridades que promulgaram o Regulamento de 1878 esperavam que ocorresse: a total inépcia dos trabalhadores africanos com relação aos contratos de trabalho, dando margens assim à continuação da tutela ou do controle de sua força de trabalho pelo estado.[28]

Em geral, este é caso da legislação abolicionista portuguesa discutida até agora. Do ponto de vista dos estadistas, a preocupação com controle da força de trabalho junto à administração

---

26 Ver o texto do Regulamento de 21 de novembro de 1878, assinado por Tomás António Ribeiro Ferreira, ministro da marinha e ultramar, disponível em: http://www.fd.unl.pt/Anexos/Investigacao/1426.pdf. Último acesso em: outubro de 2010.

27 Cf.: MARTINEZ, Esmeralda Simões. *O trabalho forçado na legislação colonial portuguesa – o caso de Moçambique (1899-1926)*. Lisboa, 2008. Dissertação (Mestrado em História da África) – Faculdade de Letras da Universidade de Lisboa, p. 55.

28 Esta questão será mais longamente discutida quando tratarmos, no quarto capítulo, da contratação por Henrique de Carvalho dos trabalhadores da expedição e, especialmente, do entendimento que eles tiveram do processo contratual.

colonial dos territórios africanos fez com que a percepção da realidade se tornasse turva ao ponto de não aceitar enxergar o plano das ações e interesses, sobretudo, dos trabalhadores.

Em uma comparação com outras regiões (como o Brasil) pode até ser que a morosidade do processo português tenha sido menos intensa pela urgência da colonização dos territórios africanos, porém, por outro lado, face às diferenças processuais, as justificativas que orientaram os processos abolicionistas em geral não se distanciaram quanto às suas intenções finais e crenças no término da escravidão pela aprendizagem do trabalho livre. Nesse sentido, particularmente elucidativa é a síntese realizada pela historiadora Joseli Mendonça sobre o gradualismo abolicionista brasileiro:

> ... a concepção do gradualismo pautava-se pela atuação de sujeitos históricos que, nesse tempo, procuravam encaminhar projetos próprios de emancipação. Em alguns deles, a liberdade definia-se pela preservação de laços de atrelamento e dependência pessoal entre libertos e ex-senhores; uma liberdade que não significava a ruptura completa com os elementos que haviam permeado as relações entre senhores e escravos. Pautando-se pela concepção de que os libertos eram, ao mesmo tempo, indivíduos que necessitavam de proteção e indivíduos contra os quais era necessário proteger-se, reconhecendo no poder público a incapacidade de prestar proteção ou exercer o controle social necessário, os senhores se autodesignavam como os melhores provedores de proteção e a única autoridade capaz de conter a desordem que poderia decorrer de uma liberdade desassistida.[29]

---

29 A comparação dos processos abolicionistas brasileiro e português é uma interessante investigação a ser realizada, sobretudo no que concerne aos distanciamentos e aproximações dos discursos dos legisladores, bem como o peso

70   Elaine Ribeiro

Portanto, entendemos que é necessário diferenciar o plano do discurso do prático, porque do contrário estaremos negando, da mesma forma que os estadistas da época, as ações e reações dos trabalhadores africanos aos projetos emancipatórios e coloniais. Após várias discussões sobre o funcionamento dos contratos de trabalho,[30] já sob a égide de Antônio Enes, foi promulgado, vinte anos depois, o *Regulamento do Trabalho Indígena*, em 09 de novembro de 1899, que modificou aquele de 1878. Este Regulamento, mais do que representar um endurecimento da política de controle da mão de obra africana – como teve a intenção de fazer parecer – é, ao nosso entender, a manifestação expressa da intenção colonial portuguesa implícita na legislação trabalhista do século XIX.

Ao proclamar "o princípio da coercibilidade ao trabalho dos indígenas pelas autoridades coloniais", no dizer de Silva Cunha, o Regulamento não deixou de considerar a noção de tutela sobre o trabalho africano em favor da colonização, tal como podemos ver no seu texto introdutório:

> Sendo desde muito tempo reconhecida a necessidade de regular devidamente, no interesse da civilisação e de progresso das provincias ultramarinas, as condições do trabalho dos indigenas, de modo a assegurar-lhes, com efficaz protecção e tutela, um proporcional e gradual desenvolvimento moral e intellectual, que os torne cooperadores uteis de

---

da escravidão para as sociedades em questão. Agradeço a professora Lucilene Reginaldo por me alertar para esta possibilidade de investigação. Para o trecho citado, ver: MENDONÇA, Joseli N. M. *Entre as mãos e os anéis*. A lei dos sexagenários e os caminhos da abolição no Brasil. Campinas: Editora da Unicamp, 1999, p. 308.

30 Por exemplo, ver as discussões em torno do decreto de 26 de dezembro de 1889 que tratava dos contratos de trabalho especificamente de São Tomé e Príncipe, em: MARTINEZ, Esmeralda Simões. *O trabalho forçado na legislação colonial portuguesa...*, p. 67-69.

uma exploração mais ampla e intensa da terra, de que essencialmente depende o augmento da nossa riqueza colonial.[31]

Certamente, o dado novo na legislação da década de 1890 é a racialização como legitimadora das relações sociais e trabalhistas. Isso fica claro no termo *indígena*, definido legalmente pelo *Regimento de Administração da Justiça nas Províncias Ultramarinas*, promulgado em 20 de setembro de 1894 e no qual podemos encontrar o sentido mais acabado desta questão: a crença na indolência africana como elemento fundador da ideologia colonial, colocada em prática pelos subsequentes códigos do trabalho que pressupunham a ideia do bom colonizador português capaz de prodigalizar a civilização.

Neste sentido, a oficialização do termo indígena foi posta da seguinte maneira: "... sómente são considerados indigenas os nascidos no ultramar, de pae e mãe indigenas, e que não distingam pela sua instrucção e costumes do comum da sua raça." (artigo 10)[32]

Muito se aproxima deste texto a redação que define o mesmo termo no *Estatuto Político Civil e Criminal dos Indígenas* de 06 de fevereiro de 1929, já sob governo salazarista: "Consideram-se indígenas os indivíduos de raça negra ou seus descendentes que, pela sua ilustração e costumes, se não distingam do comum daquela raça". Segundo a cientista social angolana Elizabeth Ceita Vera Cruz, este estatuto também foi julgado por seus proponentes como um "acto magnânimo, humanista e, nessa medida, revolucionário,

---

31 Cf.: CUNHA, J. M. da Silva. *O trabalho indígena...*, p. 147-148. Texto do Regulamento de 09 de novembro de 1899, assinado por Antonio Eduardo Villaça, ministro da marinha e ultramar, disponível em: http://www.fd.unl.pt/Anexos/Investigacao/1427.pdf. Último acesso em: outubro de 2010.

32 Texto do Regimento de Administração da Justiça nas Províncias Ultramarinas, promulgado em 20 de setembro de 1894 e assinado pelo ministro da marinha e ultramar, João Antonio de Brissac das Neves Ferreira, que regulamentava o decreto de 20 de fevereiro do mesmo ano, disponível em: http://www.fd.unl.pt/Anexos/Investigacao/1422.pdf. Último acesso em: outubro de 2010.

72 Elaine Ribeiro

numa época em que poucos eram aqueles que tratavam os negros como seres que necessitassem de ser protegidos". E nos lembra de que esta crença – "como uma manifestação de fé e não de certeza" – era necessária para "fazer crer ao colonizado, que com o tempo, determinação e força ele poderia vir a ser igual, melhor dizendo igualado ao colonizador. Sendo sinónimos de tempo, determinação e força respectivamente a passividade, a obediência e o trabalho".[33]

Salvaguardadas as diferenças de contexto, do final do XIX, início da colonização de fato dos territórios africanos, para a década de 1920, do governo salazarista, é possível afirmar que este era, em essência, o mesmo espírito que animava o Regulamento de 1899 elaborado por uma comissão nomeada em 1898, presidida por António Enes e formada por Luiz Fischer Berquó Poças Falcão, Anselmo de Andrade, Brito Godins e Paiva Couceiro.

Contando com 65 artigos, o Regulamento de 1899, pelo princípio da especialidade, permitia acomodações locais, nas colônias, para sua execução.[34] Tratando em grande medida do trabalho sob pena correcional, já previsto no Regulamento de 1878, ele foi instrumentalizado pelas disposições do Regimento de 1894 supracitado, que havia disposto a possibilidade da substituição da punição condenatória por uma pena de quinze dias até um ano de prestação nos serviços públicos, de forma remunerada.[35]

---

33 Cf.: VERA CRUZ, Elizabeth Ceita. *O estatuto do indigenato* – Angola – A legalização da discriminação na colonização portuguesa. Lisboa: Novo Imbondeiro, 2005 (Colecção Estudos e Documentos), p. 19-21.

34 Cf.: MARTINEZ, Esmeralda Simões. *O trabalho forçado na legislação colonial portuguesa...*, p. 128.

35 A existência do trabalho correcional, conforme Silva Cunha, é de "longa data no Direito colonial português. Os princípios gerais a que deve obedecer a sua organização, porém, foram fixados pela primeira vez pelo decreto nº 12533, de 23 de outubro de 1926." Cf.: CUNHA, J. M. da Silva. *O trabalho indígena...*, p. 150.

Antonio Enes já havia embasado teoricamente a sua prática nas comissões legislativas, especificamente na elaboração do relatório intitulado *Moçambique* do início da década de 1890, no qual promoveu o princípio de coercibilidade na legislação trabalhista como sendo algo inovador e necessário à política relacionada aos africanos, sob a justificativa dela até então ter sido branda se comparada à legislação repressora da vadiagem exercida sobre os trabalhadores metropolitanos:

> Abolidos os crimes e horrores da escravidão, os interesses económicos recomendavam ao legislador que diligenciasse aproveitar e conservar os hábitos de trabalho que ela impunha aos negros, embora proibisse, para os conservar e aproveitar, o emprego dos meios por que tais hábitos haviam sido impostos. Converter um escravo em homem livre era um benefício para ele e para a sociedade, mas deixar transformar um trabalhador num vadio depreciava esse benefício. O que se fez, porém? Por medo de que as práticas do regime abolido lhe sobrevivessem, elaboraram-se leis e regulamentos encimados por uma espécie de declaração dos direitos dos negros, que lhes dizia textualmente de ora avante ninguém tem obrigação de trabalhar, e os tribunais e as autoridades administrativas foram encarregados de proteger contra qualquer atentado o sagrado direito de ociosidade reconhecido aos Africanos. Na Metrópole não se reconhece aos brancos semelhante direito. Na Metrópole todos são obrigados a procurar adquirir pelo seu trabalho os meios de subsistência que lhes faltam, sob pena de serem punidos como vadios. [...] Todavia, o pavor da escravatura, o frenesi de opor às doutrinas dos seus defensores rasgadas proclamações liberais e humanitárias, saltaram por cima do código e da moral, do bom senso e das necessidades econômicas para ensinarem

74 Elaine Ribeiro

> ao negro que tinha a liberdade de continuar a viver no estado selvagem, pois que tal é a necessária consequência da liberdade de não trabalhar, deixada a quem só pelo trabalho pode entrar no grémio da civilização.[36]

Há nestas afirmações de Enes, quanto ao "sagrado direito de ociosidade reconhecido aos africanos" e na tentativa de ignorar a pré-existência do princípio de coercibilidade na legislação ao longo do XIX, muito daquilo que a historiografia social do trabalho já tratou, da ideologia da mão de obra livre na colonização dos espaços africanos no final deste século ser "um conceito vital para distinguir o colonizador progressista dos saqueadores, bandidos, sequestradores e compradores de carne humana que durante séculos representaram a Europa no ultramar...".[37] Todavia, o mais importante é que implícito neste discurso da legislação trabalhista também está, conforme igualmente ressaltou esta mesma vertente historiográfica, a incapacidade dos colonizadores do controle total da força de trabalho africana devido às práticas cotidianas locais.[38]

---

36 Cf.: ENES, António. *Moçambique*. Lisboa: Agência Geral das Colônias, 1946, p. 70-71 [texto original de 1893]. Sobre o trabalho correcional há ainda que ressaltarmos que quando o Regulamento de 1878 foi promulgado, a lei de vadiagem contida no Código Penal de 1852, anteriormente mencionada, até pelo menos as reformas de 1884 e 1886 do mesmo código, referia-se tanto para o plano interno da sociedade portuguesa quanto para as colônias. Ver texto do Código Penal aprovado por decreto de 10 de Dezembro de 1852 em: http://www.fd.unl.pt/Anexos/Investigacao/1265.pdf. Ultimo acesso em: novembro de 2009.

37 Cf.: COOPER, Frederick. Condições análogas à escravidão. In: COOPER, Frederick, HOLT, Thomas C. e SCOTT, Rebecca J. *Além da escravidão*: investigações sobre raça, trabalho e cidadania em sociedades pós-emancipação. (trad. Maria Beatriz de Medina) Rio de Janeiro: Civilização Brasileira, 2005, p. 209.

38 Por exemplo, no mesmo sentido destacado por Keletso Atkins no seu estudo sobre o processo de proletarização do trabalho nguni em Natal, colônia inglesa na África do Sul. Neste trabalho, a historiadora ressaltou, para além do discurso inglês sobre a não adequação africana ao trabalho assalariado ou de

A adoção pelos homens políticos portugueses do vocabulário dos direitos e deveres de senhores e escravizados, bem como dos carregadores

Como vimos, ao longo do século XIX, no plano do discurso, a luta dos portugueses pela colonização efetiva dos territórios africanos se deu pelo empréstimo dos ingleses de um vocabulário de direitos e de deveres de senhores e ex-escravos construído nas colônias americanas: liberto, tutela, aprendizado, entre outras palavras. Adaptando este vocabulário à colonização em África com o mesmo intuito de manter o trabalho constante e controlável em favor da economia de exportação, legisladores, administradores, militares e comerciantes foram paulatinamente promovendo a ideia do fomento do trabalho entre os africanos como um dever ou um "esforço civilizador dos brancos e um direito dos negros":

> Ensinar os negros a serem uteis, a comprehenderem as vantagens do trabalho, e os beneficios do commercio: crear nos negros as necessidades, que representam melhoramento na vida material, desenvolvimento na vida moral: abrir aos negros horisontes, por onde se possam expandir as suas limitadas aptidões, a fim de lhes transformar a natural indolencia em actividade productiva: ensinar os negros pelo exemplo, atrail-os pela benevolencia, domar-lhes as ruins paixões pela justiça, impressional-os pelas maravilhas da civilisação, ministrar-lhes, na escola

---

sua natural indolência, as noções de tempo próprias destes trabalhadores, as quais contrastavam com a de seus empregadores, os colonos britânicos, e que foram as causas dos diversos conflitos em torno dos contratos acordados entre as partes. Foram estas demandas que possibilitaram a Atkins perceber, além da dificuldade do controle da mão de obra, a influência da resistência da população local sobre a regulamentação do trabalho assalariado. Para tanto ver o artigo: 'Kafir Time': Preindustrial Temporal Concepts and Labour Discipline in Nineteenth-Century Colonial Natal. *The Journal of African History*, vol. 29, n° 2, p. 229-244, 1988.

76 Elaine Ribeiro

> e na officina, um ensinamento que os persuada de que elles podem seguir as praticas dos brancos, com vantagem propria: eis o que temos a fazer na Africa Portugueza. É proseguir, aperfeiçoando-o, no systema, ha seculos iniciado pelos portuguezes n'aquellas regiões. [...] A politica do governo, com referencia a raças indígenas, não pode ser outra senão a que fica indicada n'estas breves palavras. É a mais segura, a mais efficaz; a que está mais de accordo com os nossos meios e o nosso caracter; é a que nos dá decidida superioridade sobre todos os povos europeos, estabelecidos na África...[39]

Neste processo de apropriação de um repertório de palavras e expressões em voga houve também acomodações ao modo como os portugueses apreendiam a sua realidade em específico. Tal apreensão do real foi entendida por Valentim Alexandre como uma questão de identidade nacional portuguesa sustentada por duas crenças chamadas pelo historiador de "mitos da herança sagrada e do eldorado". Em suas palavras, o primeiro mito via "na conservação de toda e qualquer parcela do território ultramarino um imperativo histórico, tomando os domínios sobretudo como testemunhos da grandeza dos feitos da nação, que não os poderia perder sem se perder" e o segundo mito, "a crença inabalável na riqueza das colônias de África, na sua extrema fertilidade, nos tesouros das suas minas por explorar".[40]

---

39 Citação retirada da obra de João Andrade Corvo, político português que, entre os anos de 1871 e 1878, foi ministro dos negócios estrangeiros no governo "regenerador" de Fontes Pereira de Melo. Cf.: *Estudos sobre as Províncias Ultramarinas*. Lisboa: Tipographia da Academia Real das Sciencias, vol. III, 1884, p. 389.

40 Cf.: ALEXANDRE, Valentim. "A África no imaginário político português (séculos XIX-XX)". *Velho Brasil. Novas Áfricas*. Portugal e o Império (1808-1975). Porto: Afrontamento, 2000, p. 221.

Barganhando sobrevivências 77

No excerto supracitado de Andrade Corvo, o mito da herança sagrada aparece no momento em que é exaltada a atuação dos portugueses na África, "a sua política de governo há séculos iniciada, sendo ela a mais segura e eficaz, a que está mais de acordo com os meios e o caráter português", isto é, "aquela que dá decidida superioridade sobre todos os povos europeus estabelecidos na África", e por isso a necessidade de Portugal em prol da civilização manter as províncias ultramarinas, tal como o próprio título da obra em questão sugere.

Já a crença portuguesa na riqueza das colônias africanas, o mito do eldorado pode ser notado nos escritos de diferentes épocas de Sá da Bandeira. Por exemplo, em um trecho de relatório de 1836, que produz a forte sensação de ser uma reconfiguração temporal e espacial da carta de Pero Vaz de Caminha relacionada ao "mundo novo":

> Para avaliarmos o que são os domínios portugueses ultramarinos, não devemos considerar somente o que actualmente são, mas sim aquilo de que são susceptíveis. [...] Nas províncias do Ultramar existem ricas minas de ouro, cobre, ferro e pedras preciosas. Em África podemos cultivar tudo quanto se cultiva na América; possuímos terras da maior fertilidade nas ilhas de Cabo Verde, Guiné, Angola e Moçambique, onde poderemos cultivar em grande o arroz, o anil, o algodão, o café, o cacau; numa palavra todos os gêneros chamados coloniais, e todas as especiarias, não somente que bastem ao consumo de Portugal, mas que possam ser exportados em muito grandes quantidades para os outros mercados da Europa, e por menores preços que os da América, porque o cultivador africano não será

78 Elaine Ribeiro

> obrigado a buscar, e a comprar os trabalhadores que são conduzidos da outra banda do Atlântico...[41]

Implícita no discurso do "Wilberforce português",[42] a natureza anistórica, "o cenário exuberante, que tornará maiores os atos do conquistador", porque esteve sempre à sua espera para desenvolver os gêneros possíveis de se tornarem coloniais. Esta natureza virgem foi destacada por Tania Macêdo como fazendo parte das mitologias colonialistas de um modo geral:

> As árvores grandiosas, os animais ferozes, os rios caudalosos praticamente intransponíveis representam todo um mundo novo em sua pujança que deve vergar-se à presença do europeu, sua crença e seus valores para, domesticada, servir a seus objetivos.[43]

Um desdobramento de tais mitos produziu ainda a ideia da riqueza natural obtida sem grande esforço como a principal causa da indolência atribuída aos africanos:

> As margens do rio Coanza, Bengo e Dande sam sobretudo de uma fertilidade extrema [...] produzem em abundancia, e quasi sem trabalho, o feijão-maindona, privativo d'este paiz, e inda não introduzido em Portugal; as ervilhas de optima qualidade; o mandobi, que pode em differentes usos supprir a amendoa, que fornece muito azeite, e que vem em tão grande copia que os habitantes com elle cevam os porcos, cuja carne fica saborosissima

---

41 Cf.: "Extrato do relatório do Secretário de Estado...", In: ALEXANDRE, Valentim. *Origens do colonialismo moderno...*, p. 101.

42 Como parte da imprensa portuguesa do XIX chamava Sá da Bandeira, em referência ao abolicionista inglês do final do século XVIII, Willian Wilberforce.

43 Cf.: MACÊDO, Tania Celestino. *Da fronteira do asfalto aos caminhos da liberdade* (Imagens do musseque na literatura angolana contemporânea). São Paulo, 1990. Tese de Doutorado (Literatura Portuguesa) – FFLCH/USP, p. 95.

Barganhando sobrevivências 79

> com este sustento; o milho, de que os negros fazem, depois de macerado, uma farinha (fuba) que lhes fornece um alimento muito de seu gosto; a canna de assucar, de extraordinaria grandeza; a mandioca doce, que constitue, reduzida em farinha de pau, a parte principal do sustento do povo; os inhames, carás, batatas, etc. [...] O algodão é tambem natural do paiz, e de qualidade superior ao do Brasil. Os Muxiloandas fazem d'elle as suas linhas de pesca e redes, e os Negros do interior fabricam umas mantas, a que chamam ntangas, de grande solidez e duração, e de uso mui geral, sendo de admirar a perfeição de alguns d'estes tecidos, á vista da imperfeição dos chamados teares de que aquelles negros se serve...[44]

A propósito do inventário das produções angolanas realizado por Saldanha da Gama e da sua paradoxal sentença, "abundância quase sem trabalho", igualmente inscrita no quadro dos mitos coloniais foi a reprodução ao longo do tempo da crença que as populações africanas por terem costumes rotulados de tradicionais, com práticas sustentadas por métodos arcaicos e rudimentares, impróprios ao desenvolvimento das potencialidades produtivas da

---

44 Cf.: António Saldanha da Gama que foi administrador colonial e diplomata integrante da comissão portuguesa no Congresso de Viena. O trecho citado foi retirado de sua memória escrita, segundo o próprio autor, em virtude da abolição do tráfico e com a seguinte intenção: "apontar quais os melhoramentos suscetíveis às colônias portuguesas e quais as medidas governamentais a serem postas em prática para que o momento da cessação do tráfico da escravatura não seja o da perda total daqueles estabelecimentos, antes pelo contrario eles venham a ser de então em diante de maior proveito a Portugal", em *Memoria sobre as colonias de Portugal, situadas na costa occidental d'Africa, mandada ao governo pelo antigo governador e capitão general do reino de Angola, Antonio Saldanha da Gama...* Luís António de Abreu e Lima (ed.). Paris: Typographia de Casimir, 1839, p. 56 e 72-74.

80   Elaine Ribeiro

terra, resistiam substituí-los por processos de maior racionalidade econômica utilizados nas sociedades modernas.[45] Tal representação, acreditamos que possa ser alterada por intermédio do próprio discurso colonialista. Na *Memória* escrita por Saldanha da Gama, por exemplo, logo após a passagem citada anteriormente, o autor iguala o recrutamento do serviço compulsório dos carregadores nas regiões angolanas ao tráfico atlântico de escravizados, para mostrar a desvantagem daquele ao desenvolvimento da agricultura local:

> Não faltam portanto elementos naturaes para a prosperidade da agricultura nestes paizes, e o não florescer ella attribuo eu principalmente á causa que vou dizer. O commercio da escravatura exigia que as volumosas e pesadas fazendas que para elle serviam, como armas, polvora, gerebita, zuartes, etc. fossem transportadas da capital a enormes distancias do sertão, ás costas dos Negros, não havendo aqui outro meio de fazer estes ou quaesquer outros transportes. Os Sovas ou Potentados avasallados eram obrigados a fornecer estes carregadores, que recebiam por este serviço uma insignificante retribuição, pela qual esperavam muitos mezes, e ás vezes annos, até que se concluisse a negociação. Os Negros odiavam naturalmente esta servidão, que os distrahia de suas occupações, e lhes occasionava muitos incommodos, um penoso trabalho mesquinha e tardiamente remunerado, e toda sorte de vexações. Por isso buscavam elles evadir-se a este penoso dever, por todos os meios possiveis, sendo o mais usual a fuga, que effectuavam umas vezes

---

45 Noção dicotômica entre tradicional e moderno trabalhada pela historiadora moçambicana radicada em Angola Aida Freudenthal no seu *Arimos e fazendas. A transição agrária em Angola*. Luanda: Edições Chá de Caxinde, 2005, p. 22.

Barganhando sobrevivências 81

antes da requisição e na previsão d'ella, e outras mesmo durante as suas caravanas. Ora como necessariamente o numero d'estes carregadores era mui grande, bem pode imaginar-se qual seria a rapida progressão decrescente da população, que estas deserções occasionaram nos districtos e presidios obrigados a similhantes alcavalas ou prestações pessoaes, as quaes por isso mesmo se tornavam ainda cada vez mais duras e pezadas á população diminuida que ficava. Escusado parece dizer qual seria tambem o funesto effeito d'este tributo dos carregadores sobre a agricultura, que ficava privada dos braços necessarios para os seus trabalhos, quer temporaria, quer permanentemente.[46]

Há, portanto, no olhar do político português um reconhecimento e de maneira explícita – o que não surpreende, devido à natureza intersticial do discurso colonialista – da causa primordial para o impedimento da prática da agricultura ser o serviço de carreto imposto às populações das regiões próximas a Luanda: porque os "distrahia de suas occupações", e assim "buscavam elles evadir-se a este penoso dever", que era "mesquinha e tardiamente remunerado" e lhes impunham "toda sorte de vexações".

Porém, mais importante do que isso é que o reconhecimento da dimensão dos danos causados pelo recrutamento forçado para o serviço de carregador só foi possível por meio do inventário das "potencialidades naturais da região", um dos objetivos do autor ter escrito sua *Memória*, como apontando em nota anteriormente. Ou melhor, pela observação do trabalho das populações locais, responsáveis pela produção das culturas enumeradas no trecho supracitado, ainda que o político lusitano tenha salientado que esta produção era realizada sem grande esforço, ou "quase sem

---

46 Cf.: GAMA, Antonio Saldanha da. *Memoria sobre as colonias de Portugal...*, p. 74-76.

82   Elaine Ribeiro

trabalho". E é justamente através de observações como estas que podemos identificar a natureza intersticial do discurso do colonizador que ao almejar os espaços alheios e ver uma necessidade de inventariá-los, não pode deixar de reconhecer a agência das populações instaladas nestes mesmos espaços.

Neste mesmo sentido, voltemos a Sá da Bandeira, especificamente à sua publicação de 1873, sugestivamente intitulada *O trabalho rural africano e a administração colonial*, na qual o marquês ao objetivar, no terceiro capítulo, demonstrar "a natureza do serviço de carregador e as medidas governamentais para terminar com os abusos nesta questão", inclusive citando alguns trechos da *Memória* de Saldanha da Gama que analisamos, tratou da resistência de comerciantes e de algumas autoridades portuguesas estabelecidas na região à abolição deste tipo de trabalho compulsório.

Todavia, antes é importante que se diga que mesmo sendo um tema igualmente espinhoso como a emancipação dos escravizados, a supressão legal do serviço de carregador foi tentada e por fim conseguida em duas ocasiões: a primeira vez em 31 de janeiro de 1839, sendo anulada no começo da década de 1840, e a segunda, retomada e conseguida em 03 de novembro de 1856.[47]

Da campanha em Angola contra os projetos emancipacionistas relacionados ao trabalho compulsório dos carregadores, a documentação inventariada por Valentim Alexandre traz os mesmos argumentos apresentados nas discussões sobre a abolição da escravidão: "a paralisação do comércio do sertão angolano pelo decreto de 3 de novembro de 1856", "golpe imprudente, intempestivo e impensado" que matou "o comércio, a prosperidade e o futuro de Angola!" (no Jornal do Commercio de 06 de abril de 1858); "a tendência inata dos estúpidos selvagens para a ociosidade e o roubo, a que não deveriam sacrificar-se os interesses da nação, e os

---

47   Para um comentário sobre os decretos de abolição do serviço forçado de carregador de 1839 e de 1856 pelo próprio Sá da Bandeira ver o capítulo supracitado em *O trabalho rural africano e a administração colonial*.

Barganhando sobrevivências   83

da sociedade em geral" (na representação de Luanda); "o estado medonho e assustador de Angola" (no Jornal do Commercio de 16 de maio de 1858); e "a necessidade e o dever de coagir o negro a trabalhar, em nome da civilização", (novamente na representação dos comerciantes de Luanda e no Jornal do Commercio de 17 de abril de 1858).[48]

Igualmente em Lisboa houve oposições às medidas abolicionistas e à própria figura de Sá da Bandeira: da Associação Comercial dessa cidade, na representação de 22 de setembro de 1858 e no abaixo-assinado de quarenta e quatro negociantes da capital publicado no Jornal do Commercio, em 23 de setembro de 1858. Neste contexto, afirma Alexandre, que "tornou-se corrente atacar o ministro e presidente do Conselho Ultramarino" pela "utopia e cegueira das suas medidas, tidas geralmente por inexequíveis", e pela "espécie de fanatismo" e "embriaguez de sentimentalismo que mostrava em relação aos negros" (conforme Latino Coelho em editorial do jornal Revolução de Setembro de 15 de abril de 1858 e no Jornal do Commercio de 31 de março de 1858).[49]

Assim, voltando a Sá da Bandeira, em portaria emitida em resposta aos ofícios do governador-geral de Angola de 1858, que tratavam das dificuldades em fazer obedecer ao decreto abolicionista de 1856 devido à resistência dos comerciantes da região, teceu as seguintes considerações, em um movimento de adequação do seu discurso pelo fim da escravidão a uma defesa da abolição do trabalho compulsório dos carregadores:

---

48   Cf.: ALEXANDRE, Valentim. A questão colonial no Portugal Oitocentista. In: ALEXANDRE, Valentim e DIAS, Jill (eds.). Nova História da Expansão Portuguesa. O império Africano 1825-1890. Lisboa: Editorial Estampa, 1998, p. 79.

49   Cf.: ALEXANDRE, Valentim. A questão colonial no Portugal Oitocentista..., p. 80.

1ª. Observando-se o que se tem passado na provincia de Angola desde a publicação do decreto de 3 de novembro de 1856, nota-se que a repugnancia dos pretos ao serviço de carreto se mostra mais pronunciada nos distritos centraes, como o Golungo Alto, Ambaca e Pungo Andongo, isto é, justamente nos logares em que d'antes os pretos eram forçados a fazer esse serviço, e onde, em consequencia d'esta obrigação, os antigos regentes, e os chefes que os substituiram, lhes faziam as maiores extorsões, e praticavam para com elles toda a sorte de violencias, com o fim de enriquecerem dentro de pouco tempo...[50]

Segundo o estadista português, havia nas regiões angolanas dois regimes reguladores do serviço de carregador: o de Benguela, instituído pelo regimento de 30 de setembro de 1796, que obrigava os comerciantes a pedirem os filhos aos sobas, sob pagamento convencionado no preço das cargas; e o de Luanda, válido também para o Golungo Alto, Pungo Andongo e Ambaca, regiões onde as populações mais tinham repugnância ao serviço de carreto, isso muito provavelmente relacionado à prática das pessoas serem tomadas à força das comunidades. Esta forma de arregimentação de mão de obra prevalecente na região norte angolana ocasionou, no século XVIII, uma crise demográfica devido às fugas em massa em direção ao interior do continente.[51]

Para compreendermos este êxodo populacional basta dimensionar a violência com que eram tratados os carregadores arregimentados, parecida àquela utilizada no trato com os escravizados das caravanas que abasteciam o tráfico atlântico:

---

50 Para os excertos da Portaria de 22 de setembro de 1858 citados neste estudo, ver: BANDEIRA, Marquês de Sá da. *O trabalho rural africano*..., p. 58-70.

51 Cf.: BANDEIRA, Marquês de Sá da. *O trabalho rural africano*..., p. 46-47. Sobre o mesmo tema ver ainda TORRES, Adelino. *O Império Português entre o real e o imaginário*. Lisboa: Escher, 1991, p. 78-79.

Barganhando sobrevivências   85

... os pretos carregadores, a quem os negociantes obrigavam a longas marchas, carregados com grandes pesos e a penosos trabalhos, e de ordinario sem remuneração alguma, e a ficarem frequentemente muitos mezes seguidos ausentes de suas familias, levando-os ás vezes até Cassange presos com correntes ao pescoço, e fazendo-lhes outros ultrajes, de que muitas vezes se lhes originava a morte...[52]

Embora seja necessário manter certas reservas quanto às afirmações sobre o fato de o serviço de carregador no sul angolano não ser compulsório, a brutalidade presente no trabalho dos carregadores das regiões ao longo do rio Kwanza é facilmente observável na documentação portuguesa. Como por exemplo, no relato da viagem realizada no ano de 1846, entre Luanda e a região de Ambaca ou Mbaka, pelo funcionário dos serviços judiciais da administração de Angola, Manoel Alves de Castro Francina, que descreveu a dinâmica do angariamento de carregadores, a qual envolvia vários agentes.

Neste processo, quando o chefe do distrito recebia ordem do governo de Luanda ou o pedido de comerciantes para obter trabalhadores para o serviço de carreto, este os passava a um agente nomeado para tratar diretamente com os sobas. Em seguida, após o pagamento do *passule*, isto é, de um imposto em víveres para o sustento deste agente durante o tempo de angariamento, os sobas repassavam a ordem da apresentação de carregadores aos chefes dos fogos, os chamados "patrões" nas fontes portuguesas.

... [Este procedimento] que sempre se efetua por meio de violência e amarração, e nunca sem faltas; porque, enquanto aparece quem se quer resgatar por dádivas [ou tributos], o número pedido não se preenche, vindo então pela maior parte

---

52 Cf.: BANDEIRA, Marquês de Sá da. *O trabalho rural africano...*, p. 59.

86 Elaine Ribeiro

camundelles,[53] que se não sujeitam ao carreto, nem mesmo às leis dos sobas, e que sendo forçados a descalçar os chinelos, para serem dados como carregadores, fogem logo que podem, ou desamparando a carga, ou levando-a...[54]

Famosas nas fontes documentais ao longo do tempo são as acusações de práticas de extorsão e corrupção por parte daqueles envolvidos no engajamento de carregadores. Numa tentativa de absolver as ações dos chefes de distritos, sobre o agente recrutador diretamente relacionado com os dirigentes políticos africanos, e que eram em sua maioria oriundos das próprias regiões de angariamento, Francina relatou que quando os sobas em substituição aos carregadores apresentavam-lhes "qualquer dádiva e instrumento cortante, dando-lhe a escolha, o encarregado abraçava o que menos feria".

Tal procedimento nos leva a perceber que a resistência à obrigação do serviço de carreto ia muito além das populações em geral, passava também pelos sobas ou chefes de fogos,

---

53 Segundo Arlindo Barbeitos, *camundelle* significava pessoa branca e correspondia a *Kamundele* em Kimbundu. Mais sobre o assunto ver o seu trabalho que analisa a questão identitária para além dos "cromatismos e esquematismos" em: BARBEITOS, Arlindo. A "raça" ou a ilusão de uma identidade definitiva. In: GONÇALVES, António Custódio (org.) *O racismo ontem e hoje*. Papers do VII Colóquio Internacional Estados, poderes e identidades na África Subsariana. Porto: FLUP, 2005, p. 140, nota 3. In: http://ler.letras.up.pt/uploads/ficheiros/6895.pdf. Último acesso em novembro de 2009.

54 Segundo esse funcionário colonial, havia na região de Ambaca, na década de 1840, cinco grandes sobados passíveis da arregimentação: de Ngonga a Muisa, do Caculo Cacabaça, de Pari a Mulenga, de Casoha Cagingi e de Ndala Ceia ou Seia, afora as comunidades pequenas. Estes deveriam fornecer carregadores pelo menos duas vezes por ano e conforme a população de cada um, nas ocasiões do pagamento do tributo de vassalagem e do tributo do sobado. Todas as citações do relato de viagem de Francina foram retiradas de FRANCINA, Manoel Alves de Castro. Itinerário de uma jornada de Loanda ao distrito de Ambaca, em 1846. In: *Annaes do Conselho Ultramarino*. Parte não-oficial. 1ª série, 1854-58, Lisboa: Imprensa Nacional, 1867, p. 3-15.

Barganhando sobrevivências 87

principalmente por aqueles com poucos recursos e que, portanto, não tinham como pagar o passule ou "qualquer dádiva [ou tributo]". "A estes restavam as fugas para o mato" nos períodos de pagamento dos impostos que incluíam a contribuição de seus filhos no sistema de transporte da região. A repressão a essa resistência foi em diversas ocasiões o castigo "com dias de prisão, quando o soba se apresenta, porque o Chefe [de distrito] não tem força capaz para o fazer conter nestas continuas e diárias desobediências", conforme afirmou Francina.

Além disso, a morosidade no processo de angariamento pode ser entendida como uma forma de oposição, já que nela estavam envolvidas noções de direitos adquiridos por certas parcelas das populações dos sobados, que entendiam estarem isentas da obrigação do trabalho de carregador, tais como:

> ... os parentes dos mais abastados moradores, ainda em o mais remoto gráo, os dos soldados e meirinhos, os agregados ás senzalas dos grandes, que os protegem, os devedores de negociantes desta Praça, e finalmente a parentalha de qualquer antigo empacaceiro, cujo titulo ou serviço julgam dever herdar, e todos estes motivos são os que difficultam o rapido cumprimento de ordens superiores, e que torna este genero de serviço mais pezado...[55]

Estas noções promoviam discussões que entravavam o procedimento de retirada das pessoas de suas habitações, tal como ocorria com os camundelles, que, conforme visto, tinham que ser descalços para serem recrutados. Segundo Francina, quanto maior fosse o número de camundelles presente em um sobado, menor era o número de angariados. Assim, junto à questão do aculturamento, no fato de existirem "pretos calçados" que se autodenominavam brancos está a aversão ao trabalho compulsório.

---

55 Cf.: FRANCINA, M. A. de Castro. Itinerário de uma jornada..., p. 11.

88   Elaine Ribeiro

Desta forma, constatada a inquietação que o trabalho de carregador provocava diante do recrutamento contínuo e violento – voltando a Sá da Bandeira, na segunda consideração da portaria que estamos tratando – o estadista foi constrangido a reconhecer o trabalho africano, parafraseando uma vez mais o título de sua obra:

> ... não são, porém, só os factos observados n'estes districtos que demonstram que nem sempre o trabalho dos pretos é effeito da coacção; pois que nos referidos boletins [da província de Angola] se lê que os pretos do concelho de Cazengo são mais trabalhadores que os de nenhum outro; que agricultam por sua propria conta...[56]

Ainda mais porque destacou a obrigação de parte do resultado desse trabalho agrícola ter de ser dividida com os donos da terra:

> ... ou [agricultam por conta] dos maiores proprietarios, como forros; o que significa que dão dois dias de trabalho para os donos da terra, sendo o restante da semana para si, pagando-lhes os proprietários o dizimo; e deixando-lhes certa quantidade dos productos...[57]

"Em presença de taes informações, é evidente que a asserção, de que os pretos sempre se esquivam ao trabalho, não tem fundamento", conforme declarou o próprio Sá da Bandeira. Por isso, como estamos tentando argumentar, nada contraditório à política colonialista, que sempre acreditou e divulgou a "indolência

---

56   Cf.: BANDEIRA, Marquês de Sá da. O trabalho rural africano..., p. 60.

57   Cf.: BANDEIRA, Marquês de Sá da. O trabalho rural africano..., p. 60. Sobre os "maiores proprietários" ver o estudo de David Birmingham, The Coffee Barons of Cazengo. *The Journal of African History*, vol. 19, n° 4, p. 523-538. Com relação às plantações de café controladas por sobas, ver o estudo de Jill Dias em: O Kabuku Kambilu (c. 1850-1900): uma identidade política ambígua...

Barganhando sobrevivências   89

africana", embasar a sua legislação a partir do reconhecimento do trabalho dos mesmos africanos:

> ...[política] que já se teve em vista na promulgação do outro decreto de 3 de novembro de 1856, que ordena o augmento do imposto sobre as habitações, impropriamente chamado dizimo [...] sendo este tributo lançado com o fim, não só de ampliar os rendimentos da provincia, mas igualmente de crear os indigenas a necessidade de trabalhar, a fim de produzirem valores sufficientes para pagar o imposto; obtendo-se, por este modo, tambem o augmento das producções agricolas da provincia, e por consequencia o da sua riqueza.[58]

Isto é, não há nenhuma novidade ou mérito em somente constatarmos que homens e mulheres africanos eram trabalhadores, já que o próprio colonialismo se encarregou de fazer isso, sendo, aliás, o controle dessa força de trabalho um dos desejos mais intensos dos colonizadores, conforme postula o estudioso Alfredo Margarido. Para o historiador Frederick Cooper o cerne desta questão está para além da formação dos grupos de trabalho. Ela está, sobretudo, nas influências das noções e práticas que fundamentam a própria existência dos grupos sobre a organização geral do trabalho.[59]

---

58 Cf.: BANDEIRA, Marquês de Sá da. O trabalho rural africano..., p. 60.

59 Nas palavras do historiador: "the question one would want to see asked by an Africanist would be what Africans brought to the workplace." Cf.: COOPER, Frederick. Work, Class and Empire: An African Historian's Retrospective on E. P. Thompson. *Social History*, vol. 20, n° 2, p. 235-241, 1995. Foi com este ânimo que propusemos o estudo sobre os trabalhadores da expedição de Henrique de Carvalho à Lunda, desenvolvido especialmente no capítulo 4. Como percurso de investigação, a análise sobre estes trabalhadores ensejará na pesquisa de doutoramento uma reflexão geral sobre o ofício de transporte de mercadorias nas caravanas da África centro-ocidental.

90 Elaine Ribeiro

Desta maneira, em uma espécie de antecipação do imposto de palhota, as *sementes* do colonialismo visto no século XX estavam lançadas no decreto de 1856 e na portaria assinada por Sá da Bandeira de 1858, que previa entre outras "ações para excitar a população indígena ao trabalho":

> 4ª. a) Obrigar os sobas e dembos, que habitam em terras apropriadas á cultura do algodão, a apresentarem annualmente, na cabeça do respectivo concelho, e em dia designado, um determinado numero de arrateis do dito producto, em proporção do numero de fogos de que constassem as senzalas suas subordinadas [...][60]
>
> b) Permittir que em logar de algodão podesse o indigena, conforme as localidades, apresentar outro genero de producção agricola ou mineira da

---

60 Apesar do discurso da espontaneidade do crescimento de algumas plantas, como o café e o algodão, nos territórios angolanos, a importância do cultivo do algodão pelas sociedades da região pôde ser certificada pelo botânico Frederico Welwitsch. Para as considerações deste botânico sobre o desenvolvimento de uma produção em larga escala a partir da já estabelecida prática do cultivo dessa planta ver o Extrato do relatório apresentado ao Ministério da Marinha e Ultramar, em 05 de outubro de 1861, citado no relatório da subcomissão composta por Henrique de Carvalho, chefe da expedição ao Muatiânvua, e outros sócios da Sociedade de Geografia de Lisboa, in: CARVALHO, Henrique A. D.; FONSECA, Henrique Quirino *da et al. Relatório da subcomissão africana encarregada de dar parecer sobre a memória do consócio Francisco Martins Swart respeitante à cultura do algodão em Cabinda.* Lisboa: Typographia da Livraria Ferin, 1902, p. 7-9. Esse reconhecimento já havia sido feito na primeira metade do XIX, pelo então governador-geral de Angola Pedro Alexandrino da Cunha, que também não fugiu do discurso do "sem grande esforço", ao afirmar "a pouca exigência do cultivo do algodão, que não demanda grande arte, intelligencia, ou machinismo". Cf.: Ofício nº 131 do governador-geral, Pedro Alexandrino da Cunha, para o ministro e secretário de estado dos Negócios da Marinha e Ultramar, em 21-03-1846, AHU – Angola, pasta 10, 1846, *apud* OLIVEIRA, Mario António Fernandes. *Alguns aspectos da administração de Angola em época de reformas (1834-1851).* Lisboa: Universidade de Lisboa, 1981, p. 282-283.

provincia, como tabaco, arroz, café, gado, ferro, cobre, enxofre [...]

c) Determinar que o chefe de familia que não apresentasse a quantidade designada de algodão ou de outro producto, seria obrigado a trabalhar para o estado nas estradas ou na agricultura, de modo que o valor d'esse trabalho, fosse equivalente ao dobro, ou triplo, do preço por que o estado devia pagar o genero que o chefe de familia tivesse obrigação de apresentar [...]

d) Estabelecer que o estado poderia ceder a particulares esses dias de trabalho, para ser empregado na agricultura, mediante uma compensação equivalente em dinheiro, cuja importancia deveria ser applicada, parte como salario para o indigena, e parte para o melhoramento das vias de communicação interna.

e) Introduzir de um modo suave o uso dos trajes europeus, determinando-se que os sobas e macotas, quando assistissem ás audiências das auctoridades principaes da provincia, deveriam apresentar-se vestidos á europêa, e que tambem assim andassem vestidos os escravos á custa de seus senhores; tudo sob pena de multa.[61]

Segundo a historiografia, a resistência aos impostos coloniais, já na década de 1850, foi um dos motivos de guerras promovidas por grupos africanos contra a administração portuguesa na região. Como no caso do imposto mencionado contestado pelo dembo Ngombe-a-Muquiama meses antes de seu valor ter sido aumentado pelo decreto de 1856. Aliás, a questão da obrigação

---

61 Cf.: BANDEIRA, Marquês de Sá da. O trabalho rural africano..., p. 61-62. Sobre a influência de Sá da Bandeira nas diretrizes que embasaram a instituição do imposto de palhota em Moçambique, no ano de 1892, ver a análise de Valdemir Zamparoni no seu *De escravo a cozinheiro*: colonialismo & racismo em Moçambique. Salvador: EDUFBA; CEAO, 2007, p. 67.

Elaine Ribeiro

do cultivo de algodão é algo visto nos movimentos contestatórios ao colonialismo português do século xx, tal como na revolta dos agricultores da Baixa do Cassange contra a empresa com capitais luso-belga Cotonang, em janeiro de 1961. Neste caso, as reclamações eram contra as adulterações das balanças que pesavam os sacos de algodão, o quê acarretava nos baixos preços pagos aos agricultores. Porém o ponto fulcral das reivindicações era a própria coação ao cultivo de algodão que obrigava com que as populações locais interrompessem os seus afazeres voltados para o cultivo de mandioca, milho e feijão.[62]

Embora Sá da Bandeira com seus escritos nos instigue a enxergar a política trabalhista do xix em retrospectiva, isto é, sem nenhuma novidade em relação às práticas coloniais do século xx, o mesmo político português nos força a recordar as especificidades do seu tempo, de não haver uma colonização de fato dos espaços africanos, até mesmo das regiões ao longo do rio Kwanza, próximas de Luanda, e necessariamente por isso aparecer em seu discurso de controle da mão de obra a defesa da moderação:

> 5° [...] É comtudo conveniente, que se averigue com cuidado, quaes são as occupações mais exequiveis e uteis a que os indigenas devam ser incitados, a fim de se empregarem para este effeito os mais adequados e efficazes d'esses meios; na intelligencia de que só de taes meios indirectos se poderá usar, porque seria impossivel estabelecer regras para obrigar os

---

62 Para o caso do dembo Ngombe-a-Muquiama, ver: carta do chefe dos Dembos ao governador geral de 01 de fevereiro de 1856 publicada no Boletim do Governo-geral da Província de Angola, n° 542, de 16 de fevereiro de 1856 e citada por Jill Dias em Angola..., p. 435, nota 226. Sobre a revolta da Baixa do Cassange, que ajudou no estopim da luta armada na guerra de libertação no norte do país, em marco de 1961, ver o documentário de Joaquim Furtado: *A Guerra | Colonial | Do Ultramar | De Libertação*. Episódios da Baixa do Cassange. Documentário RTP, 2008. Disponível em: http://www.youtube. com/watch?v=I5xGtc8qqJ4 Último acesso em: outubro de 2010.

Barganhando sobrevivências

pretos a trabalharem para os brancos, ainda pagando-lhes estes, sem que isso désse occasião a uma infinidade de abusos da força, de que resultaria a oppressão dos indigenas, e a sua emigração, como succedia frequentes vezes, quando elles eram forçados ao serviço de carregadores.[63]

Mesmo que logo em seguida – expressando o implícito de suas intenções, que no imperialismo finissecular acabou por se instituir – ele trate do alistamento militar:

6ª Mas para que se possa fiscalisar a execução das medidas que ficam indicadas no § 4° letras a, b, c, d, quando ellas sejam adoptadas, e para os fins que adiante se declaram, conviria alistar todos os indigenas dos concelhos de Golungo Alto, de Ambaca e de Pungo Andongo em companhias de guerra preta, ou com outra denominação.[64]

Tal ambição colonialista da política de Sá da Bandeira e a persistência ao longo do tempo da escravização e de outras formas análogas podem ser resumidas pelo registro literário de Costa Andrade de exatos cem anos após a portaria de 1856: na história do secúlo Paulino Kambulu que retrata o problema do recrutamento da mão de obra e a impossibilidade do exercício do poder do chefe local em suas funções públicas, conforme vimos na epigrafe que abre este capítulo.

---

63 Cf.: BANDEIRA, Marquês de Sá da. *O trabalho rural africano...*, p. 63.
64 Cf.: BANDEIRA, Marquês de Sá da. *O trabalho rural africano...*, p. 64.

Capítulo II

Interstícios imperiais na obra de Henrique de Carvalho

Na parte superior esquerda, Antonio Bezerra de Lisboa, na superior direita, Agostinho Alexandre Bezerra, e abaixo a esquerda, José Faustino. Intérpretes, secretários e professor da Expedição Portuguesa ao Muatiânvua.

Álbum da Expedição ao Muatianvua que pode ser consultado em: http://henriquedecarvalho.bnportugal.pt/index.htm. Acesso em: dezembro de 2012.

96   Elaine Ribeiro

Discursos imperiais no Portugal da segunda metade do XIX

Para a civilização ocidental, o conceito de império e os fatos históricos desencadeados por sua disseminação ao longo do tempo quase sempre estiveram associados à ideia de dualismo. Por exemplo, na medievalidade da Europa ocidental, com a sua acepção de unidade do povo de Deus na terra que separava o mundo em cristãos e não cristãos ou no fim de século oitocentista, "cujo ritmo [da economia mundial] determinado por seu núcleo capitalista desenvolvido ou em desenvolvimento" era capaz de transformar o globo terrestre, "onde os avançados dominariam os atrasados".[1]

No entanto, acreditamos que nesta questão do dualismo há sempre a necessidade de atentarmos para existência de desvios ou múltiplas vias comprometidas com diferentes concepções. Tal como ocorrido na sociedade portuguesa finissecular, na qual sentidos imperialistas reverberaram nas esferas governamentais, no parlamento, no executivo, no militar e também no universo intelectual e acadêmico.

Palco privilegiado desta reverberação, o periodismo foi o meio mais utilizado por políticos, intelectuais, militares, estudantes, profissionais liberais, entre outros, para promover debates, especialmente, a partir de crônicas marcadas por um tom moralizante e em formato de diálogo. Neste sentido, o papel da imprensa era propor a mudança do mundo e não somente à reflexão sobre ele, como argumenta Maria Manuela Cantinho Pereira. Não por acaso que boa parte destes agentes, preocupada com os rumos da nação, inclusive com a "sua parte" ultramarina, expôs suas ideias e projetos em jornais.[2]

---

1   Cf.: HOBSBAWM, Eric J. *A era dos impérios*. 1875-1914. Rio de Janeiro: Paz e Terra, 1988, p. 87.

2   Para tanto, ver o importante estudo de Manuela Cantinho Pereira sobre a Sociedade de Geografia de Lisboa e a atuação de seus membros, principalmente, do seu secretário perpétuo Luciano Cordeiro no colonialismo português do

Barganhando sobrevivências   97

No geral, tanto nas crônicas como em outros gêneros foram divulgadas a um público alargado uma memória do passado português capaz de instrumentalizar as ações do presente em um momento de necessidade de *reaportuguesar* Portugal – como diria Eça de Queiróz – em face ao que estes periodistas entendiam como ameaças externas representadas especialmente pela Espanha e pela Inglaterra: o receio sobre a possibilidade de associação ou integração de Portugal numa unidade política maior, problema que ficou conhecido como *A questão ibérica ou Iberismo*, e a disputa com os ingleses de regiões no sul do continente africano que culminou no *Ultimato* de janeiro de 1890.[3]

Esta produção de grande parte do século XIX foi chamada pelo historiador Sérgio Campos de Matos de "historiografia de divulgação":

> que não é adequado classificar de gênero, na medida em que abrange uma produção escrita bastante heterogênea: histórias gerais de Portugal, narrativas históricas referentes a determinados episódios passados (não confundir com romance histórico), biografias, alguns folhetins, livros escolares dirigidos especificamente (ou não) a determinado grau de ensino, pequenos textos evocativos em revistas ou almanaques, panfletos em que predomina a argumentação histórica, etc.[4]

---

final do XIX, em: PEREIRA, Maria Manuela Cantinho. *O museu etnográfico da Sociedade de Geografia de Lisboa*. Modernidade, colonização e alteridade. Braga: Fundação Calouste Gulbenkian, 2005, p. 124.

3 Sobre as disputas entre portugueses e ingleses e o ultimato de 1890 ver o trabalho de Ângela Guimarães, *Uma corrente do colonialismo português: a Sociedade de Geografia de Lisboa, 1875-1895*. Lisboa: Livros Horizonte, 1984, especialmente o quarto capítulo Moçambique, foco das rivalidades imperialistas, p. 103-188.

4 MATOS, Sérgio Campos. *Historiografia e memória nacional no Portugal do século XIX (1846-1898)*. Lisboa: Edições Colibri, 1998, p. 27.

98   Elaine Ribeiro

Acreditamos que nesse "etc" podem entrar os relatos de viagem e a documentação administrativa e militar coligida por órgãos como a Associação Marítima Colonial e a própria Sociedade de Geografia de Lisboa (doravante, SGL), fundada em 1875. Criada no ano de 1839 por figuras como o visconde de Sá da Bandeira, José Xavier Bressane Leite, Joaquim José Falcão e Feliciano António Marques Pereira, a Associação Marítima Colonial (AMC) tinha entre seus sócios agentes ligados ao governo e à marinha com grande experiência de atuação em regiões africanas e asiáticas e que se predispunham a fazer um diagnóstico das causas da decadência das colônias portuguesas, bem como apresentar propostas para a sua solução. Sintomaticamente, com a perda do Brasil esta era a época de promover a "boa colonização" e não somente a extração de riquezas destas áreas, conforme argumentamos no capítulo anterior.[5]

Estes objetivos da AMC se materializaram nos estudos, relatos e pareceres publicados nos *Annaes Maritimos Colonias*, os quais debatiam a situação das produções e riquezas que de sua visão colonizadora chamavam "ultramarinas". Objetivos parecidos ao da Sociedade de Geografia de Lisboa que, devido ao contexto final do XIX, apresentava tons mais acentuados com referência ao par Colonização e Ciência.

Muito influenciada pelas ideias do positivismo e do evolucionismo, a maioria dos membros da SGL, claro com algumas divergências, entendiam que a regeneração da raça portuguesa ou ibérica, que tinha decaído por ter rejeitado o "espírito moderno", passava pela compreensão do sentido da sua história. Nesta perspectiva, também esta Sociedade contribuiu com a historiografia

---

5   Para uma análise da AMC e de seus Annaes Maritimos Colonias, que apresenta material que utilizamos neste nosso estudo, ver: PEREIRA, Maria Manuela Cantinho. *O museu etnográfico da Sociedade de Geografia de Lisboa...*, p. 69-76.

Barganhando sobrevivências 99

de divulgação com a produção de vasto material publicado no *Boletim da Sociedade de Geografia de Lisboa* (BSGL).[6]

Eleito como o grande debate da época, já que para alguns Portugal só se manteria independente enquanto possuísse colônias, o tema da colonização marcou os conteúdos do BSGL, que tentavam responder, por meio de uma linguagem científica, ao desafio da civilização. Afinal, modificar as populações ultramarinas era antes de tudo uma questão de conhecimento e para conhecer era necessário realizar estudos científicos capazes de responder a questões como:

> Civilizar? Se sim como? Civilizar colonizando? Colonização de brancos? Colonização de africanos, através das "aldeias cristãs"? Colonização mista? Colonizar pela ocupação efectiva? Ocupação através de exploração comercial? Ocupação através de explorações geográficas? O que era uma exploração científica? Qual o perfil do explorador? Ocupação através de congregações religiosas? Através do "missionário geógrafo"? Civilizar pela via do conhecimento? Como ultrapassar as vicissitudes do clima? Como ultrapassar o desconhecimento das línguas africanas? Ensino das línguas africanas na metrópole? Ensino das línguas africanas no Colégio das Missões? Como ultrapassar o desconhecimento da religião, da "família"...? Conhecimento do "espírito africano" através do conhecimento etnográfico?

---

6 Sobre os objetivos da SGL e a "publicação continuada de todos os pareceres, projectos, relatórios, estudos ou propostas ao governo que tivessem, como tema principal, a defesa daquilo que a SGL julgava ser de interesse dos portugueses e que denuncia o espírito positivista dessa instituição", igualmente utilizados como fonte neste estudo, ver o supracitado trabalho de Maria Manuela Cantinho Pereira, *O museu etnográfico da Sociedade de Geografia de Lisboa...*, p. 115, 254-270.

100   Elaine Ribeiro

Seria possível regenerar a sociedade africana? Através da "família cristã", das aldeias indígenas?[7]

Analisando os pontos levantados no interrogatório citado, em sua maioria, eles convergiam para a probabilidade da civilização do africano pela colonização. Porém havia aqueles que não acreditavam nesta possibilidade e postulavam a não necessidade de preocupação com este "elemento", já que estava fadado a desaparecer como os índios americanos, às mãos e ante o homem branco e culto.[8] Entre os que pensavam desta última maneira estava Joaquim Pedro de Oliveira Martins. Ligado à chamada Geração de 1870, o reconhecido intelectual também acreditava que o decadente Portugal de sua época havia perdido o patriotismo, o sentimento da coesão moral e o orgulho nacional que o haviam caracterizado nos primeiros tempos da expansão ultramarina. Para ele, a solução para este candente problema só poderia vir de uma consciência crítica e construtiva do passado por meio do conhecimento da história de Portugal.[9]

Oliveira Martins foi um intelectual atuante em diferentes esferas e capaz de refazer os seus projetos ao longo do tempo. Naquilo que mais nos interessa, na questão da colonização dos territórios africanos, ele foi da ideia da alienação de alguns

---

7   O sumário das preocupações civilizadoras da SGL, que explicam a sua criação e que motivaram sua dinâmica institucional no final do século XIX, é de Manuela Cantinho Pereira, em: *O museu etnográfico da Sociedade de Geografia de Lisboa...*, p. 147.

8   Cf.: PEREIRA, Maria Manuela Cantinho. *O museu etnográfico da Sociedade de Geografia de Lisboa...*, p. 147.

9   Neste sentido, Eça de Queiróz louvou a obra de Oliveira Martins como um *reaportuguesamento* da nação: "Tu reconstrói a Pátria, e ressuscitas, com esses livros, o sentimento esquecido da Pátria. E não é pequeno feito reaportuguesar Portugal. Pagas, de resto, a dívida, que nunca fora paga àqueles que fizeram Portugal...". *Apud* MATOS, Sérgio Campos. *Historiografia e Memória Nacional no Portugal do século XIX...*, p. 44 e ainda na p. 75 sobre a ideia de decadência no pensamento de Oliveira Martins.

"territórios ultramarinos", "o Oriente, Moçambique, por enfeudação a companhias, abandonar as pretensões ao domínio nas bocas do Congo e congregar as forças de uma política sábia e sistemática na região de Angola",[10] para a urgência de "andar depressa" na conservação de regiões orientais do continente africano, "se não queremos ficar ao norte do Limpopo, reduzidos à faixa litoral que temos ao sul". Para tanto e mesmo ainda contracorrentes, propunha "franquear o Zambeze à navegação internacional sob a condição de liquidar com a Inglaterra a questão das fronteiras sertanejas de Moçambique", já que estavam em jogo as jazidas de ouro recém-descobertas.[11]

Porém um aspecto muito forte do pensamento de Oliveira Martins que não oscilou com o tempo foi a sua convicção da inferioridade do negro africano. Acreditamos que esta se baseava em teorias originárias do criacionismo que, diferente do evolucionismo, postulavam a existência de raças diferentes que permaneceriam invariáveis, isto é, não tinham a possibilidade de evoluírem. Por isso que para o autor o africano era incivilizável, restando ao branco atribuir-lhe a função do trabalho: "o papel dos portugueses no ultramar só pode ser, ou de negociante [...] ou de fazendeiros explorando o trabalho dos negros num regime que, nem por ter de ser mais ou menos forçado, há de ser forçosamente bárbaro como era a escravidão".[12]

Em parte, esta depreciação do africano aproximou Oliveira Martins de outras figuras portuguesas que se dedicaram ao colonialismo. O escritor angolano Arlindo Barbeitos, por exemplo,

---

10 *Apud* Prefácio de José Gonçalo de Santa-Rita, em: MARTINS, J. P. de Oliveira. *Portugal em África*. A questão colonial e o conflito anglo-português. 2ª ed. Lisboa: Guimarães & Cia Editores, 1953, p. XIV.

11 Cf.: MARTINS, J. P. de Oliveira. "Moçambique". *Portugal em África...*, p. 19. Texto originalmente publicado em *O Repórter* de 26 e 27 de maio de 1889.

12 *Apud* PEREIRA, Maria Manuela Cantinho. *O museu etnográfico da Sociedade de Geografia de Lisboa...*, p. 209.

102 Elaine Ribeiro

traçou um paralelo das ideias deste autor com as de Antonio Enes, chamando esta aproximação de "Escola de António Ennes, amigo e colega de lides políticas de Oliveira Martins e sobretudo admirador das suas ideias":

> ... A dita escola não constituía uma instituição formal de ensino, mas antes uma corrente doutrinária e de acção coloniais, tentando levar á prática as propostas martinianas, que incluiu a maioria dos mais destacados agentes da derradeira expansão portuguesa. Eduardo Galhardo, Ayres d'Ornelas, Eduardo da Costa, Freire de Andrade, Paiva Couceiro e Mouzinho de Albuquerque são várias das personalidades que dela fizeram parte e que o Estado Novo, posteriormente, entronizou em sua hagiografia colonial.[13]

Barbeitos sobre esta questão traçou uma tese baseada no conceito de *travestissement*, qual seja: que na motivação da imagem negativa dos africanos levada ao público por Oliveira Martins, Antonio Enes e outras personalidades da época, estaria o pessimismo sobre a própria sociedade portuguesa. Na noção, por exemplo, de selvagem interno, o elemento ambíguo do caráter nacional, aqueles compatriotas humildes que migravam para a África, portugueses que Oliveira Martins dizia serem "um resto de gente pré-histórica" que em suas "ligações deprimentes com as pretas", completaria Enes, "as próprias inúmeras necessidades da civilização não encontram préstimo". Assim, a obra de divulgação histórica se edificaria na ação educativa não do africano, incapaz

---

13 BARBEITOS, Arlindo. Oliveira Martins, Eça de Queiróz, a raça e o homem negro. In: SANTOS, Maria Emilia Madeira (dir.) *A África e a Instalação do Sistema Colonial* (c.1885 – c.1930). III Reunião Internacional de História da África. Lisboa: Centro de Estudos de História e Cartografia Antiga; Instituto de Investigação Científica Tropical, 2000, p. 601.

da aprendizagem, mas do colono branco que teria a missão de civilizar os territórios africanos com sua presença.[14]

Nesta perspectiva, estes homens políticos portugueses, no dizer de Alfredo Margarido, combatiam pela linguagem do racismo aquilo que chamavam de *cafrealização*, o processo de africanização dos colonos europeus em África.[15]

Em suma, o termo *travestissement*, com base no pensamento de Cornelius Castoriadis, significa uma intenção essencial do discurso em relação ao Outro: aquela que pretende situar no âmbito do imaginário a si mesmo por algo que realmente não é e que, por consequência, os outros e o mundo sofreriam uma desfiguração correspondente. De tal modo, o Outro africano não equivaleria senão ao medo que o português teria de si mesmo.[16]

De acordo com Arlindo Barbeitos, toda esta atmosfera de pessimismo, de agudização do sentimento de inferioridade portuguesa com relação às "ameaças externas", culminaria na era de extrema violência marcada pela política ditatorial salazarista. Tempo em que a personalidade autoritária assumiria sua máxima com o nazismo de Hitler e que faria da redução da mulher ocidental algo correspondente à realizada com os colonizados:

> Adorno e Horkheimer [...] se anteciparam a muita desconstrução posterior da ideologia racista,

---

14 *Apud* BARBEITOS, Arlindo. Oliveira Martins, Eça de Queiróz, a raça e o homem negro..., p. 603. Cabe-nos apontar a ideologia racial que culpou a mulher negra da "conquista dos homens brancos para a sensualidade dos macacos" (Enes). Ideologia que ressoará nos anos de 1930 nas teses de Gilberto Freyre com a sua mistificação da sensualidade da mulata poderosa na civilização brasileira.

15 Cf.: MARGARIDO, Alfredo. Algumas formas da hegemonia africana nas relações com os europeus. In: SANTOS, Maria Emilia Madeira. *Primeira Reunião Internacional de História de África*: relação Europa-África no 3º quartel do séc. XIX. Lisboa: Instituto de Investigação Científica Tropical, p. 383-406, 1989.

16 BARBEITOS, Arlindo. Oliveira Martins, Eça de Queiróz, a raça e o homem negro..., p. 604.

colonialista e sexista. Eles consideravam ambos os fenómenos componentes de um único processo de violentação de alguém que se abusou a si mesmo e que, incapaz de deslindar o mecanismo que metera em marcha, engendrara para alívio fantasmagorias que despejara para cima do Outro. A lógica mórbida, que reduz a fêmea, ataca o autóctone e provoca guerras fratricidas, se revela em fim de contas potencialmente suicida. Disto são sintomas e arautos inequívocos o pessimismo, senão o cinismo, e determinados escapismo de linguagem que, quantas vezes, a acompanham e com os quais nos deparámos nas individualidades referidas [Enes, Martins e Eça].[17]

Oliveira Martins também foi um homem de negócios. Ligado à burguesia comercial da cidade do Porto, bastante interessada na parte oriental do continente africano, o intelectual foi capaz de transformar sua opinião pela crença que a colônia moçambicana poderia se cumprir "um Brasil do século XVIII" para o seu "Portugal contemporâneo":

> Ultimamente, porém, a descoberta dos jazidos de ouro em Moçambique modificara de novo o nosso modo de ver, e lembrando-nos do que sucedeu no século XVIII no Brasil austral, que também eram sertões, sem mérito, puséramos também esperança noutra farta colheita de benefícios.[18]

Naquela cidade lusa, na década de 1880, Oliveira Martins exerceu muitas funções: foi presidente da Sociedade de Geografia

---

17 BARBEITOS, Arlindo. Oliveira Martins, Eça de Queiróz, a raça e o homem negro..., p. 605.

18 MARTINS, J. P. de Oliveira. Tempo. 30 de agosto de 1890. *Apud* SANTA-RITA, José Gonçalo de. Prefácio. In: MARTINS, J. P. de Oliveira. *Portugal em África*..., p. XXXIX.

Barganhando sobrevivências 105

Comercial do Porto (1880), diretor do Museu Industrial e Comercial do Porto (1884), administrador da Régie dos Tabacos (1888), administrador da Companhia de Moçambique (1888-90) e também fez parte da comissão executiva da Exposição Industrial Portuguesa (1888). Por esta experiência empresarial foi nomeado, em 1889, para a pasta da Fazenda, função que ocupou por quatro meses, durante o ministério presidido por José Dias Ferreira.

Sintomaticamente, este foi o mesmo contexto de realização dos projetos ultramarinos do major Henrique Augusto Dias de Carvalho que, em busca de patrocínio para sua viagem à Lunda, chegou a estabelecer contato com Oliveira Martins, quando este era presidente da Sociedade de Geografia Comercial do Porto (SGCP).[19]

A ação mais visível do intelectual português neste sentido foi emitir correspondência à Associação Comercial do Porto informando sobre o pedido de patrocínio de Henrique de Carvalho e a nomeação pelo Conselho Geral da SGCP de uma comissão composta de nove membros, que tinha por objetivo "angariar a adhesão de negociantes e industriaes para a remessa de artigos para a Expedição":

> Esta Sociedade, e especialmente a commissão acima indicada, luctariam com grandes difficuldades para attingirem o fim a que se propõem, se não esperassem obter o valiosissimo auxilio e protecção da meritissima Associação Commercial do Porto [...] e por isso o Conselho Geral resolveu que eu me dirigisse a V. Ex{a}., manifestando as intenções d'esta Sociedade...[20]

---

19 Sobre a SGCP e suas propostas de exploração geográfica de cariz comercial, ver o estudo de Manuela Cantinho Pereira, *O museu etnográfico da Sociedade de Geografia de Lisboa...*, p. 205-214.

20 Cf.: Correspondência de J. P. Oliveira Martins, presidente da Sociedade de Geografia Comercial do Porto, ao presidente da Associação Commercial do Porto, de 6 de abril de 1884. In: CARVALHO, Henrique A. D. *Expedição Portuguesa ao Muatiânvua 1884-1888*: Descrição da Viagem à Mussumba

106   Elaine Ribeiro

Henrique de Carvalho justificou a importância do patrocínio das associações comerciais de Lisboa, que também contatou à procura de auxílio, e da cidade do Porto, que foi aquela que efetivamente doou produtos, como um "estímulo ao comércio africano", por levar junto com a expedição artigos negociados por essas praças mercantis.

Assim, com grandes dificuldades no embarque das cargas no porto de Lisboa, os artigos que seguiram com a expedição foram: ferragens, galões, botões, sombrinhas, pentes, mantas, rendas, emblemas, 48 latas de azeitonas, 12 caixas de vinho do Porto e 4 caixotes com louça.[21]

Com esta justificativa comercial do major português, percebemos que houve uma confluência de compreensão do expedicionário e dos comerciantes portugueses com relação ao significado da viagem à Lunda também ser um empreendimento mercantil. Este "teor acentuado de exploração de mercados que as expedições africanas do século XIX tinham" também foi ressaltado pelo historiador José Capela que, ao citar a circular que Henrique de Carvalho enviou aos comerciantes de Lisboa e do Porto, na qual havia uma listagem de produtos que sabia de "prompta venda naqueles sertões", chegou a afirmar que ela não é mais do que "uma circular de caixeiro-viajante que vai fazer a praça da África".[22]

---

do Muatiânvua. Lisboa: Imprensa Nacional, vol. I (De Luanda ao Cuango), 1890, p. 25-26.

21 Mais sobre a colaboração das praças mercantis portuguesas com a expedição à Lunda ver a correspondência entre o major português e as associações comerciais mencionadas, inclusive a SGCP, entre a qual está anexada a 'Relação dos exportadores que confiaram volumes à Expedição' em: CARVALHO, Henrique A. D. Descripção..., vol. I, p. 18-28.

22 Mais sobre a repercussão das expedições africanas na burguesia mercantil portuense em: CAPELA, José. A burguesia mercantil do Porto e as colónias (1834-1900). Porto: Afrontamento, 1974, p. 141-151. A circular com a listagem de produtos citada também pode ser vista em: CARVALHO, Henrique A. D. Descripção..., vol. I, p. 19-21.

Barganhando sobrevivências   107

A propósito do entendimento de Henrique de Carvalho sobre a natureza de sua expedição (que acreditamos não se esgotar na questão mercantil), ele pode ser percebido por meio da "anedota do portuense de gênio folgazão" contada pelo major português como um fato ocorrido no início da expedição, na viagem entre Lisboa e Luanda, em maio de 1884, a bordo do vapor S. Thomé. O chiste se deu da seguinte maneira: achando a vida a bordo monótona, o tal passageiro portuense, sobre o qual não nos é passado o seu nome, entusiasmado por estar viajando com expedicionários dizia que gostava muito de "commoções fortes, novas, nunca sentidas" como aquelas que provavelmente Henrique de Carvalho iria passar:

> ...[dizia ele] Imagine, eu mettido numa cubata no meio de um deserto e que de repente, sem me ser dado prever, um leão de um salto apparece ao pé de mim! Fixa-me com os seus olhos de fogo, mas não vacillo um só momento. Se não tenho a espingarda á mão deito fogo á cubata, e elle enraivecido lá vae para a floresta berrando como um possesso, e eu cá fico ao pé do fogo com os meus companheiros, cantando victoria, emquanto não rompe o dia.[23]

Este tipo de acontecimento era algo que o portuense dizia só poder se dar na África, "não no Amazonas, no Rio da Prata e nem em outras terras do Brasil: estas scenas que ora nos assustam, ora nos animam, e muitas vezes nos fazem suppor termos a nossa vida por um fio". Fortes sensações de fazer inveja, pois "nada mais belo", afirmava o "jovial portuense", "que depois de dias de fome, disputar-se a tiro com o gentio uma gallinha, um ovo, um fructo qualquer, e ir saboreá-lo depois com todo

---

23   O relato integral sobre o "portuense folgazão" pode ser lido em: CARVALHO, Henrique A. D. *Descripção...*, vol. 1, p. 44-45.

108   Elaine Ribeiro

o descanso! São estes momentos felizes de que só podem gozar actualmente os exploradores!".[24]

Ao apresentar o senso comum da época – "é assim que uma grande parte da gente pensa com respeito a explorações!" – Henrique de Carvalho passou a rejeitar a sua expedição como sendo uma viagem de aventuras: "não eram essas commoções que eu procurava, não; e, pela minha parte, confesso que as muitas por que passei me abalaram e fatigaram bastante".[25]

No seu entendimento, a Expedição Portuguesa ao Muatiânvua devia ser um cumprimento fiel das "Instrucções" pelas quais havia de se guiar e que a determinavam como "uma missão de paz, de civilisação, e em que se apresentavam os mais importantes problemas a resolver".[26]

Logo, mais do que ser um ótimo subordinado que segue as diretrizes de seus superiores ou de entender a expedição como uma aventura ou como um empreendimento comercial, parece-nos que a noção de expedição de Henrique de Carvalho se aproximava dos princípios veiculados pela Sociedade de Geografia de Lisboa (SGL), da qual era sócio desde 1876,[27] e que nas três últimas décadas do XIX, conforme já pontuamos, deu o tom no perfil das explorações portuguesas.

---

24   Cf.: CARVALHO, Henrique A. D. *Descripção...*, vol. I, p. 45.

25   Cf.: CARVALHO, Henrique A. D. *Descripção...*, vol. I, p. 45.

26   As "Instrucções por que se deve regular o major do exercito Henrique Augusto Dias de Carvalho na Missão ao potentado Muata Ianvo" determinadas pelo ministro da marinha e ultramar, Manuel Pinheiro Chagas, contém 19 "preceitos" que podem ser lidos na íntegra em: CARVALHO, Henrique A. D. *Descripção...*, vol. I, p. 35-42. No próximo capítulo procederemos a um exame mais pormenorizado das instruções que eram passadas aos expedicionários portugueses, dentre elas as da expedição à Lunda, e que no geral sofreram a influência da Sociedade de Geografia de Lisboa, especialmente quanto às suas intenções de caráter modernizante dos territórios africanos.

27   Conforme *Relação dos sócios falecidos em 1909*, publicada no *Boletim da Sociedade de Geografia de Lisboa*, 7ª série, nº 12, dez. de 1909, p. 469.

De acordo com Manuela Cantinho Pereira, esta questão era frequentemente debatida em diferentes ocasiões na SGL: nas seções ordinárias, nas palestras dos exploradores após o seu retorno a Portugal e na própria correspondência que mantinham durante viagem com o comando da Sociedade.

Este foi o caso de Alexandre Serpa Pinto, que, durante a sua viagem de travessia continental, em 1877, escreveu uma carta ao secretário-perpétuo da instituição, Luciano Cordeiro, expondo o tema de um modo que podemos relacioná-lo diretamente com a natureza da expedição de Henrique de Carvalho:

> É preciso ser-se selvagem fisicamente entre os selvagens. Sem isso nada de explorações geográficas. As expedições verdadeiramente scientificas são possíveis n'uma área muito limitada com muito tempo [...] O Explorador Geographico tem de correr, correr, correr sempre.[28]

Portanto, as viagens geográficas, muito em voga no final do século XVIII, como já apontou Maria Emília Madeira Santos, e mesmo aquelas que tentavam a travessia continental, importantes na esfera da propaganda imperialista finissecular, para os fins da colonização dos territórios africanos não eram entendidas como apropriadas.[29]

---

28 *Apud* PEREIRA, Maria Manuela Cantinho. *O museu etnográfico da Sociedade de Geografia de Lisboa...*, nota 455, p. 223. Manuela Pereira ressalta ainda que esta diferença colocada por Serpa Pinto talvez fosse um dos motivos da sua separação de Capelo e Ivens, que preferiam seguir "de machila pelos caminhos do comércio" e não conduzir "uma verdadeira exploração geográfica, segundo Serpa Pinto".

29 Sobre as expedições geográficas portuguesas, com forte influência da escola francesa de cartografia e que penetravam as regiões à procura de nascentes, traçados de rios e "medir com rigor os territórios" para a elaboração de mapas com vistas ao uso comercial e político, ver o capítulo *As explorações terrestres e o desenvolvimento das ciências geográficas no século XVIII. A grande reforma da cartografia africana* de Maria Emília Madeira Santos na sua obra

110 Elaine Ribeiro

Atreladas à linguagem científica, as expedições das últimas décadas do século XIX, no geral, procuravam realizar estudos das terras visitadas na tentativa de responder questões similares àquelas colocadas por Henrique de Carvalho:

> Que raças habitavam todas as terras até á Mussumba? Que línguas fallavam? Quaes os seus usos e costumes? Quaes os seus caracteristicos ethnographicos? Qual a influencia do meio que os cercava? Qual a sua forma de governo? A sua politica? A sua historia? Em fim, como aproveitá-los para o bem, sem a macula da escravidão?[30]

Neste sentido, o *Parecer da Comissão Africana da Sociedade de Geografia de Lisboa* sobre a expedição à Lunda, requisitado pelo ministério da marinha e ultramar, ratificou que não se tratava "rigorosamente de uma Expedição de descoberta de novos caminhos e regiões, e sendo o principal objetivo o restabelecimento das relações com o Muata-Yanvo", anteriormente realizado pelo comerciante Joaquim Rodrigues Graças, na década de 1840:

> ... Considerâmos o projecto sobre que temos de pronunciar-nos como o de uma missão, principalmente commercial e diplomatica, destinada:
>
> 1º – A estudar os meios mais praticos e faceis de assegurar e desenvolver as relações commerciaes entre os territórios e portos da nossa provincia de

---

Viagens de exploração terrestre dos portugueses em África. Lisboa: CEHCA; IICT, 1988, p. 143-147.

30 CARVALHO, Henrique A. D. Descripção..., vol. I, p. 45-46. Neste ponto não resisto à digressão: o quanto da Filosofia da História de Hegel, que entendia ser a África uma "terra do ouro, voltada para si mesma, a terra-criança que fica além da luz da história autoconsciente, encoberta pelo negro manto da noite...", [não] influenciou a busca de Henrique de Carvalho da história da Lunda? Para o pensamento do filósofo, ver: HEGEL, G. W. F. *Filosofia da História*. Brasília: Editora da UNB, 1995, p. 83-84.

Barganhando sobrevivências   111

Angola e os povos e territórios sujeitos á dominação do Muata-ya-nvo;

2º – Renovar junto d'este a memoria e cordialidade das relações antigas, reforçar no seu animo e governo a estima e o respeito pelos portuguezes, vigiar e combater as influencias estranhas e hostis que tendam a alheal-o de nós e promover, emfim, os trabalhos convenientes no sentido de fixar n'aquellas regiões, e junto d'aquelle potentado, o prestigio e auctoridade da civilisação portugueza por meio do estabelecimento de uma missão religiosa, de um "residente" político ou de algumas feitorias nacionaes.

[...]

São do maior interesse todas as informações que a Missão possa colher ácerca dos caminhos commerciaes mais faceis e seguidos, dos processos, necessidade e preferencias do commercio indigena, das aptidões do solo e do clima, dos costumes, tendencias e situação dos diversos povos, em summa, de quanto importa ao melhor desenvolvimento das nossas relações mercantis. Estudar e pesquisar o procedimento e propositos dos exploradores e agentes estrangeiros, é necessariamente um dos fins da Missão portugueza.[31]

Em síntese, recusada a viagem de aventuras, os propósitos do militar Henrique de Carvalho ultrapassavam os princípios da exploração geográfica e comercial, eles incluíam também os preceitos da "via etnográfica que estava de acordo com o novo conceito de exploração científica", defendido desde o início dos anos

---

31 Cf.: *Parecer da Comissão Africana da Sociedade de Geografia de Lisboa*, de 03 de fevereiro de 1884. In: CARVALHO, Henrique A. D. *Descrição...*, vol. I, p. 6-14.

112 Elaine Ribeiro

oitenta na *Sociedade de Geografia de Lisboa* e que objetivava a colonização dos territórios africanos.[32]

Tendo isto posto, concordamos com Manuela Cantinho Pereira, que esta conclusão não retira quaisquer merecimentos da obra de Henrique de Carvalho, mas permite entender o seu significado como testemunho dos grupos sociais africanos que retratou.

A importância de destacar as ideias e as opiniões de outros atores sociais contemporâneos de Henrique de Carvalho – tais como Oliveira Martins, Sá da Bandeira, João Andrade Corvo, Saldanha da Gama e Antonio Enes, com exceção do primeiro, referidos no capítulo anterior – encontra-se no fato delas constituírem um parâmetro para analisarmos o pensamento colonizador do major português, que a despeito da sua proximidade com algumas destas figuras, parece-nos com elas ter mais divergências do que convergências.

As singularidades do pensamento colonial do português Henrique de Carvalho

Salvo Antonio Enes, a primeira diferença a pontuar entre Henrique de Carvalho e estes homens é a de ter sido uma pessoa com grande experiência em várias partes do chamado "ultramar" português.

Ex-aluno do curso de infantaria da Escola do Exército e com curso incompleto de engenharia, Henrique de Carvalho com a idade de 24 anos iniciou sua carreira fora de Portugal, na região de Macau em 1867, local onde permaneceu até o ano de 1873. Como alferes e em seguida tenente do exército português e servindo no setor de obras públicas, trabalhou na construção do Hospital Militar de S. Januário e, como mostrou ao longo do tempo ser do seu feitio, desta experiência publicou um relatório intitulado

---

32 Cf.: PEREIRA, Maria Manuela Cantinho. *O museu etnográfico da Sociedade de Geografia de Lisboa...*, p. 347-348.

Barganhando sobrevivências 113

Memória dos trabalhos que se emprehenderam para edificação do hospital militar de sam Januario.

Logo após, no mesmo ano de 1873, foi enviado para São Tomé, tornado capitão, nomeado para o comando da Companhia de Polícia e em seguida, diretor das Obras Públicas até o ano de 1876. Sua produção escrita neste período foi a publicação da primeira *Estatística de todos os ramos de administração da Colônia.*[33]

No ano de 1877, Henrique de Carvalho foi chamado pelo novo governador de Moçambique, Francisco Maria da Cunha, a prestar serviços na então Lourenço Marques e na sequência em outras comissões em Ibo e Quelimane. Desta experiência na parte oriental do continente africano, que durou aproximadamente oito meses, publicou anos mais tarde, em 1883, um artigo sobre o hospital de Lourenço Marques.[34]

Na metade do ano de 1878 foi nomeado para o Serviço das Obras Públicas de Luanda, onde ficou até 1882. Como major e engenheiro auxiliar dirigiu a construção do Hospital Maria Pia, sobre o qual escreveu um relatório que publicou no volume que diz respeito à colonização de Angola pertencente à obra *Expedição Portuguesa ao Muatiânvua.*[35] Foi nesta construção civil que

---

33 LAVRADIO, José Maria de Almeida Correia de Sá, Marquês do (1874-1945). *Henrique Augusto Dias de Carvalho pelo márquez do Lavradio.* Lisboa: Divisão de publicações e biblioteca; Agência geral das colônias, 1935, p. 5-6.

34 O artigo citado pode ser visto no número 5 do periódico As Colónias Portuguezas, à época de propriedade de Henrique de Carvalho, em: "Hospital de Lourenço Marques". *As Colónias Portuguezas.* Revista Illustrada. Lisboa, 01 de maio de 1883, n° 5, anno I, p. 55.

35 Para tanto, ver: CARVALHO, Henrique A. D. Relatório apresentado pelo major Henrique de Carvalho ao diretor das obras públicas da província de Angola acerca da construção do Hospital Maria Pia, incluindo anexos documentais, de 01 de junho de 1881. In: *Expedição Portuguesa ao Muatiânvua.* Meteorologia, Climatologia e Colonização: estudos sobre a região percorrida pela expedição comparados com os dos benemeritos exploradores Capello e Ivens e de outros observadores nacionaes e estrangeiros: modo practico de fazer colonisar com vantagem as terras de Angola. Lisboa, 1892, p. 119-128.

114   Elaine Ribeiro

Henrique de Carvalho conheceu os trabalhadores que em 1884 foram por ele contratados para a expedição à Lunda. Estes doze homens que foram chamados de "loandas" pelo major português constituem o principal grupo de trabalhadores que analisaremos no último capítulo.

Neste período, em Luanda, Henrique de Carvalho juntamente com integrantes da elite local criaram a *Sociedade Propagadora de Conhecimentos Geográficos Africanos* e como membro-fundador redigiu os seus estatutos.[36]

Entre os sócios da Sociedade de Geografia de Luanda, como também era conhecida a entidade, encontravam-se pessoas como Guilherme Gomes Coelho, segundo tenente da armada real e diretor do Observatório meteorológico de Luanda, construído em 1881 no edifício da antiga igreja de N. Sª. da Conceição, devido à sua torre, "um ponto de referência, à distância, na Cidade alta".[37] Também o oficial-médico da armada real e cirurgião-mór dos Serviços de Saúde da Província de Angola, José Baptista de Oliveira.

Outros sócios-fundadores da Sociedade tinham uma destacada participação na imprensa luandense finissecular: o advogado Alfredo Mântua, que em 1882, havia se oferecido para fazer parte da expedição de Henrique de Carvalho, o padre António Castanheira Nunes, professor em Luanda e que, em 1884, foi nomeado pelo ministério da marinha e Ultramar para compor o grupo da expedição à Lunda, cargo que não aceitou alegando a "idade avançada (50 anos), os baixos salários oferecidos e por estar a pouco tempo de ser reformado",[38] e, ainda, António

---

36 Cf.: LOPO, Júlio de Castro. *Recordações da capital de Angola de outros tempos*. Luanda: Centro de Informação e Turismo de Angola, 1963, p. 8.

37 Cf.: MOURÃO, F. A. A. *Continuidades e descontinuidades de um processo colonial através de uma leitura de Luanda:* uma interpretação do desenho urbano. São Paulo: Terceira Margem, 2008, p. 93.

38 O apoio ao pedido de exoneração de Castanheira Nunes foi manifesto pelo governador-geral Francisco do Amaral em correspondência ao governo português porque acreditava que o "gênero deste serviço" pedia mais um

Urbano Monteiro de Castro, que por ser administrador do concelho de Luanda, foi a autoridade que, em *junho* de 1884, lavrou o contrato dos 12 trabalhadores *loandas* com o major Henrique de Carvalho.[39]

Interessante destas alianças de Henrique de Carvalho em Luanda é que entre elas se encontravam críticos da política colonial portuguesa, como António Urbano Monteiro de Castro e Alfredo Mântua que na década de 1860 foram responsáveis pela publicação do jornal *A Civilização da África Portuguesa* de cunho republicano.[40]

Com o término de seu trabalho em 1882, o período até sua nomeação como chefe da expedição em 1884, passado em Lisboa, nos parece ter sido de preparativos para colocar em prática o seu projeto de viagem à Lunda, que entendemos ter nascido nos anos

---

missionário vindo do Colégio das Missões Ultramarinas, "aos quaes cumpria mais do que a outro funcionario da província em vista da educação que receberam". Cf.: Correspondência do governador-geral Francisco Joaquim Ferreira do Amaral ao ministério da marinha e ultramar que trata do pedido de exoneração do padre Antonio Castanheira Nunes do cargo de missionário da expedição ao Muata-Ianvo. 24 de maio de 1884. *Projeto Acervo Digital Angola Brasil* – PADAB, DVD 19, AHA Códice 40 -A-9-3, Pasta 78, DSC 00022. Para a informação sobre Alfredo Mântua e também sobre Castanheira Nunes ver PEREIRA, Maria Manuela Cantinho. *O museu etnográfico da Sociedade de Geografia de Lisboa...*, p. 354, nota 685 e 686.

39 Sobre a Sociedade Propagadora de Conhecimentos Geográficos Africanos, ver: LOPO, Júlio de Castro. *Um doutor de Coimbra em Luanda*. Luanda: Museu de Angola, 1959, p. 20 (Separata de Arquivos de Angola, n.ᵒˢ 47 a 50) e FREUDENTHAL, Aida. Voz de Angola em tempo de Ultimato. *Estudos Afro-asiáticos*. Rio de Janeiro: Candido Mendes, vol. 23, n.º 1, jan. jun. 2001, nota 4.

40 Mario Antonio destacou a colaboração de Henrique de Carvalho, no período em que já estava em Lisboa, com o jornal *A Verdade* de Alfredo Mântua. Em um destes contatos, o major português tratou das eleições e representação de Angola no parlamento português. Cf.: OLIVEIRA, Mario Antônio F. *A formação da Literatura Angolana* (1851-1950). Lisboa: Imprensa Nacional, 1997, p. 62.

116   Elaine Ribeiro

que Henrique de Carvalho passou em Luanda.[41] Neste sentido, a revista ilustrada *As Colónias Portuguezas*, criada em 1883, serviu como um elemento de "propaganda das vantagens de um possível reatamento das antigas relações lusas com os estados da Lunda", conforme o próprio major português.[42]

No momento da sua criação eram diretores da revista, além de Henrique de Carvalho, G. D. Pessoa Allen e Manuel Ferreira Ribeiro, este último era médico-sanitarista com experiências de trabalho em São Tomé e Angola e autor de estudos de "medicina colonial". Entre aqueles que participavam como colaboradores estavam Visconde de S. Januário, Luciano Cordeiro e Manuel Pinheiro Chagas, então ministro da marinha e ultramar, que foi quem nomeou Henrique de Carvalho chefe da viagem à Lunda. Depois de sua partida para a expedição, em 1884, Manuel Ferreira Ribeiro e seu irmão António Ferreira Ribeiro assumiram a direção da revista.

Neste periódico, ainda em Lisboa, Henrique de Carvalho publicou artigos bastante elucidativos de seu pensamento colonial. Dentre eles destacamos os seguintes títulos: *Escola profissional de Loanda* e *Explorações ao Muatianvo* (nº 2, fev. de 1883), *Colónias penitenciarias* e *São Thomé – Aquisição de braços* (nº 5, maio de 1883), *S. Thomé, sua questão vital* (nº 8, ago. de 1883), *S. Thomé, seu estado financeiro* (nºs. 10, 11, 12 e extraordinário de out. a dez. de 1883), *Timor, abertura de cannaes* (nº extraordinário de

---

41   O biógrafo de Henrique de Carvalho, o seu filho João Augusto de Carvalho, apresentou a possibilidade de seu pai já ter saído de Luanda com a perspectiva da expedição, uma vez colega de infância do ministro da marinha e ultramar, visconde de São Januário e de Luciano Cordeiro, secretário da SGL, já havia com eles principiado um acordo nesta questão, o qual ficou guardado como segredo de estado antes de sua realização para não instigar a "cobiça das outras potências imperiais". Cf.: CARVALHO, João Augusto de Noronha Dias de. *Henrique de Carvalho*. Uma vida ao serviço da pátria. Lisboa: Serviços Gráficos da Liga dos Combatentes, 1975, p. 109-110.

42   Cf.: CARVALHO, Henrique A. D. *Descripção...*, vol. I, p. 4.

dez. de 1883), além do já citado, *Hospital de Lourenço Marques*. Na maioria das edições do primeiro ano da revista tanto o editorial quanto a seção *Notícias das Colônias* também foram escritos por Carvalho.[43]

Destes títulos destacamos aquele sobre o ensino em Angola, que propunha, diferente dos que pensavam como Oliveira Martins, o ensino profissional para a "mocidade indígena". Na opinião de Henrique de Carvalho, somente a educação para o trabalho poderia contribuir para "o desenvolvimento e prosperidade das nossas possessões", por isso a necessidade de "buscar os meios para as satisfazer, como um dever imperioso dos que teem esta missão". Para tanto, projetava a continuação das obras do edifício da escola, iniciadas em 1878 nas ruínas do extinto convento de S. José e que se encontravam abandonadas.[44]

Na mesma perspectiva, o artigo *Colónias Penitenciarias* sugeria a regeneração para o trabalho daqueles deportados condenados pela justiça portuguesa. Também propunha às colônias penais os mesmos cuidados com a questão da salubridade tomados com outras colônias de povoamento branco:

> Como sanccionando-se a pena de degredo, não houve em vista, tirar a vida ao sentenceado martyrisando-o com faltas de recursos indispensaveis nos pontos onde fosse maior a insalubridade; e antes se deprehende que o legislador teve em vista, aproveitar a vida d'esse homem em beneficio da sociedade

---

43 A Biblioteca Nacional do Rio de Janeiro guarda em seu acervo de obras raras todos os números do primeiro ano desta publicação além do número especial, de setembro de 1885, dedicado "aos nossos actuaes exploradores: Serpa Pinto, Cardoso, Paiva de Andrade, Henrique de Carvalho, Sesinando Marques e Anchieta". Para citação completa dos artigos ver a seção Fontes e Bibliografia no final deste estudo.

44 Cf.: CARVALHO, Henrique A. D. Escola Profissional de Loanda. *As Colónias Portuguezas*. Revista Illustrada. Lisboa, 01 de fevereiro de 1883, n° 2, anno I, p. 17-18.

118   Elaine Ribeiro

> regenerando-o pelo trabalho, durante a expiação do castigo; não há que hesitar, sua sentença póde ser cumprida em Africa na conformidade da lei, mas em localidades em que o trabalhador europeu possa resistir a acção do clima.[45]

Nestes e em outros escritos de Henrique de Carvalho, desenvolvimento e regeneração foram termos comumente utilizados também para se referirem aos empreendimentos lusos de construção civil iniciados e em seguida abandonados pela alegação de falta de recursos – algo que muito irritava o engenheiro-major e que dá o tom de seu pensamento colonial. Sobre uma igreja na vila do Dondo, o expedicionário escreveu:

> ... uma Egreja na Villa do Dondo que se começou, mas depois abateu o tecto antes de concluida, e assim ficou á 5 annos.
>
> É pena realmente que nós portuguezes na actualidade assim vamos dando [dem]onstração que olvidamos quanto nossos antepassados alcançaram em Africa tendo por arma unicamente a observancia dos preceitos da nossa religião; e tambem que consitamos em nosso desfavor que as missoes Americanas ali e mais para o interior, empreguem todos os meios ao seu alcance para ir cathechisando o indigena para a sua.
>
> Talvez um dia, os brados que se levantem como protesto á nossa tolerancia seja tardio.[46]

---

45   Neste artigo o major português recomendou as regiões de Pungo-Andongo e Moçamedes como locais apropriados e também projetou a organização interna destas colônias. Cf.: CARVALHO, Henrique A. D. Colónias Penitenciarias. *As Colónias Portuguezas*. Revista Illustrada. Lisboa, 01 de maio de 1883, n° 5, anno I, p. 52-53.

46   Trecho transcrito de fac-símile de um manuscrito de Henrique de Carvalho publicado em: CARVALHO, João Augusto de N. D. *Henrique de Carvalho...*, p. 32 e 99.

Barganhando sobrevivências   119

De outra parte, a larga produção escrita de Henrique de Carvalho, também possibilitada pela sua experiência na administração colonial, leva-nos a perceber que em determinados aspectos ela pode ser enquadrada na "historiografia de divulgação", quando se refere, como no trecho acima, à demonstração de "esquecimento por seus contemporâneos dos feitos dos portugueses antigos", por exemplo. No entanto, como um homem *de campo* não deixou nunca de propor soluções para os problemas que levantou – algo que podemos ver nos artigos publicados na revista *As Colónias Portuguezas*, anteriormente citados.[47]

Esta característica do militar português também está presente na sua produção escrita sobre a viagem à Lunda. Intitulada *Expedição Portuguesa ao Muatiânvua* 1884-1888, esta obra é composta de oito volumes e um álbum fotográfico, sendo que quatro deles referentes à narrativa da viagem, um outro que corresponde à história e etnografia da Lunda, um sexto sobre a língua lunda e outro ainda sobre meteorologia, clima e colonização portuguesa em Angola.[48]

---

47 Por vezes os projetos de Henrique de Carvalho não eram bem recebidos por outras autoridades: como na vez em que foi acusado pelo governador-geral de Angola de ser "um homem de ciência e não prático" por ter sugerido as tropas de 3ª linha do exército para realizarem a manutenção das estradas (a preferência do governador era pelos "filhos" dos sobados) e também os "postos avançados" no interior equipados com ambulância para os primeiros socorros e instrumentos meteorológicos. Para tanto, ver: Correspondência do governador-geral Francisco Joaquim Ferreira do Amaral ao ministério da marinha e ultramar que trata do ofício do chefe da expedição ao Muata Yanvo. 14 de agosto de 1884. PADAB, DVD 19, AHA Códice 40 -A-9-3, Pasta 78, DSC 00160 a 00162.

48 Sobre a presença de projetos na obra, temos, por exemplo, o último capítulo e o apêndice do primeiro volume da narrativa da viagem chamados, respectivamente, *O que deve ser Malange e Plano e Orçamento para o novo governo de Malange*, em: CARVALHO, Henrique A. D. *Descripção...*, vol. I, p. 531-628. E ainda o próprio volume *Meteorologia, Climatologia e Colonização*, tido por seu autor como um manual prático de fazer colonizar com vantagem as terras de Angola, como nos é dito em seu subtítulo.

120   Elaine Ribeiro

Há nela ainda o volume de autoria do farmacêutico e sub-chefe da viagem Sisenando Marques que, conforme o título, trata dos *climas e das producções das terras de Malange à Lunda*, por meio de *observações meteorológicas diárias, variadas monographias de vegetaes e de alguns animaes, doenças que se manifestaram no pessoal da expedição, qualidade dos terrenos, estado das povoações etc.*

Além desses oito volumes, existe o álbum da expedição com fotografias tiradas pelo terceiro chefe da expedição, o capitão Sertório de Aguiar e com legendas e comentários de Henrique de Carvalho, a partir do qual foram produzidas as inúmeras gravuras publicadas nos oito volumes. Atualmente, este álbum constitui uma raridade encontrada com colecionadores e em duas instituições portuguesas, a Biblioteca Nacional de Portugal e a Sociedade de Geografia de Lisboa, que não dispõem de todas as fotografias que pertenciam ao álbum original.[49]

Henrique de Carvalho justificou o valor científico e político de todos esses volumes na carta-dedicatória ao ministro da marinha e ultramar Manuel Pinheiro Chagas, que abre o primeiro volume da *Descripção*:

> Todas as investigações e estudos a que procedeu a Expedição foram além do que no seu inicio se podia suppor; excederam os limites que lhe foram

---

49 Para a citação completa dos volumes da obra de Henrique de Carvalho ver a seção Fontes e Bibliografia no final. As citações das fotografias do álbum estão conforme publicadas em *Pioneiros Africanos* de Beatrix Heintze. Sobre as diferentes *composições* do álbum, cada qual com fotografias diferentes faltando ver: HEINTZE, Beatrix. In Pursuit of a Chameleon: Early Ethnographic Photography from Angola in Context. *History in África*, vol. 17, p. 131-156, 1990. Em virtude da exposição *Memórias de um explorador: a coleção Henrique de Carvalho da Sociedade de Geografia de Lisboa*, realizada em 2012 por esta instituição, uma versão do álbum da expedição foi digitalizada e disponibilizada pela Biblioteca Nacional de Portugal no seguinte endereço da internet: http://henriquedecarvalho.bnportugal.pt/. Acesso em: dezembro de 2012.

Barganhando sobrevivências   121

marcados, porque tambem, por circumstancias que não era dado prever, não só duplicou o tempo calculado para o desempenho da sua tarefa, mas ainda se alargou o campo em que essas investigações e estudos deviam ser feitos, em territorios cujos habitadores não tinham ainda visto o homem branco, – o que tudo consta das minuciosas communicações mensaes e mais documentos que sempre enviei á Secretaria dos Negocios de Marinha e Ultramar, e tambem, quando isso era possivel, a tres dos nossos principaes institutos scientificos.

Essas investigações e estudos constituem um volumoso e variado material que torna assaz conhecida a vasta região explorada, sob muitos pontos de vista, quer nos interesse da sciencia quer no do paiz, e por isso, além d'esta obra geral, foi organisado um album ethnologico de photographias, que esclarece todos os estudos da Expedição, e coordenaram-se mais quatro volumes parciaes, referentes: um, ás producções e aos climas; dois, aos vocabularios e á grammatica das linguas; e o outro, á ethnographia e historia tradicional dos povos; constituindo o todo um trabalho baseado em factos escrupulosamente observados, e devidamente elucidados por gravuras, chromos, cartas, mappas, schemas e diagrammas.[50]

Sobre estas cartas-dedicatórias publicadas como prefácios no início de cada um dos volumes da *Expedição Portuguesa ao*

---

50 Note-se que a pretensão de Henrique de Carvalho no momento de publicação do volume I da *Descripção* era levar a público dois estudos sobre gramática lunda e, ainda, que o volume *Meteorologia, Climatologia e Colonização* não fazia parte de seus planos neste momento de integrá-lo a obra Expedição Portugueza ao Muatiânvua. Para a citação ver: Carta dedicatória ao Conselheiro Manuel Pinheiro Chagas, em: CARVALHO, Henrique A. D. *Descripção...*, vol. I, s.p.

122 Elaine Ribeiro

Muatiânvua, Ana Paula Tavares afirmou que por terem sido escritas durante o tempo de edição e publicação da obra, elas faziam parte de uma "estratégia argumentativa" que tinha por intuito legalizar e legitimar os conteúdos de cada um dos volumes por uma personalidade representante do poder português.[51]

Neste sentido, há ainda neste trecho citado uma questão que pode nos permitir avançar no entendimento sobre as singularidades de Henrique de Carvalho e de sua obra: a defesa da demora e, consequentemente, dos maiores gastos da expedição, já que ela estava programada para ocorrer no período de dois anos e com orçamento prévio ajustado, com exceção dos pagamentos aos carregadores, "por falta de bases" e ainda porque "se contava com o auxilio dos comerciantes portugueses".[52]

Assim, o procedimento de Henrique de Carvalho de documentar todos os seus passos e publicá-los ao longo dos volumes, além de nos remeter aos seus ideais positivistas de comprovação da realidade, pode também significar a maneira que encontrou para se defender das críticas no seu retorno:

> Facilmente se acreditou que a minha Expedição emquanto luctava no theatro das operações por cumprir os deveres que lhe fôram impostos, sem lhe importar

---

51 Cf.: TAVARES, Ana Paula. *Na Mussumba do Muatiânvua quando a Lunda não era leste*. Estudo sobre a Descrição da Viagem à Mussumba do Muatiânvua de Henrique de Carvalho. Lisboa, 1995. Dissertação (Mestrado em Literatura Brasileira e Literaturas Africanas de Expressão Portuguesa) – Faculdade de Letras da Universidade de Lisboa, p. 33-34.

52 Cf.: CARVALHO, Henrique A. D. *Descripção...*, vol. I, p. 31. Estimativa sobre o tempo de duração pode ser vista no 18º item das *Instrucções*, que trata também da importância do chefe da expedição estabelecer com o Muatiânvua um acordo para deixar na mussumba um residente político fixo, para que "as relações entre lusos e lundas não se afrouxassem". Pelo tempo que Henrique de Carvalho permaneceu na mussumba, ele foi considerado como sendo esta figura de representação, porém devido a guerra entre lundas e chokwes não pode continuar e nem deixar alguém no seu lugar. Para o texto da *Instrucção* nº 18 ver: *Descripção...*, vol. I, p. 41.

Barganhando sobrevivências   123

as circumstancias anormaes do meio em que vivia e os sacrificios a fazer, que estava sendo muito dispendiosa ao governo, nada produzindo de util! Esta injustiça que por vezes se lhe fizera e muito me magoou, sem querer, agora, recordar as textuaes palavras com que muito se pretendeu ferir-me em alguns jornaes dos mais lidos e acreditados d'esta capital [Lisboa], felizmente posso rebater porque não me faltam para isso todos os elementos precisos.[53]

Temos notícias destes gastos na correspondência do governador-geral Guilherme Augusto de Brito Capello (1886-1892) ao ministério da Marinha e Ultramar, que informou o dispêndio da expedição pelos cofres de Angola com pagamentos ao pessoal e com os fornecimentos enviados de Malanje.[54] Há uma probabilidade desta informação ter sido mais que uma comunicação de rotina do governador sobre gastos públicos. Talvez ela fosse uma espécie de justificativa ao fato dele, em maio de 1887, ter recusado o pedido de socorro do subchefe da expedição, Sisenando Marques, para o seu colega que ainda se encontrava na mussumba do Muatiânvua, com o argumento de esperar "ulteriores noticias da expedição ou o regresso dos carregadores". Alguns meses depois, o mesmo governador teve que dirigir outra carta ao governo português "notificando o fato de se ter perdido o contato com o chefe da expedição".[55]

---

53 Esta questão foi longamente discutida, com palavras e números, por Henrique de Carvalho no capítulo *Despezas*, do qual foi retirada a citação acima: CARVALHO, Henrique A. D. *Descripção...*, vol. IV, p. 755-771.

54 Cf.: Correspondência do governador-geral G. A. de Brito Capello ao ministério da marinha e ultramar informando os gastos da expedição ao Muata Yanvo. 10 de outubro de 1887. PADAB, Pasta 85, Códice 46 -A-10-4, DSC 00033.

55 Cf.: Correspondência do governador-geral G. A. de Brito Capello ao ministério da marinha e ultramar remetendo cópia de um ofício do subchefe da expedição ao Muata Yanvo relativos aos socorros prestados ao major Carvalho. 09 de maio de 1887. PADAB, DVD 20, Pasta 83, Códice 45 -A-10-3, DSC 00107. O fac-símile desta última carta de Guilherme A. Brito Capello, datada de 12

124   Elaine Ribeiro

Separados desde novembro de 1886 por falta de recursos, tanto o subchefe quanto o ajudante, o capitão Sertório de Aguiar, junto com grande parte dos trabalhadores, tiveram que ficar em Malanje à espera do retorno de Henrique de Carvalho, algo que só ocorreu em outubro de 1887. Enquanto isto não ocorria, com a ajuda dos comerciantes locais deviam enviar suprimentos para parte da expedição que havia permanecido na Lunda. Por isso o ofício de Sisenando Marques ao governador-geral da época pedindo ajuda.

O tempo excedido da expedição e, consequentemente, dos gastos foram justificados por Henrique de Carvalho pelos seus estudos sobre a Lunda e também pelas vantagens aos portugueses de sua interferência na política regional, apesar das frequentes demoras nos acampamentos ao longo do caminho, nas ocasiões em que recebia os dirigentes políticos locais para tratar do término da guerra entre lundas e chokwes e discutir com eles as bases das mucandas (tratados) assinadas por ambas as partes.[56]

Além de questões de cunho mais prático como esta dos gastos, para compreender o pensamento colonial de Henrique

---

de setembro de 1887, pode ser consultado nos anexos da dissertação de Ana Paula Tavares, *Na Mussumba do Muatiânvua quando a Lunda não era leste*.

56 A interferência do major português na política regional pode ser analisada nos volumes da Descripção e na documentação publicada na obra: CARVALHO, Henrique A. D. *A Lunda ou os estados do Muatiânvua*. Domínios da soberania de Portugal. Lisboa: Adolpho, Modesto & Cia., 1890. Este livro, que não faz parte da obra Expedição Portuguesa ao Muatiânvua, foi publicado durante os debates entre portugueses e belgas sobre o traçado da fronteira entre Angola e o Estado Independente do Congo. Ele traz conforme o seu longo subtítulo os documentos comprobatórios, segundo Henrique de Carvalho, da "antiga expansão e influencia dos Portuguezes, Convenções com as Nações Estrangeiras e Estado Livre do Congo sobre a divisão política do Continente Africano; tratados, declarações e convenções com os diversos potentados dos Estados indigenas, embaixadas que teem vindo a Loanda e ainda pela correspondencia official trocada entre o Chefe da Expedição Portuguesa ao Muatiânvua de 1884-1888 com as diversas auctoridades portuguezas e indigenas".

de Carvalho, é importante destacarmos *Ethnographia e História Tradicional dos Povos da Lunda*, já que é o volume que mais vem sendo utilizado pelos estudiosos da Lunda e, principalmente, da influência do trabalho de Henrique de Carvalho sobre escritores contemporâneos como Castro Soromenho e Pepetela.[57]

Nestes casos os autores encontram evidências em *Ethnographia e História* para argumentar sobre as artimanhas do discurso científico que tinha por objetivo a persuasão da conquista colonial tanto dos africanos quanto dos europeus no quadro de disputa imperialista. São passagens em que se encontram termos muito comuns do discurso hegemônico europeu da época: indolência, preguiça, falta de inteligência, ignorância, apatia – adjetivos utilizados por Henrique de Carvalho e que impressionam por sua intenção de demonstrar uma imagem de inferioridade e primitivismo dos africanos.[58]

Este volume surpreende por tratar de fatos e pessoas com esta linguagem agressiva se comparados aos mesmos fatos e pessoas tratados nos volumes da *Descripção da viagem*. Parece-nos que a preocupação de Henrique de Carvalho com a descrição etnográfica à luz dos preceitos da ciência o fez se municiar de termos em voga na época, dando-nos a sensação de sua indiferença e preconceito. Este movimento também ocorre com as gravuras feitas a partir das fotografias do álbum da expedição e que foram publicadas nos volumes da narrativa e em *Ethnographia e História*:

---

57 Estes são os casos de pelo menos dois estudos que conhecemos da área de teoria literária e literatura comparada que utilizam *Ethnographia e Historia dos povos da Lunda*: TEIXEIRA, Valéria M. B. *A recuperação da cultura tradicional angolana a partir da releitura do mito, da lenda e da História em Lueji (O nascimento dum Império)*. São Paulo, 1999. Dissertação (Mestrado em Teoria Literária e Literatura Comparada). FFLCH-USP e SILVA, Raquel. *Figurações da Lunda*: experiência histórica e formas literárias. São Paulo, 2007. Tese (Doutorado em Estudos Comparados de Literaturas de Língua Portuguesa) FFLCH-USP.

58 Cf.: SILVA, Raquel. Figurações da Lunda..., p. 24.

As três imagens acima representam as mesmas pessoas, são elas: Malia (à direita) e Camonga, mulheres de Paulo Mujinga Congo, ao centro. Dom Paulo, como gostava de ser chamado, era líder da comitiva conguesa que acompanhou durante um tempo a expedição de Henrique de Carvalho e que possibilitou ao major português trocar correspondência com o rei do Kongo.[59]

---

59 As cartas entre Henrique de Carvalho e o rei do Kongo podem ser consultadas na obra *A Lunda*, p. 131-135. Sobre a história da comitiva do Kongo, ver: Correspondência de Henrique A. D. Carvalho ao Ministro dos Negócios de Marinha e Ultramar, datada da estação Conde de Ficalho, margem esquerda

Barganhando sobrevivências 127

Note-se que na imagem da esquerda, a que pertence ao volume *Ethnographia e História*, Malia, Paulo e Camonga estão representados como "typos" do Kongo e da Lunda, da região do rio Kasai, diferentemente daquela publicada no volume 2 da *Descripção* (imagem da direita) em que nos são apresentados os seus nomes. A fotografia, que possibilitou a produção das duas gravuras anteriores por H. Casanova, ilustrador da obra de Henrique de Carvalho, foi publicada no trabalho de Beatrix Heintze.[60]

A propósito, Heintze já havia feito esta observação sobre os diferentes discursos presentes na obra de Henrique de Carvalho, precisamente no que se refere às fotografias da expedição e sua reprodução no formato de gravuras nos diversos volumes da obra. A historiadora argumenta que este "processo de anonimização das pessoas pela tipificação de estereótipos na monografia etnográfica tinha por objetivo representar uma totalidade", no caso a da tribo a partir de um ou dois exemplares. Deste modo, a inserção da gravura como uma imagem de tipo estava mais de acordo com os princípios da ciência antropológica, da qual *Ethnographia e História* como gênero de produção de conhecimento fazia parte, e menos com a intenção ou *visão* do fotógrafo no momento da produção da fotografia, tal como apresentada no álbum e nos volumes da *Descripção da viagem à mussumba do Muatiânvua*.[61]

---

do Chiumbue, em 28 de fevereiro de 1886. In: *A Lunda...*, p. 139-147 e, ainda: CARVALHO, Henrique A. D. *Descripção...*, vol. II, p. 294-295.

60 As imagens podem ser consultadas em: CARVALHO, Henrique A. D. *Ethnographia e História...*, p. 225; _____. *Descripção...*, vol. II, p. 636 e HEINTZE, Beatrix. Pioneiros Africanos..., imagem XIX, e, neste mesmo trabalho, a história de *Paulo Mujingá Congo e as suas caravanas*, entre as p. 143-153. A mesma fotografia pode ser consultada no seguinte endereço: http://henriquedecarvalho.bnportugal.pt/fotos/foto055.htm. Acesso em: dezembro de 2012.

61 Cf.: HEINTZE, Beatrix. Representações visuais como fontes históricas e etnográficas sobre Angola. In: *Actas do II Seminário Internacional sobre a História de Angola. Construindo o passado angolano: as fontes e a sua interpretação.*

128   Elaine Ribeiro

Ana Paula Tavares, sobre as fotografias da expedição, afirma que "a sua presença e inclusão em obras posteriores refere-se a um percurso tão longo como ambíguo". Primeiro porque se perdeu *a marca de autor:* a autoria passou do ajudante da expedição, o capitão Manuel Sertório de Aguiar, que de fato foi o fotógrafo da expedição, para fotografias da expedição e depois muitas vezes, ao menos implicitamente, para o próprio Henrique de Carvalho, que foi quem escreveu as legendas das fotografias. Segundo, porque a fotografia também deve ser julgada pelo papel que cumpria nas expedições, para além dos estudos etnográficos, o fato dela servir de testemunha a favor do real representado na escrita, atributo muito caro aos europeus da época na sua corrida imperialista pelos territórios africanos.[62]

Enfim, longe de esgotarmos esta questão neste momento,[63] o que pretendemos ao ressaltar os desníveis presentes no pensamento e no discurso colonial de Henrique de Carvalho é propor "a observação criteriosa dos passos de obtenção e realização de todos os seus trabalhos", assim como entende Ana Paula Tavares.[64]

Prosseguindo, especificamente sobre a *Descripção da viagem à mussumba do Muatiânvua:* os seus quatro volumes foram

---

Lisboa: Comissão Nacional para as Comemorações dos Descobrimentos Portugueses, 1997, p. 212-213.

62 Cf.: TAVARES, Ana Paula. *Na mussumba do Muatiânvua quando a Lunda não era leste...*, p. 26-28.

63 Já que para isto deveríamos (algo que ainda não conseguimos) proceder também à análise dos gravuristas que copiaram as fotografias e que por vezes modificaram a paisagem de fundo, como na gravura feita a partir da mesma fotografia que retrata a embaixada da Lunda e que será alvo de nossa atenção, por outros motivos, no próximo capítulo. Adiantando a referência, esta gravura e fotografia podem ser vistas em CARVALHO, Henrique A. D. *Descripção...*, vol. IV, entre as p. 560-561 e HEINTZE, Beatrix. *Pioneiros Africanos...*, imagem XXXIX.

64 Cf.: TAVARES, Ana Paula. Na mussumba do Muatiânvua quando a Lunda não era leste..., nota 52, p. 28.

Barganhando sobrevivências   129

publicados em anos diferentes e divididos em capítulos delimitados pelo percurso da viagem.

O primeiro volume é de 1890 e relata a preparação da expedição em Lisboa e as experiências vividas na viagem entre Luanda e o rio Kwango; o segundo, publicado em 1892, trata do percurso entre o Kwango e o Chicapa; o terceiro, de 1893, do Chicapa ao Luembe; e, finalmente, o quarto volume, de 1894, da região do Luembe até a mussumba lunda e o retorno a Lisboa. Foi neste último volume que Henrique de Carvalho descreveu a sua presença no palco da guerra entre lundas e chokwes que colocou fim à hegemonia política lunda na África Centro-Ocidental.

Necessária para o entendimento desta *Descripção* é a consideração de sua inserção em um conjunto mais amplo de narrativas sobre a África Centro-Ocidental – pelo menos desde a segunda metade do século XVIII, a produção escrita em decorrência de tentativas portuguesas de alcançar terras mais ao longe da faixa litorânea, até os escritos de militares, sertanejos e comerciantes, no século XIX. Configurado ao longo do tempo por meio de uma cadeia de transmissão de informações, esta produção instrumentalizou as ações imperiais dos portugueses.

Neste sentido, a importância de pelo menos dois relatos que influenciaram a obra de Henrique de Carvalho, pela incorporação de informações sobre a mussumba lunda, o caminho para chegar até ela e a existência de um profícuo comércio de marfim na região: as narrativas do militar Manuel Correia Leitão de 1755 e do representante comercial de D. Ana Joaquina, Joaquim Rodrigues Graça da década de 1840.[65]

---

65   Cf.: DIAS, Gastão de Sousa (ed.) "Uma viagem a Cassange nos meados do século XVIII". *Boletim da Sociedade de Geografia de Lisboa*, 56ª série, 1-2, 1938 e GRAÇA, J. Rodrigues. Descripção da viagem feita de Loanda com destino ás cabeceiras do rio Sena, ou aonde for mais conveniente pelo interior do continente, de que as tribus são senhores, principiada em 24 de abril de 1843. In: *Annaes do Conselho Ultramarino*. Parte não-oficial. 1ª série, 1854-58, Lisboa: Imprensa Nacional, 1867, publicado ainda no boletim da SGL:

Elaine Ribeiro

As informações de Rodrigues Graça foram destacadas por Henrique de Carvalho como responsáveis pelos êxitos das explorações alemãs que delas se aproveitaram:

> ... comparando os trabalhos dos recentes exploradores allemães ao Muatianvo, com os do negociante sertanejo Joaquim Rodrigues Graça, em 1843, por aquelles sempre citado, e com os de alguns outros portuguezes antes e depois d'este – demonstra que, se houvéssemos aproveitado o caminho que elles nos franquearam e conselhos que nos legaram, certamente nos pertenceriam as vantagens, que aquelles vão adquirindo pela sua persistência em estabelecer relações d'amisade e commerciaes com aquelle grande potentado e seus súbditos.[66]

Esta valorização da narrativa de Graça, além da importância de suas informações, também se refere às questões políticas desencadeadas pela concorrência europeia em torno do comércio e territórios lundas. Talvez por isso ela tenha sido publicada uma segunda vez, em 1890, pela Sociedade de Geografia de Lisboa [vide citação em nota], já que era importante representá-la como parte de uma "linhagem" portuguesa de relatos, da qual faziam parte as obras dos negociantes sertanejos, dos exploradores e também o relato de Henrique de Carvalho.

As questões políticas referidas e que coincidem com o processo de edição e publicação de *Expedição Portuguesa ao Muatiânvua* referem-se ao período em que portugueses e belgas disputavam os traçados de fronteiras na região centro-ocidental do continente. Estas disputas que se tornaram conhecidas em Portugal como "a questão da Lunda" provocaram uma série de eventos na Europa,

---

GRAÇA, Joaquim Rodrigues. "Expedição ao Muatiânvua – diário." *Boletim da Sociedade Geografia de Lisboa*, 9ª série, 8-9, 1890, p. 399-402.

66 Cf.: CARVALHO, H. A. D. Explorações ao Muatianvo. *As Colónias Portuguezas. Revista Illustrada*. Lisboa, 01/02/1883, nº 2, anno I, p. 15.

Barganhando sobrevivências 131

depois da Conferência de Berlim (1884-1885), o Acordo de Paris (09/02/1891), a Convenção de Lisboa (25/05/1891) e os encontros para a aprovação da demarcação da fronteira em 26 de junho de 1893 e outro para sua ratificação, em Bruxelas, a 24 de março de 1894.[67] Dentro deste contexto, o expedicionário que levou consigo vários objetivos, em parte determinados pelos interesses dos poderes governamentais de Lisboa, mas também em parte por suas aspirações, dentre as mais declaradas, a de saber científico, produziu um conhecimento que "se procurou servir os interesses portugueses, não pôde deixar de servir os interesses africanos, mesmo se de maneira artificial ou artificializante",[68] já que colocou na pauta dos debates imperialistas do final do XIX, a existência de sociedades da África Centro-Ocidental ao nomeá-las especificamente xinjes, muxaelas, imbangalas, quiocos, lundas...[69]

Em suma, para além dos encargos de explorador e realizador da ocupação territorial portuguesa da região, o que se destaca na *Descripção da viagem à Mussumba do Muatiânvua* de Henrique de Carvalho é sua reconhecida notoriedade na descrição

---

67 Todos estes eventos e a documentação produzida foram inventariados e sumarizados por: SANTOS, Eduardo dos. *A questão da Lunda*. 1885-1894. Lisboa: Agência Geral do Ultramar, 1966.

68 Cf.: HENRIQUES, Isabel C. Presenças angolanas nos documentos escritos portugueses. In: *Actas do II Seminário Internacional sobre a História de Angola*. Construindo o passado angolano: as fontes e a sua interpretação. Lisboa: Comissão Nacional para as Comemorações dos Descobrimentos Portugueses, 1997, p. 56.

69 Se estas denominações, tal como aparecem nos escritos de Henrique de Carvalho, estão em desacordo com as diferentes grafias utilizadas para designar as mesmas sociedades centro-africanas na atualidade, importante a menção, neste caso, da sua preocupação em indicar cada povo que estava na área de influência do Muatiânvua por nomes específicos, como os citados anteriormente, deixando-nos conhecê-los. E, neste sentido, interessante também é ressaltarmos a utilização pela historiografia contemporânea do termo genérico *lundaizado* para tratar dos mesmos povos.

Elaine Ribeiro

das populações africanas, conforme pontuam os especialistas, seus escritos constituem o primeiro registro sistemático sobre a Lunda.

Nesta perspectiva, a obra de Henrique de Carvalho é importante porque foi feita pelo europeu que afirmou a sua intenção de produzir um conhecimento sobre as populações lundas. E mesmo que as motivações para tanto projetassem ações civilizatórias ou coloniais, ao publicar sua obra – no sentido da dialética das relações concretizadas nos interstícios dos discursos escritos – não pôde evitar que os interesses africanos viessem à tona. Por esta razão acreditamos que a sua obra enseja o conhecimento de agentes históricos variados, que se envolveram de formas também variadas no empreendimento português de viagem à Lunda.

Como exemplo desta afirmação podemos citar o capítulo suplementar do segundo volume publicado no apogeu das discussões entre belgas e portugueses sobre a demarcação do território da Lunda, em 1892. Nele Henrique de Carvalho discorre sobre as inconveniências de separar os territórios dominados pelo Caungula Muata Xa Muteba e Muata Cumbana e argumenta que isto só se dava por falta de "esclarecimentos práticos da região a partilhar" por parte daqueles que não a conheciam *in loco*.[70]

Longe de só querer com este protesto fazer constar os interesses africanos e convencer sobre possíveis injustiças com a partilha de seus territórios, as palavras de Henrique de Carvalho intencionam mais apontar para as dificuldades que os futuros colonizadores teriam que enfrentar. Contudo, ao fazer este reparo – no interstício de seu discurso – o major português não conseguiu concluir seu argumento sem deixar de apontar para a importância dos interesses das populações locais:

> Desenganemo-nos, a partilha de África pelas nações europêas poderá ser respeitada na Europa entre aquellas que, inconscientemente trataram d'essa

---

70 CARVALHO, Henrique A. D. *Descripção...*, vol. II, p. 825-908.

Barganhando sobrevivências

> partilha para evitar conflictos no equilíbrio da sua
> política; mas na África, no campo pratico, quando
> ahi quizerem trabalhar, se os elementos de que po-
> dem dispor lá chegarem um dia, acredite-se, serão
> os agentes d'essas nações que estabelecerão os con-
> flictos entre si e com os povos indigenas, os verda-
> deiros senhores das suas terras; e a humanidade, em
> vez de benefícios, registará massacres, expoliações,
> sequestros, e quem sabe o que mais![71]

Insigne nesta discussão, exposto logo na abertura do referido capítulo suplementar, é o provérbio lunda *"masuma makusala
makijita, kumasŭ ana bŭate"* – "mais faz quem quer, que quem
póde", que demonstra o estado de contrariedade de Henrique de
Carvalho na ocasião. Este é mais um interstício em seu pensamento colonial: as suas duras críticas à política portuguesa de "homens de gabinete", em Lisboa, mas também àqueles integrantes
da administração colonial nos espaços africanos, alguns desorien-
tados e muitos outros movidos somente por um ardoroso desejo
de enriquecimento:

> Não queremos esquecer, porém, que sendo o nosso
> fito contentarmo-nos, porque os nossos protestos
> de nada valem, com os limites que nos fixaram ao
> norte; devemos ter em vista empregar todos os nos-
> sos esforços em evitar que o commercio que conver-
> gia para o litoral da nossa possessão no Occidente,
> seja desviado para o norte e assim devemos lembrar
> que o café nativo de Encoje e dos Hungos, já no úl-
> timo anno foi levado para o Zaire, e isto é devido á
> falta de auctoridades conscientes naquelles logares
> [...] Se nós estamos tratando da nossa expansão e
> não tratamos de aproveitar o que temos dentro de
> casa, então é melhor desistirmos de mais sacrifícios

---

71 CARVALHO, Henrique A. D. *Descripção...*, vol. II, p. 829.

e pouparmos os esforços dos que se dedicam a trabalhar pelo bom nome de seu paiz, em proveito de outra causa melhor.[72]

Apesar da complexidade do momento vivido, nas críticas do explorador dos estados do Muatiânvua podemos entrever as produções agrícolas das regiões africanas, mesmo que elas estejam camufladas por termos depreciativos como "nativo", isto é, pelo pensamento imperial, cultivos sem a intenção inicial da produção em alta escala para o mercado externo. Acreditamos que nos falta nesta questão é o conhecimento dos conflitos de interesses envolvidos nos desvios do comércio aludido por Henrique de Carvalho. No jogo das hipóteses, entre os interesses podiam estar os dos tais administradores desejosos de enriquecimento, como nos tenta fazer acreditar o autor, mas será que os desejos das próprias populações africanas que trabalharam nesta produção poderiam influenciar este "desvio" ou até mesmo de alguma forma resistindo a ele?

Esta possibilidade nos é apresentada pelo próprio Henrique de Carvalho, em *Ethnographia e História*, na passagem em que demonstra o seu temor, no contexto da corrida imperialista, de outras nações europeias tomarem aquilo que entendia ser de Portugal:

> Attentava eu, porém, nos exploradores allemães, que tão frequentes viagens estão fazendo e que de tantos recursos dispõem, seguindo-se as suas expedições umas ás outras, e redobrando-se de esforços na proporção das difficuldades que se apresentam; mas apesar de tudo, nestes annos mais proximos, ainda seremos nós os preferidos, e elles serão obrigados a servirem-se da nossa lingua, como meio de communicação, e dos nossos sertanejos como guias e interpretes.

---

72 CARVALHO, Henrique A. Dias de. *Descripção...*, vol. II, p. 840.

Barganhando sobrevivências   135

> Somos nós, pois, quem lhe facilitâmos os principaes meios d'elles se internarem, de se entenderem com os indigenas e de escolherem as melhores terras e os centros commerciaes mais importantes.
>
> Se nós, porém, lhes abrimos as portas e se sairmos de casa, o que podemos esperar?
>
> E se não procuramos augmentar as nossas relações com as tribus mais afastadas, favorecendo as suas migrações para as localidades que mais nos convenham, ficarão essas tribus sujeitas a quem lhes proporcionar mais vantagens ou melhor as souber explorar.
>
> E chegaremos então tarde, e mais uma vez nos lastimaremos pela nossa boa fé.
>
> E quem percorrer toda esta região, a leste da provincia de Angola, não deixará de notar, como eu, que, se é grande *o atraso em que se encontra a agricultura*, não faltaria a boa vontade da parte dos indigenas em se occuparem nestes trabalhos se tivessem *a certeza de que lhe seriam comprados os seus productos*.
>
> Bastava aproveitar esta *tendencia* para fazer augmentar os productos provinciaes...[73]

Note-se o interstício no seu raciocínio, que se inicia com o atraso da agricultura e continua no reconhecimento do trabalho africano pela sua tendência ou boa vontade nestes trabalhos com a condição que tivessem a certeza de que lhe seriam comprados os seus produtos.

Não estamos propondo que possamos concluir somente com este trecho a existência de um interesse das populações lundas na agricultura voltada para a exportação – algo que realmente interessava a maioria dos colonizadores da época – mas que a partir desta informação podemos "colher" nos interstícios da

---

73 CARVALHO, Henrique A. D. *Ethnographia e História*..., p. 31 [grifos nossos].

136 Elaine Ribeiro

obra, e também em outras fontes como a legislação e os debates parlamentares analisados no capítulo anterior, outros indícios que possam nos ajudar a nos aproximar da questão dos interesses das sociedades africanas naquele momento, fossem eles quais fossem.

Neste sentido, os volumes da *Descripção* cumprem o papel aglutinador de todos os trabalhos da Expedição, porque eles "não se esgotam na reprodução do diário de viagem", mas também porque incorpora partes dos outros textos, como também entende Ana Paula Tavares.[74]

Com esta assertiva, chamamos a atenção para os diversos textos que estão incluídos na *Descripção* e que não são de autoria de Henrique de Carvalho: tal como o relatório do Ajudante, editado pelo major português e publicado em extracto o que julgava oferecer mais interesse.[75]

Mas também as cartas dos negociantes sertanejos, como Custódio Machado, dos dirigentes políticos como Andala Quissúa Andombo, Cuigana Mogongo, Mona Samba Mahango, Mona Quienza, entre outros, na maioria, escritas por ambaquistas que trabalhavam como secretários em diversas regiões da Lunda. Todos estes textos compõem um "repositório de informações" importantes tanto por seu conteúdo quanto pelo papel desempenhado pelos ambaquistas.[76]

E neste sentido, há a necessidade de estarmos atentos para a diversa autoria que a *Descripção da viagem ao Muatiânvua*

---

74 Cf.: TAVARES, Ana Paula. *Na mussumba do Muatiânvua quando a Lunda não era leste...*, p. 24.

75 Relatório do Ajudante em: CARVALHO, Henrique A. D. *Descripção...*, vol. II, p. 203-216.

76 Parte desta correspondência foi analisada por Beatrix Heintze em: A lusofonia no interior da África Central na era pré-colonial. Um contributo para a sua história e compreensão na Actualidade. *Cadernos de Estudos Africanos*. nº 7-8, p. 179-207, jul. de 2004 a jul. de 2005. Disponível em: http://cea.iscte. pt/index.php?option=com_docman&task=doc_view&gid=73. Último acesso em: outubro de 2010.

apresenta e que constitui o exemplo mais acabado de nosso argumento sobre a natureza intersticial da obra de Henrique de Carvalho, a presença dos textos dos intérpretes ao serviço da expedição: os tratados e os autos de notícia, entendidos como mucandas pelas sociedades locais, escritos por Antonio Bezerra de Lisboa, primeiro intérprete, Agostinho Alexandre Bezerra, segundo intérprete e José Faustino, o professor da escola da expedição que, por vezes, ocupava o cargo de intérprete e de secretário de Henrique de Carvalho. A partir da obra *Expedição Portuguesa ao Muatiânvua*, assim como podemos ler seus escritos, também podemos conhecer os seus rostos, como nas fotografias expostas no início do presente capítulo.[77]

---

[77] Nos próximos capítulos trataremos mais sobre o entendimento dos tratados como mucandas e a agência destes intérpretes. Os textos dos tratados e dos autos foram publicados de maneira conjunta na obra de Henrique de Carvalho, *A Lunda ou os estados do Muatiânvua*... Para o entendimento de Beatrix Heintze sobre a importância da obra de Henrique de Carvalho para o conhecimento dos agentes africanos, ver: HEINTZE, B. A Rare Insight into African Aspects of Angolan History: Henrique Dias de Carvalho's Records of his Lunda Expedition, 1880-1884. *Portugal Studies Review*, 19, 1-2, p. 93-113, 2011.

Capítulo III

Os caminhos da Expedição Portuguesa à Mussumba do Muatiânvua

Embaixada da Lunda

Álbum da Expedição Portuguesa ao Muatiânvua. Disponível em: http://henriquedecarvalho.bnportugal.pt/fotos/foto256.htm. Acesso em: dezembro de 2012.

Nas décadas de 1880 e 1890, com as novas estratégias de exploração e ocupação coloniais postas em prática pelas nações europeias, a situação de Portugal como potência ultramarina se tornou problemática, uma vez que seus interesses em África foram progressivamente atacados pelos imperialismos britânico, belga, francês e alemão.

140   Elaine Ribeiro

A nova mentalidade primava por uma ocupação administrativa e militar mais incisiva, diferente daquela praticada pelos portugueses com sua presença em feitorias espalhadas pelo litoral e em alguns pontos do interior. Para a implementação desta nova organização colonial na legitimação da partilha dos territórios, a definição da delimitação das esferas de influência por meio de tratados realizados com as sociedades africanas, especialmente após a Conferência de Berlim (novembro de 1884 a fevereiro de 1885), sobressaiu-se à justificativa do fator histórico da secular presença lusa no continente africano.

Em razão disto, esse foi um momento que se caracterizou por uma popularização de um "nacionalismo exacerbado e doloroso" em Portugal, em que o debate africano se tornou vivo.[1] Em parte, isso se expressou na divulgação das narrativas de viagens de militares como Serpa Pinto, Hermenegildo Capelo e Roberto Ivens, que enalteciam a concretização, nos anos de 1870 e 1880, do antigo sonho português de travessia terrestre da África que "ligaria" o Atlântico ao Índico por terra.[2]

---

1   A expressão "nacionalismo português exacerbado e doloroso" é do historiador Sérgio Campos Matos, que acrescenta que este sentimento também deve ser entendido numa "... conjuntura de afirmação de nacionalismos agressivos – o pan-germanismo e o pan-eslavismo – na Europa e em África,[que] terá fornecido elementos valiosos para legitimar, no decénio de 1880, uma política expansionista na África austral – o ambicioso projecto de um Império de costa a costa". E nos lembra de que "... numa época em que era geralmente aceite o chamado darwinismo social e o seu princípio da luta pela vida, com o corolário da sobrevivência dos melhores a justificar a supremacia das nações poderosas sobre as pequenas potências, não surpreende que a resposta adoptada nessa época pelos políticos portugueses, que aliás reuniu largo consenso, fosse a de uma estratégia ofensiva, baseada em argumentação histórica sistemática mas de reduzida eficácia perante as bem mais pragmáticas razões britânicas..." Cf.: *Historiografia e Memória Nacional no Portugal do século XIX (1846-1898)*. Lisboa: Edições Colibri, 1998, p. 495.

2   Dos relatos das viagens dos exploradores portugueses, ver: PINTO, Alexandre Alberto da Rocha de Serpa. *Como eu atravessei África do Atlântico ao mar Índico. Viagem de Benguella à Contra-costa (1877-1879)*, Londres, Sampson

Portanto, tal enaltecimento nacional ocorreu muito a despeito desta "travessia" já ter sido realizada, entre os anos de 1802 e 1814, pelos pombeiros africanos Pedro João Baptista e Anastácio Francisco, escravizados do tenente-coronel Francisco Honorato da Costa,[3] e, principalmente, por existir uma ligação histórica entre as partes ocidental e oriental do continente, com as profundas relações políticas e comerciais entre a Lunda e a região sob controle do conhecido reino do Kazembe, respectivamente.[4]

Relações históricas que podem ser encontradas na própria documentação portuguesa.

No século XVIII, por exemplo, nas descrições de Manuel Correia Leitão, que entre 1755 e 1756 empreendeu viagem de Luanda até a região de Kasange e destacou o comércio controlado por estes entre o centro do continente e a costa ocidental, não deixando os brancos passarem do rio Kwango além. Da mesma forma que, no lado oriental do continente, "o reino do Muzumbo-a-Calunga, que fica muito a sul e leste das de Cassange" [Kazembe?]

Low, Marston, 1881, 2 vols; CAPELLO, Hermenegildo e IVENS, Roberto. *De Benguella às Terras de Iaca* – Descripção de Uma Viagem na África Central e Occidental, Lisboa: Imprensa Nacional, 1881, 2 vols. e também destes últimos, *De Angola à Contra-Costa*, Lisboa: Imprensa Nacional, 1886, 2 vols.

3 Pombeiros eram os agentes itinerantes que representavam os comerciantes estabelecidos nas regiões mais próximas da costa atlântica. Para o diário da viagem de Pedro João Baptista e Anastácio Francisco, ver: BAPTISTA, Pedro João. "Viagem de Angola para Rios de Sena"; "Explorações dos portugueses no interior d'África meridional (...) Documentos relativos à". *Annaes Maritimos e Coloniaes*, vol. III, 5-11, p. 162-190; 223-230; 278-297; 423-440; 493-506; 538-552, 1843.

4 Desta forma, o mesmo desprezo à história secular da presença portuguesa no continente africano pelas nações europeias no contexto de avanço imperial foi visto na negação lusa da histórica ligação entre as sociedades africanas das partes ocidentais e orientais. Assim, o mapa cor-de-rosa não só significa as pretensões lusas de fim-de-século, como simboliza esta negação lusa à história da região. Sobre o mapa cor-de-rosa, ver: SERRÃO, Joel. "De cor-de-rosa era o mapa". *Da 'Regeneração' a República*. Lisboa: Livros Horizonte, 1990.

142   Elaine Ribeiro

controlava o comércio com os europeus e não lhes permitia acesso direto ao Muatiânvua:

> Os práticos informantes e todos os gentios destas remotas paragens não têm licença do da outra banda para chegarem ao menos ao Mataiiâmvua, quanto mais chegarem a esses Malagis, e por isso não têm visto com o seu olho branco da Contra-Costa, mais do que ouvirem sempre dizer que se têm visto brancos nestas partes diante do Mataiiâmvua, os quais aparecem em barcos a que o gentio chama uatos, e que tem lá seus lugares donde saem e que fazem negócio, dando por escravos zuartes e outras fazendas próprias como as que lhe vão de cá, missangas brancas e azuis e búzio; e que os potentados que tratam com os tais brancos, que eu cuido são os Malagis ou outros, impedem a este Mataiiâmvua o poder busca-los e trata-los, o que é comum entre este gentio; assim como o Cassange e os mais nomeados não querem que nós tratemos como os que além do rio Cuango e como o tal Muatiiâmvua tem também notícia dos brancos de cá, por esta razão também o quer por amigos, fazendos-os procurar por seus capitais para que lhe vendam fazendas.[5]

Nas fontes da época, a nomenclatura malagis, definida por Correia Leitão na citação acima, que podia também ser grafada maravi ou maraves, indicava uma sociedade estabelecida no vale do rio Zambeze, no caminho entre a Vila de Tete e o referido Kazembe, segundo Maria Emilia Madeira Santos.[6]

---

5   Cf.: LEITÃO, Manuel Correia (ou Corrêa). "Viagem que eu, sargento mor dos moradores do distrito do Dande, fiz às remotas partes de Cassange e Olos, no ano de 1755 até o seguinte de 1756". In: DIAS, Gastão de Sousa (ed.) "Uma viagem a Cassange nos meados do século XVIII". *Boletim da Sociedade de Geografia de Lisboa*, 56ª série, n° 1-2, 1938, p. 27.

6   Para tanto, ver o mapa da viagem de Francisco José de Lacerda e Almeida de 1798, publicado em: SANTOS, Maria Emília Madeira. Viagens de exploração

Barganhando sobrevivências 143

De acordo com as pesquisas de Jan Vansina, malagis refere-se à "uma subdivisão do grupo étnico conhecido como Congo-Dinga, estabelecido ao longo do Rio Kasai, no oeste do reino Rund". Foi este grupo que se conformou como centro de poder lunda e que ao longo do tempo conseguiu estender o seu domínio sobre um vasto território, de leste a oeste da África central habitado por povos de culturas e línguas diversas.[7]

Há certa dificuldade em precisar tal questão, porém a sua importância para os nossos propósitos é apontarmos a existência de eixos comercias e vias de comunicação no centro do continente, inacessíveis aos europeus antes do final do século XIX e que foram alvo da cobiça dos europeus no contexto da corrida imperialista. A busca de informações sobre estas vias fazia parte das instruções da expedição portuguesa ao Muatiânvua:

> XVI – Serão tidas em apreço especial todas as informações que a Missão possa vir a colher com respeito aos caminhos commerciaes mais faceis e seguros, aos processos, necessidades e preferencias do commercio indigena, ás aptidões do solo e do clima, aos costumes, tendencias e situações das diversas populações que atravessar, e, emfin, a tudo quanto

---

terrestre dos portugueses em África. Lisboa: CEHCA; IICT, 1988, p. 195. Neste mesmo sentido podemos atentar para o título da narrativa de Pedro Gamitto: *O Muata Cazembe e os Povos Maraves, Chevas, Muízas, Muembas, Lundas e Outros de África Austral. Diário da Expedição Portuguesa Comandada pelo Major Monteiro e Dirigida Àquele Imperador nos anos de 1831 e 1832*, Lisboa, 1854, Reedição, 2 vols., Lisboa, 1937.

7   Cf.: VANSINA, Jan; SEBESTYÉN, Evá. Angola's Eastern Hinterland in the 1750s: A Text Edition and Translation of Manoel Correia Leitão's "Voyage" (1755-1756). *History in Africa*, vol. 26, 1999, p. 355, para a definição do termo malagi, p. 364 para o mapa que define a sua localização e p. 325 para o texto supracitado de Manuel Correia Leitão, que pode ser comparado com o da edição de Gastão de Sousa Dias, referenciado anteriormente. Agradeço ao historiador Roquinaldo Ferreira pela indicação desta tradução realizada por Vansina e Sebestyén.

144   Elaine Ribeiro

importe ao maior desenvolvimento das nossas relações commerciaes.[8]

Já no século XVIII, Francisco José de Lacerda e Almeida ates-
tou a existência destes eixos quando, como governador dos Rios
de Sena, recebeu uma embaixada do Kazembe:

> ... Este Principe [filho do Rei dos Muizas], e o
> grande Catara [hum grande do Reino de Cazembe]
> dizem, que o Cazembe, ou os seus ascendentes, vin-
> do das partes de Angola conquistou o Reino que
> presentemente ocupa, e que do Cazembe se pode
> ir ao Morupue [Muatiânvua] em sessenta dias; po-
> rém os brancos em menos tempo; e finalmente, que
> ao Reino de Morupue vem canoas de Angola, ou
> de suas vizinhanças conduzir escravos; mas que o
> rio he pequeno. Do reino de Morupue para o de
> Cazembe passão fazendas, e trastes, que vem das
> costas occidentaes da Africa, como espelhos, apare-
> lhos de xá, que conservão para ostentação, e gran-
> deza; pratos, copos, avelório, missanga, couros, e
> fazendas de lã. [...] Os escravos, que o Cazembe
> faz, remete-os para o pai [Muatiânvua]; e delle por
> qualquer via que seja, vão ter a Angola, que elles
> pronuncião Gora, e em retorno vem o fato de lã,
> como baeta, durante, sarafina, e os mais, que acima
> disse. Não querem vender escravos aos Portuguezes
> destes rios [isto é, da parte oriental do continente],
> nem os Portuguezes os querem comprar, porque não
> fazem conta, nem a huns, nem a outros: o marfim

---

8   Cf.: Instrucções do ministério da Marinha e Ultramar de Manuel Pinheiro
    Chagas por que se deve regular o major do exercito Henrique Augusto Dias
    de Carvalho na Missão ao potentado africano Muata Ianvo, de 28 de abril de
    1884, em: CARVALHO, Henrique A. D. *Expedição Portuguesa ao Muatiânvua*
    1884-1888: Descripção da Viagem à Mussumba do Muatiânvua. Lisboa:
    Imprensa Nacional, vol. I (De Luanda ao Cuango), 1890, p 41.

Barganhando sobrevivências 145

sim faz muita conta a ambos: se for possível achar-se navegação para estes rios, o lucro que se há de tirar no marfim deve ser considerável, pois o seu transporte por terra he trabalhoso, e dispendioso.[9]

Em primeiro lugar, os relatos de Correia Leitão e Lacerda e Almeida confirmam o argumento do estudioso Alfredo Margarido, sobre a impossibilidade de utilizarmos o termo Lunda para tratarmos dos povos estabelecidos, grosso modo, entre os rios Kwango e Zambeze, no centro do continente, antes do século XIX: "na medida em que ninguém conhecia então a existência dos Lundas, e menos ainda dos Lundas centrais, só visitados no século XIX, primeiro por Joaquim Rodrigues Graça e depois por Henrique de Carvalho".[10] "Mas é também verdade", afirma Margarido, "que Correia Leitão dá pela primeira vez notícia dos 'moluas', a leste, que mais tarde serão reconhecidos como sendo os Lundas que Pinheiro Furtado inscrirá pela primeira vez num mapa" ainda sob a expressão "terras dos muluas".[11]

---

9 Sobre o relato desta embaixada, ver os Ofícios de Francisco José de Lacerda e Almeida, governador dos Rios de Sena, para d. Rodrigo de Sousa Coutinho, ministro da marinha e ultramar, datado de 21 e 22 de março de 1798, sobre a diligência a que foi incumbido para verificar a possibilidade de comunicação das costas oriental e ocidental da África e as notícias dadas por Manuel Caetano Pereira, comerciante que se entranhou pelo interior da África até a povoação ou cidade do rei Cazembé. Coleção IHGB, DL39, 10.01 e 10.01.01, fls. 3992 e 3993 e a sua transcrição em: NEVES, José Accursio das. *Considerações políticas e commerciaes sobre os descobrimentos e possessões dos portuguezes na África e na Ásia.* Lisboa: Impressão Régia, 1830, p. 368-393.

10 Cf.: MARGARIDO, Alfredo. Um livro trágico. Prefácio da obra de CURTO, José C. *Álcool e Escravos.* O comércio luso-brasileiro do álcool em Mpinda, Luanda e Benguela durante o tráfico atlântico de escravos (c.1480-1830) e o seu impacto nas sociedades da África Central Ocidental. Tradução Márcia Lameirinhas. Lisboa: Editora Vulgata, 2002, p. 11.

11 Cf.: MARGARIDO, Alfredo. Algumas formas da hegemonia africana nas relações com os europeus. In: SANTOS, Maria Emilia Madeira. 1ª *Reunião Internacional de História de África*: relação Europa-África no 3° quartel do séc. XIX. Lisboa: Instituto de Investigação Científica Tropical, 1989, nota 4,

146   Elaine Ribeiro

E mais, os relatos supracitados ressaltam também a ideia de que os artigos europeus transacionados no interior do continente não eram para as sociedades locais uma "mercadoria essencial", mas de "ostentação e grandeza", no dizer de Lacerda e Almeida. Se fizermos um "exame minucioso", conforme argumenta John Thornton, veremos que a "antiga manufatura africana era em muitos casos capaz de prover as necessidades do continente", como no caso dos tecidos do Kongo oriental para leste de Angola, no século XVII,[12] mas também do sal produzido na região do Kazembe, capaz de abastecer redes comerciais entre as regiões ocidentais e orientais inacessíveis aos europeus até o último terço do XIX, como defende Isabel de Castro Henriques.[13]

---

p. 402-403. Para o mapa citado ver a "cópia muito simplificada da carta de Angola de Pinheiro Furtado (1790)" em: SANTOS, Maria Emília Madeira. *Viagens de exploração terrestre dos portugueses em África...*, p. 160.

12 Cf.: THORNTON, John. *A África e os africanos na formação do mundo atlântico 1400-1800*. Tradução de Marisa Rocha Mota. Rio de Janeiro: Elsevier, 2004, p. 89 e 94. Para uma visão contrária a de Thornton ver o texto de ALPERN, Stanley B. What Africans Got for Their Slaves: A Master List of European Trade Goods. *History in Africa*, vol. 22, p. 5-43, 1995, que apresenta uma extensa lista de artigos comercializados na África Ocidental ou "Kwaland" (sociedades de língua Kwa) como prefere o autor, entre eles: tecidos da Índia, da Europa e outros, vestuário em geral, metal bruto ou semiprocessado e objetos de metal, armas de fogo, contas, búzios, álcool, tabaco, vidro, cerâmica, papel, temperos, comidas exóticas, drogas e adornos de luxo.

13 A transformação desta situação de inacessibilidade iniciou-se na década de 1840 com a intervenção das quibucas (caravanas) ovimbundas e de sertanejos como Silva Porto no comércio da região do Zambeze. Cf.: HENRIQUES, Isabel de Castro. *Percursos de Modernidade em Angola*: Dinâmicas Comerciais e Transformações Sociais no Século XIX. Lisboa, IICT, 1997, p. 391. As quibucas do sul foram estudadas por Linda Heywood que destacou a possibilidade de ascensão social dos carregadores com os lucros obtidos no transporte de mercadorias, sobretudo marfim, cera, borracha e goma copal, logo após o término do tráfico atlântico de escravizados e início da intensificação do comércio das chamadas matérias-primas da indústria europeia. Para Heywood, os carregadores ovimbundus foram responsáveis nesta época pela integração da África central à economia mundial no século XIX. Para tanto, ver: HEYWOOD, Linda. Porter, Trade, and Power. The Politics of Labor in the Central Highlands of

Barganhando sobrevivências 147

O sal deste comércio era acinzentado e produzido a partir de plantas, que o pombeiro Pedro João Baptista chamou de "palhas" de onde os produtores "tiram o sal, o qual sal cortam a palha [...] e vão [-na] queimando a cinza em umas panelas pequenas que eles fazem e vão cozinhando água lauda [enlameada]", servindo estas "panelinhas" de medição com vistas a valoração do produto: "dez panelinhas valem um xuabo" ou peças de tecido de algodão, que serviam como moeda nas trocas realizadas nos entrepostos do comércio regional, as "casas já feitas dos compradores de sal".[14]

No final do século XIX, no tempo de Henrique de Carvalho, as salinas valorizadas pelos povos da Lunda estabelecidos nos caminhos pelos quais a expedição passou eram as da região do rio Lui, na salina do Holo, entre Malanje e rio Kwango. Com o sal produzido nesta localidade o major português pagou os seus trabalhadores e aproveitou para estabelecer a "estação civilizadora Paiva de Andrade" em Quibutamêna, na margem direita do mesmo rio, em razão do intenso trânsito de caravanas envolvidas no comércio local, conforme demonstra a correspondência do chefe da expedição ao seu ajudante, o capitão Manoel Sertório de Almeida Aguiar:

> O Sr. Ajudante não deixará de conhecer, quanto tem sido util o modo por que vamos avançando, ainda que lentamente; pois que além dos povos já nos estimarem e se congratularem quando qualquer individuo da Expedição passa pelas suas povoações, tem havido a vantagem de não estarmos inactivos e de podermos dar cumprimento a uma parte

---

Angola, 1850-1914. In: COQUERY-VIDROVITCH, Catherine, LOVEJOY, Paul E. *The Workers of African Trade*. Berverly Hills, London, New Delhi: Sage Publications, 1985, p. 243.

14 As informações de Pedro João Baptista e do significado de xuabo são de Isabel de Castro Henriques, *Percursos de Modernidade em Angola...*, p. 266 e 768, respectivamente.

148   Elaine Ribeiro

> importante da nossa missão, fazendo estudos que vão sendo remettidos ao Ministerio da Marinha e Ultramar, estabelecendo estações, como nos foi muito particularmente recommendado, nos pontos onde o commercio se não fazia senão entre indigenas, tornando-se as vizinhanças d'essas estações povoadas de gentios que vem do interior com negocio, constituindo ellas verdadeiros centros das suas transações. É de esperar que os gentios quando se conveçam que não ha pensamento reservado de os hostilisar formem ahi centros de população importantes, o que por certo, será agradavel ao governo de Sua Magestade.[15]

Deste modo, a partir dos registros de observadores portugueses, somos capazes de perceber a organização do comércio nas regiões do centro do continente, que pressupunha a existência de: rotas especializadas nas trocas de produtos específicos (os tecidos do Kongo, o marfim da Lunda, o sal do Zambeze e do rio Lui); formas de empacotamento e transporte (no caso do sal do Lui, "em folhas de arvores, a formar um rolo de 70 cm de comprimento e 6 cm de diâmetro, a que chamam muxa", sendo que uma carga de sal comportava de 25 a 30 muxas[16]) e maneiras de valorar as mercadorias (no caso, três muxas equivaliam a uma jarda de fazenda ou cada uma, 30 réis).

---

15 Cf.: Ofício de Henrique de Carvalho, chefe da expedição, ao capitão Manoel Sertório de Almeida Aguiar, ajudante da expedição, datada de Malanje, 24 de julho de 1884. In: CARVALHO, Henrique A. D. Descripção..., vol. i, p. 325-326.

16 CARVALHO, Henrique A. D. *Expedição Portuguesa ao Muatiânvua.* Ethnographia e História Tradicional dos Povos da Lunda. Lisboa: Imprensa Nacional, 1890, p. 707.

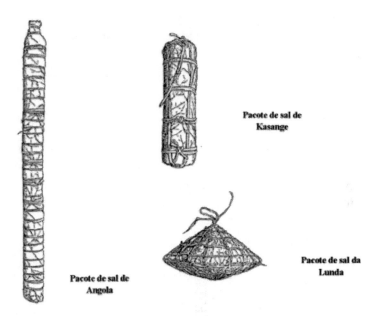

*Pacotes de sal do comércio regional da
África centro-ocidental*[17]

Para além da informação etnográfica, a importância de apresentarmos estas embalagens está na demonstração da especialização de conhecimento dos grupos engajados no comércio de longa distância do sal, quanto à melhor forma de armazenar e conservar esta carga altamente delicada.

A importância do armazenamento deste artigo é confirmada por Henrique de Carvalho ao relatar as dificuldades no transporte das 50 arrobas de sal que a expedição carregava desde a cidade do

---

17 As representações dos diferentes pacotes de sal do comércio regional da África centro-ocidental foram baseadas no relato do explorador alemão Max Buchner, que esteve na Lunda na década de 1870, e foram produzidas pela historiadora Beatrix Heintze, que aponta as embalagens de formato cilíndrico como aquelas utilizadas na região do rio Lui. Para tanto, ver: HEINTZE, Beatrix. *Pioneiros Africanos*. Caravanas de carregadores na África Centro-Ocidental (entre 1850 e 1890). Lisboa: Editorial Caminho, 2004, p. 213.

150 Elaine Ribeiro

Dondo: "accondicionado em sacos de palha, estava muito sujeito a reducções pelas elevadas temperaturas, muitas chuvas e pelas subtracções dos carregadores", sendo a forma de acondicionamento dos imbangalas a que mais convinha, no seu entender, já que "os rolos protegidos por folhas e revestidos depois de palha (capim secco)" eram tanto vantajosos no transporte quanto na segurança da carga.[18]

Estes diferentes recursos utilizados confirmam ainda os hábitos regionais que podem ter sofrido transformações ao longo do tempo devido ao contato entre os grupos engajados no comércio, como no caso do pacote de sal da Lunda que, segundo Heintze, podia ser originário do norte, das regiões dos Chilangues (vide a representação dos pacotes de sal).[19]

Assim, retomando o discurso do "nacionalismo exacerbado e doloroso" português finissecular, afora a sua ineficácia nas negociações com as outras nações europeias, no geral não admitiu a existência de uma racionalidade africana na gestão de territórios e negócios, muito a despeito do inventário realizado por diferentes agentes lusos ao longo do tempo, conforme exemplificamos acima.

---

18 CARVALHO, Henrique A. D. *Descripção...*, vol. I, p. 499.

19 Cf.: HEINTZE, Beatrix. *Pioneiros Africanos...*, p. 319-320. Estas questões de armazenamento e transporte de mercadorias nos fazem relativizar algumas proposições sobre o transporte do comércio de longa distância no tempo do tráfico atlântico ter sido realizado pelos próprios escravizados que seriam levados para o continente americano, já que não precisavam ser carregados e eram obrigados a transportarem outras mercadorias. Refletindo a partir do conhecimento especializado que demandava este trabalho de transporte, acredito que esta questão será melhor discutida quando atentarmos para as caravanas do comércio africano para além da imagem corrente dos sofrimentos dos traficados e de intencionais acusações de africanização do tráfico internacional. Um exame mais aprofundado desta questão está sendo realizada na atual pesquisa sobre as caravanas do comércio regional desta parte do continente, intitulada: *Sociabilidades em trânsito*: carregadores do comércio de longa-distância na África centro-ocidental – séc. XIX. Pesquisa de doutorado em andamento na área de História Social, junto ao departamento de História da USP e sob a orientação da profª. Maria Cristina Cortez Wissenbach.

Barganhando sobrevivências   151

E assim como os outros projetos imperialistas da época propôs práticas coloniais em África que primavam por torna-la "moderna", no sentido de dar-lhe caminhos por terra e água possíveis de serem trilhados e navegados pelos portugueses.[20]

No final do século XIX, com auxílio de instrumentos técnicos, as diferentes expedições deviam produzir esboços dos caminhos percorridos e medição de terrenos para a posterior elaboração de mapas e estudos de implantação de estradas e ferrovias; observações meteorológicas e fluviais, e ainda registros sobre rotas comerciais, aptidões do solo, além dos hábitos das diferentes populações contatadas e, na medida do possível, produzir algum material fotográfico e ilustrativo.

Deviam também fazer recolhas de espécimes vegetais e animais e de exemplares geológicos para as instituições científicas europeias, além de construir em diferentes pontos do caminho abrigos que oferecessem proteção aos viajantes e comerciantes, incentivando por meio das chamadas "estações civilizadoras, comerciais e hospitaleiras" a comunicação e o comércio regional com as cidades litorâneas controladas pelos europeus.[21] Conforme apontamos anteriormente, no caso da instalação da estação Paiva de Andrade na região do rio Lui pela expedição de Henrique de Carvalho, todas estas atividades estavam previstas nas instruções dadas ao major português.

Embora a viagem à Lunda tenha exercido menor impacto na opinião pública portuguesa em comparação com as de Serpa

---

20 Para a discussão do projeto de construção da linha férrea de Luanda a Ambaca e sobre a eficiência da linha de vapor do rio Kwanza, ver a ata da sessão da Sociedade de Geografia de Lisboa de 20 de junho de 1882 publicada no *Boletim da Sociedade de Geografia de Lisboa*. Lisboa: Imprensa Nacional, 1882, 3ª série, nº 1, p. 50-65.

21 Sobre as estações civilizadoras na Conferência de Bruxelas, de 1876, quando se discutiu os princípios da instalação destas edificações, ver: WESSELING, H. L. *Dividir para dominar*: a partilha da África (1880-1914). 2ª edição [trad. de Celina Brandt] Rio de Janeiro: Editora da UFRJ; Revan, 2008, p. 92-101.

152   Elaine Ribeiro

Pinto, Capello e Ivens, entre outros motivos, por não ter como meta a travessia continental, em alguma medida elas podem ser comparadas devido à ação da Sociedade de Geografia de Lisboa que ajudou o Ministério da Marinha e Ultramar a elaborar as instruções das diferentes expedições.[22]

Em linhas gerais, as instruções recebidas pelas expedições refletiam toda a efervescência da época, de acalorado debate político e manifestações sociais, e foram apreendidas por um dos mais reconhecidos intelectuais portugueses com ironia peculiar, o qual nos dá uma dimensão da problemática envolvida nas atividades dos expedicionários no terreno da viagem ao registrar o embate anglo-luso na região do Zambeze:

> ... Quando se desenrolava esta controvérsia [...] um incidente sobreveio inesperadamente, que transformou essa argumentação quase acadêmica numa pendência quase sangrenta. Uma expedição nossa, que, sob o comando do major Serpa Pinto, estudava o traçado do caminho-de-ferro do rio Chire (que ultimamente nós resolvêramos construir para suprir as obstruções da navegação no Zambeze), tendo penetrado na terra dos Macololos, antigos vassalos da coroa, encontrou um gentio hostil que lhe impediu a passagem, arvorou no topo das cubatas bandeiras inglesas e terminou por fazer fogo sobre os nossos com aquelas espingardas do valor de cinco xelins, que são um dos comércios ingleses mais rendosos no interior da África. Para desimpedir o

---

22   Sobre a elaboração das instruções da expedição de Henrique de Carvalho, ver: "Parecer da Comissão Africana da Sociedade de Geografia de Lisboa sobre o projeto da expedição ao Muatiânvua de Henrique de Carvalho, de 03 de fevereiro de 1884" e "Instrucções do ministério da Marinha e Ultramar de Manuel Pinheiro Chagas por que se deve regular o major do exercito Henrique Augusto Dias de Carvalho na Missão ao potentado africano Muata Ianvo, de 28 de abril de 1884", ambos em: CARVALHO, Henrique A. D. Descripção..., vol. I, p. 7-14 e 35-42.

Barganhando sobrevivências 153

> caminho, afirmar a soberania e castigar o ultraje, os nossos (depois de tentarem conciliação) dispersaram o gentio – matando infelizmente uma centena desses negros, *que são no fundo os verdadeiros senhores da região...*[23]

Neste caso, além das vontades portuguesas e inglesas em jogo e o sentimento luso de inferiorização com o famoso ultimato inglês (pelo menos para a historiografia lusa), devemos levar em consideração os interesses dos citados macololos como produtores e controladores do comércio, entre outros artigos, do sal no Barotze, região também conhecida como Lui, terra dos Lozi, na época recém-dominada pelos makololos ou macorrolos.[24]

Precisamente a respeito do problema tão *candente* da navegação fluvial no continente africano para os europeus, o historiador Joel Serrão lembrou a necessidade de "remontar um tanto no fito" para encontrar "as pontas de novelo tão enredado". Pontas que levam ao Congresso de Viena de 1814/15 e à adoção dos princípios do *mare liberum* de Hugo Grotius de 1609 para a navegação dos grandes rios. Assim, em fins do XIX, recuperando convenções do início do mesmo século, que de antemão haviam sido recuperadas do início do XVII, a "bacia do Congo e seus tributários", na parte ocidental do continente, e a "zona marítima oriental, dos Grandes Lagos até o oceano Índico, inclusa a embocadura do Zambeze, ao

---

23 Excerto de Eça de Queiroz: O ultimatum. In: *Obras de Eça de Queiroz*. Lisboa: Edição Livros do Brasil, 1890, p. 323-324. [grifo nosso]

24 Não confundimos as salinas desta região com as do rio Lui localizadas mais ao norte e referidas por Henrique de Carvalho. Sobre o comércio do Barotze, ver: SANTOS, Maria Emília Madeira. Trajectória do comércio do Bié. In: *Nos caminhos de África*. Serventia e Posse (Angola – século XIX). Lisboa: Instituto de Investigação Científica Tropical, 1998, p. 105. Sobre as ações de Serpa Pinto, o ultimato inglês e as noções erradas na Europa da ostensiva presença portuguesa na região, ver na mesma obra de Maria Emília Madeira Santos o capítulo: Ultimato, Espaços Coloniais e Formações Políticas Africanas, p. 385-420.

sul" passaram a ser de livre-navegação e comércio, no entender dos europeus.[25]

Portanto, esta discussão em torno da navegação marítima e fluvial é historicamente um processo de longa duração, que tem em seu âmago a disputa pela dominação dos espaços naturais pelos europeus, e se remete ao tempo do jurista Grotius: prelúdio da produção moderna europeia de ordenação dos espaços burgueses e de representação de antigos e novos "mundos".

Sobre os propósitos de ordenação e representação do mundo material, o geógrafo Denis Cosgrove, em estudo que pretendeu historicizar a "paisagem como um termo, uma ideia, ou, melhor ainda, um modo de ver" surgido nos séculos XV e XVI, sugeriu tratá-la como uma prática simbólica de apropriação do espaço. Neste processo de formação da "paisagem", a perspectiva linear foi uma das principais técnicas utilizadas.

Desenvolvida a partir da geometria euclidiana, a perspectiva linear era anteriormente usada no inventário e mapeamento das propriedades da burguesia da época. Sendo ótica, foi capaz, ao longo do tempo, de instrumentalizar uma concepção espacial, mas também visual, de ordenamento do mundo material, por meio das representações arquitetônica, artística, cartográfica, literária e científica.

Evoluídas da arquitetura humanista, propriamente dos trabalhos do florentino Leon Baptista Alberti, as representações a partir da perspectiva linear se caracterizaram – e ainda são, defende Cosgrove – por três pontos ou "consequências": forma e posição são relativas e não absolutas, isto é, a forma de um objeto que se vê no espaço e a sua posição variam de acordo com ângulo e com a distância de quem o observa; assim "o próprio olho"

---

25 Cf.: SERRÃO, Joel. De cor-de-rosa era o mapa..., p. 159. Para as discussões na Conferência de Berlim sobre a "livre-navegação" dos rios na África, especialmente do "Danúbio africano", como chamava Bismarck o rio Congo, ver, entre outros: WESSELING, H. L. Dividir para dominar..., p. 129-134.

ou "o olho soberano" se conforma no centro visual do mundo e, portanto, a perspectiva linear, partindo deste "olho soberano" como técnica, é fundamental para a representação "realista" do espaço e do mundo externo.[26]

Refletindo a partir das proposições de Cosgrove, os mapas elaborados em finais do século XIX, durante a partilha imperial dos espaços africanos entre as nações europeias, podem ser entendidos como apropriação simbólica do espaço, por exemplo, com o uso das cores na cartografia para representar a realidade.

As cores, argumenta Cosgrove, evitam o uso de palavras em demasia e servem para produzir um efeito do real, "assim, diferentes tons de verde nos permite reconhecer as terras férteis e inférteis e florestas" e ajudam a "criar a imagem de uma paisagem (paese) sobre tela em guache e de acordo com a perspectiva". Por isso, não à toa que a técnica da perspectiva, como expressão da técnica do pintor, foi utilizada nas artes pictóricas ao longo do tempo.[27]

No decurso da produção de conhecimento realizado por expedicionários, militares, funcionários metropolitanos e coloniais de fins do XIX, as ações de medir e esboçar os caminhos, os rios e, posteriormente, cartografar os espaços ajudaram a preencher com cores

> o maior espaço em branco do mapa da terra, com uma vasta extensão de vermelho, um bocado de azul, um pouco de verde, pequenas manchas de laranja, uma extensão comprida de púrpura e de amarelo, bem no centro.[28]

---

26 Cf.: COSGROVE, Denis. Prospect, Perspective and the Evolution of the Landscape Idea. *Transactions of the Institute of British Geographer, new series*, vol. 10, n° 1, p. 45-62, 1985.

27 Cf.: COSGROVE, Denis. Prospect, Perspective and the Evolution of the Landscape Idea..., p. 54. [tradução nossa]

28 Para uma intrigante reflexão sobre o mapa da África pós-Conferência de Berlim ver: CONRAD, Joseph. *Coração das trevas*. (tradução Sergio Flaksman)

Neste sentido, o painel produzido pelos portugueses, já no século XX, parece-nos dilatar essa concepção racionalista de apreensão dos espaços:

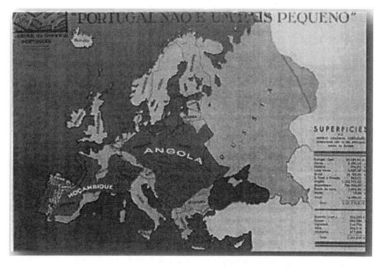

Painel da Exposição Colonial Portuguesa de 1934[29]

São Paulo: Companhia das Letras, 2008, p. 16 e 19-20. Sobre o papel da geografia durante o imperialismo do final do XIX, o geógrafo Milton Santos escreveu: "A ideologia engendrada pelo capitalismo quando da sua implantação tinha que ser adequada às suas necessidades de expansão [...] Era necessário, portanto, criar as condições para a expansão do comércio. As necessidades em matérias-primas da grande indústria garantiam além-mar a abertura de minas e a conquista de terras que eram também utilizadas para a produção de alimentos necessários aos países então industrializados numa fase onde a divisão internacional do trabalho ganhava nova dimensão. Era então imperativo adaptar as estruturas espaciais e econômicas dos países pobres às novas tarefas que deviam assegurar sem descontinuidade. A geografia foi chamada a representar um papel importante nesta transformação." In: *Por uma geografia nova*. 3ª ed. São Paulo: HUCITEC, 1990, p. 13-15. Devo a citação deste trecho à observação arguta de Elisangela Mendes Queiroz.

29 Cf.: THOMAZ, Omar Ribeiro. *Ecos do Atlântico Sul*: representações sobre o terceiro império português. Rio de Janeiro: Editora UFRJ; Fapesp, 2002, p. 229.

Esta representação, intitulada *Portugal não é um país pequeno*, foi retirada do trabalho de Omar Ribeiro Thomaz, sugestivamente do tópico *"Portugal no espaço"*, no qual o autor analisa a Exposição Colonial Portuguesa, de 1934.

Sobre a maneira com a qual os objetos representativos das diferentes regiões do império português foram dispostos no pavilhão de exposição, de modo a dar a sensação de se viajar entre tempo e espaço, incluso o painel, vale a pena registrar a análise perspicaz do autor, que destacou a distensão do olhar perspectivado português, que ora incidi sobre os que chamavam "povos indígenas", ora sobre os "outros europeus".

Deste modo, o efeito da viagem temporal valorizava o senso comum da época que acreditava na inferiorização do africano e no seu atraso com relação ao ocidente e reforçava a ideia da missão portuguesa como uma vocação de "continuar a obra incompleta da civilização africana". Quanto ao mapa, que sugeria a "grandiosidade e continuidade na extensão do império", o seu título *Portugal não é um país pequeno* e a sobreposição do desenho do país junto com as suas colônias sobre grande parte da Europa não constituem uma falta com o realismo e nem deve ser encarado como um "truque" português, conforme propõe Omar Ribeiro Thomaz:

> Essa singular "cartografia" revelava, em sua própria operação, que Portugal concebia sua unidade territorial como distinta, em sua própria natureza, das demais nações imperiais. Ao contrário das outras metrópoles que viam suas colônias como territórios estrangeiros subjugados – atitude evidente pelo menos no caso britânico –, a nação portuguesa se estendia pelo mundo. Era essa particularidade que a tornava uma grande nação.[30]

---

30 Cf.: THOMAZ, Omar Ribeiro. *Ecos do Atlântico Sul...*, p. 229.

158   Elaine Ribeiro

Em outro lugar, Thomaz ponderou a "ideia do peculiar modo português" como uma invenção do luso-tropicalismo freyriano e refere-se a ela como uma noção anteriormente presente na sociedade portuguesa, já nos debates de fim de século dos intelectuais e políticos lusos sobre a natureza do império ultramarino. Para seus "entusiastas", nem mesmo a sua miséria atrapalharia a compreensão se se percebesse "a especificidade do espírito português: aqueles ansiosos por dar novos mundos ao mundo, garantindo a hierarquia, a ordem e uma adequada assimilação dos indígenas".[31]

Atenta a este pretenso modo de ser [de ver] do português no [o] mundo, proponho que o interesse em reconhecer as bases que formularam o seu "olhar soberano" está também na possibilidade da compreensão, a partir de suas representações, sejam imagéticas, sejam escritas, do espaço dos observados. Se o olhar português tendeu a incidir sobre as sociedades africanas, em específico, há que tentarmos perceber possíveis alterações ou perturbações desse mesmo olhar, mesmo que pretensamente "soberano", porquanto ainda humano, pode ter se tornado "astigmático" em algum momento.

Astigmia no sentido de reconhecermos a necessidade de avançarmos sobre a relatividade – quanto à forma e posição – do "olho soberano" como centro visual do mundo, para verificarmos se o objeto observado agiu ou contribuiu, de alguma maneira, para eventuais alterações ou perturbações sobre este mesmo olho, não deixando que "os raios luminosos partidos dele [observado] se reunissem, como deveriam, em um ponto da retina, sendo percebidos difusamente" pelo observador.[32]

---

31 Cf.: THOMAS, Omar Ribeiro. Tigres de papel: Gilberto Freyre, Portugal e os países africanos de língua oficial portuguesa. In: BASTOS, Cristina; ALMEIDA, Miguel Vale de; FELDMAN-BIANCO, Bela (orgs.) *Trânsitos Coloniais*. Diálogos críticos luso-brasileiros. Campinas: Editora da Unicamp, 2007, p. 50.

32 Astigmatismo conforme definição no dicionário Aurélio. Sobre o "triângulo visual" descrito por Alberti que explica, por meio da centralidade exercida pelo olho observador, a conversão do espaço tridimensional em uma superfície

Barganhando sobrevivências   159

Deste modo, temos por finalidade discutir a produção de paisagem pelas sociedades africanas, que acreditamos também terem formulado, de maneira própria, seus espaços de poder através da apropriação prática e teórica destes mesmos espaços, isto é, também como um "modo de ver e deixar ver".

Contudo, se não o fizeram com base na geometria euclidiana, um desafio do trabalho está no entendimento da "base africana" por meio das representações contidas nas diferentes fontes produzidas pelos europeus. Logo, isto faz com que ao pretendermos analisar a ordenação e representação de espaço dos africanos tenhamos que obrigatoriamente estudar a mesma questão para os europeus e na comparação tentarmos filtrar estas representações.[33]

O interesse pela questão das representações da paisagem está no entendimento dos caminhos da expedição portuguesa à mussumba lunda como espaços de vivência dos seus trabalhadores. Esta análise se impõe em razão de nossa proposta de perscrutar o cotidiano destas pessoas, por meio das suas noções de direitos e deveres que nortearam as suas relações não só com o comando da expedição, mas também com as autoridades africanas locais.

Por fim, há que destacarmos o nosso próprio "olhar", orientado primordialmente aos grupos de trabalhadores, mas também

---

bidimensional, pretendendo ser esta uma representação realista do mundo externo, ver: COSGROVE, Denis. Prospect, Perspective and the Evolution of the Landscape Idea..., p. 47-48.

33 Sobre os problemas metodológicos envolvidos no uso das narrativas de viagem como fonte historiográfica, Adam Jones e Beatrix Heintze argumentam que é preciso reconhecer nelas os seus limites e a sua natureza "parcial", e acrescentaríamos perspectivada. No entanto, esta perspectiva parcial não encobre a questão do caráter de interioridade de muitos destes relatos: o papel dos acompanhantes africanos dos viajantes europeus, principais informantes dos costumes e história das populações locais, conforme estamos expondo desde o segundo capítulo com o argumento da natureza intersticial do discurso português. Cf.: JONES, Adam e HEINTZE, Beatrix. "Introduction". European sources for Sub-Saharan Africa before 1900: use and abuse. *Paideuma*. Stuttgart: Frobenius-Institut, n° 33, p. 1-17, 1987.

160 Elaine Ribeiro

direcionado para o expedicionário português, uma vez que nos importa compreender, por meio do discurso contido no relato deste militar, como os diversos grupos com os quais conviveu participaram deste empreendimento. Não esquecendo também que Henrique de Carvalho, em terras africanas, teve de criar suas próprias estratégias de relacionamento, de organização de tarefas, por meio de suas noções de direitos e deveres.

"Mas o território não é o mapa"[34]

Sobre o contexto da conformação dos atuais territórios africanos, em específico do angolano, em estudo de 2004, a historiadora Isabel de Castro Henriques pretendeu compreender como os poderes africanos ocuparam estes mesmos espaços segundo premissas próprias, por meio do "gerenciamento da violência das operações colonizadoras europeias".

A historiadora justificou a importância deste seu trabalho pela necessidade de rever chavões que articulam a história da criação e colonização de Angola, tais como, do lado do colonizador, "campanhas militares", "guerras de pacificação", "operações de ocupação efetiva" e "operações de polícia" e, do lado dos colonizados, "ações de protesto", "guerras, combates ou atividades de resistência". Expressões que são "provocadas pela visão da primazia europeia e que chegam a suscitar a vitimização ou inferiorização africana".[35]

Tal exigência de revisão fez com que Henriques desenvolvesse uma proposta metodológica de análise dos espaços angolanos

---

34 Verso do poeta açoriano Emmanuel J. Botelho, in *Mas o território não é o mapa*. Angra do Heroísmo: Secretaria Regional de Educação e Cultura, 1981 citado por HENRIQUES, Isabel Castro. *Território e identidade*. O desmantelamento da terra africana e a construção da Angola Colonial. (c.1872-1926). Lisboa, 2003. Disponível em: http://www.ics.ul.pt/agenda/seminarioshistoria/ pdf/isabelcastrohenriques. Último Acesso em: 2008.

35 O estudo de Isabel de Castro Henriques citado é o artigo: A materialidade do simbólico: marcadores territoriais, marcadores identitários angolanos (1880-1950). *Textos de História*. Brasília: UnB, vol. 12, n° 1/2, 2004, p. 9-10.

Barganhando sobrevivências 161

referenciados nos textos portugueses partindo de duas premissas: a "descoincidência africana e europeia" quanto à visão de terra, território e identidade; e pela "coabitação conflitual" destas duas identidades, marcada pelos "antagonismos, mas também em cumplicidades, em compromissos estratégicos, assim como em choques violentos".[36]

Propôs, então, três tópicos a serem analisados no inventário dos símbolos que instituíram a criação de Angola: a laicização da terra africana pela ação científica dos europeus; a tentativa de salvaguarda dos valores fundamentais das identidades africanas, pela apropriação de aspectos culturais dos europeus como uma maneira de "criar estruturas de proteção dos valores e práticas próprios" e, por fim, advindo do ato da apropriação, o reconhecimento que a identidade também não é estática para os africanos.[37]

Neste sentido, devemos analisar a "polissemia dos símbolos" pelos recursos imagéticos e materiais: pelo lado dos europeus, instrumentos técnicos, bandeiras, cruzes e crucifixos, designações, vestuário, documentos, construções; e pelo lado africano, os monumentos, as construções, mas também as danças, os cantos, os rituais, as sepulturas, as árvores, entre outros. Metodologicamente, estes recursos africanos foram conformados em cinco categorias

---

36 Cf.: HENRIQUES, Isabel Castro. A materialidade do simbólico..., p. 11.

37 Cf.: HENRIQUES, Isabel Castro. A materialidade do simbólico..., p. 11-12. Em outro artigo, a historiadora justificou a importância da história comparada em seu estudo: "Comparar deve neste caso ser interpretado como o movimento que permite dar conta simultaneamente da heterogeneidade dos sistemas culturais e dos processos de socialização inventados pelos homens no longo curso das suas histórias e da homogeneidade das soluções encontradas pelas sociedades ocidentais, nas quais acabou por se integrar o continente africano: os espíritos pairam ainda nas cabeças dos homens, mas deixaram de impedir as suas iniciativas e de impor normas rígidas ou regras imperativas. Tanto os aparelhos mentais, como os políticos e os econômicos, mantendo embora a nostalgia dos 'puros' valores africanos, procuram responder de maneira eficaz à solicitação do 'espírito do capitalismo'." Cf.: HENRIQUES, Isabel Castro. Território e identidade..., p. 20.

162   Elaine Ribeiro

de "marcadores": vivos, religiosos/sagrados, fabricados, históricos e musicais ou sonoros, sendo possível apresentarem por vezes funções sobrepostas.

Já para os europeus, a historiadora sugeriu os marcadores advindos da ciência e da técnica, aqueles que impuseram a laicização da terra africana e serviram para a ocupação e o controle colonial. Entre estes estão os instrumentos técnicos como os aparelhos fotográficos, binóculos, lunetas, relógios, cronômetros e outros aparelhos de medição, mas também as representações cartográficas e os inventários demográficos que pretendiam responder "onde estão e quantos são" e os elementos que reorganizaram o espaço, como a ferrovia e as redes rodoviárias, as estruturas urbanas, as culturas industriais do café, algodão, açúcar, entre outras, a organização administrativa e jurídica e a instalação de colônias de brancos, que chamou de processo de branquização.

Depois de realizado o inventário dos recursos imagéticos e materiais de africanos e europeus que permitiram a criação de Angola, a proposta metodológica de Isabel Castro Henriques prevê a comparação entre estes elementos para poder entender a "adesão dos africanos à dinâmica da mudança engendrada pelos portugueses no processo de modernização dos seus territórios":

> Expulsos das suas terras, obrigados a adaptar-se aos sistemas de dominação e de exploração do colonizador, em particular à violência do trabalho que lhes é imposto, escolhem comportamentos que lhes permitam impedir a anulação de toda a sua autonomia/hegemonia, procurando simultaneamente dar-se os meios para não perder totalmente o controlo da transformação do território. Ou seja, obrigados a entrar na engrenagem dos portugueses, os africanos organizam estratégias e inventam novas fórmulas culturais capazes de permitir a preservação dos valores essenciais da sua identidade, sem todavia recusar a dinâmica da mudança. Assim, participam

e orientam o sentido da metamorfose do território e organizam uma identidade angolana.[38]

Refletindo sobre o tema dos impactos externos sobre os grupos africanos, o historiador Paulo Fernando de Moraes Farias propõe o conceito de "extraversão" para análise das transformações históricas e estruturais ocorridas nas sociedades africanas.

O conceito de extraversão propõe pensar os fatores externos como apropriação pelas sociedades africanas para "redizer coisas que elas diziam antes, de outra maneira". Deste modo, "as influências externas, por elas mesmas, não teriam tido efeito considerável se não houvesse uma receptividade ativa e um interesse ativo em receber coisas de fora e em retrabalha-las".[39]

Assim, a metamorfose do território e a organização de uma identidade angolana, de que fala Isabel de Castro Henriques, podem ser um processo corrente desde o início da presença europeia na região, que a violência do avanço colonial do final do XIX irá interromper em alguns casos e acelerar em outros.

Este tipo de análise permite, por exemplo, interpretarmos que as apropriações do Cristianismo na região centro-ocidental do continente africano teriam sido parte das estratégias dos grupos envolvidos, uma vez que a luta pelo poder, segundo Farias,

---

38   Cf.: HENRIQUES, Isabel Castro. Território e identidade..., p. 34-35; para os marcadores africanos analisados pela autora, com base na divisão que propôs, ver as p. 13-26; para os elementos europeus, p. 26-34 e, ainda, para aqueles apreendidos, em alguma medida, dos europeus pelos africanos, p. 34-39.

39   O conceito de extroversão é utilizado por Paulo de Moraes Farias no seu estudo sobre a o impacto do Islã sobre as sociedades sahelianas. Para tanto, ver: FARIAS, Paulo Fernando de Moraes. *Sahel: a outra costa da África*. Curso apresentado no departamento de História da Universidade São Paulo, 29 de setembro de 2004. Transcrição de Daniela Baoudouin. E ainda os vídeos do curso *Sahel: a outra costa da África*, promovido pela Casa das Áfricas e pelo departamento de História da USP. Disponível em: http://www.casadasafricas.org.br/site/movies.php?area=talks&action=show&filter=authors&id=8 Último acesso em: agosto de 2010.

também faz parte da extraversão, posto que ela não significa um "processo de braços abertos ou amistosidade infinita: era uma luta de poder em que a abertura das portas e a introdução de idiomas novos eram calculadas por muitos como uma oportunidade de acréscimo de poder e de monopólio de autoridade".[40]

Neste sentido podemos nos referir à vertente católica do Cristianismo no reino do Kongo. De acordo com Rosana Gonçalves, mesmo com toda a fluidez das hierarquias internas do reino, o catolicismo foi capaz de proporcionar à figura do Mani Kongo uma posição de dirigente principal por seu acesso à tecnologia e ao poder simbólico trazidos pelos portugueses. Desta maneira foi possível ao mesmo dirigente conguês impor "um novo leque de ritos e símbolos às populações em geral", as quais reagiram de diferentes formas: resistindo, aproximando e até mesmo reelaborando estes ritos e símbolos conforme os seus entendimentos, partindo de "paralelismos com a sua cosmogonia vigente".

E se não é possível medir a extensão do Cristianismo entre as populações em geral, afirma a historiadora, importante é compreender,

> por meio das fontes disponíveis, as reelaborações dos ritos e dos preceitos católicos por parte dos centro-africanos, quando, por exemplo, identificavam o batismo com o ato de comer o sal, associando sua importância simbólica com os rituais de proteção contra os maus espíritos, que claramente antecediam qualquer influência cristã.[41]

Nessa perspectiva, voltando ao programa de estudos proposto por Isabel de Castro Henriques e com o fim de refletirmos

---

40 FARIAS, Paulo Fernando de Moraes. *Sahel: a outra costa da África...*, p. 8.

41 Cf.: GONÇALVES, Rosana Andréa. *África Indômita:* Missionários capuchinhos no Reino do Congo (século XVII). São Paulo, 2008. Dissertação (Mestrado em História Social) – FFLCH-USP, p. 140-144.

Barganhando sobrevivências 165

sobre o processo de apropriação como uma via de mão-dupla, passamos a analisar, de agora em diante, alguns marcadores presentes nos caminhos da expedição portuguesa ao Muatiânvua com o objetivo de apreendermos significados dos mesmos elementos por aqueles que participaram deste empreendimento, sejam africanos, sejam europeus.

Iniciamos então com os "marcadores vivos", aqueles naturais que assegurariam a socialização do espaço e a conformação do território e suas fronteiras. Nestes estão a vegetação, as águas e seu ecossistema: a importância dos rios para as sociedades locais, mas também para os portugueses que instalaram o centro da sua colônia – Luanda – em uma região privilegiada próxima ao mar e ao rio Kwanza.

Esta intenção lusa de estabelecimento na região configurou o rio Kwanza como um marco natural de disputas entre os poderes locais e a administração portuguesa, mesmo que os primeiros acessos dos europeus a este rio tenham se dado a partir da orientação de especialistas locais: os nambios, pilotos de dongos (canoas), conforme nos relata a historiadora Rosa Cruz e Silva.[42]

No decorrer do tempo, o rio Kwanza agregou o importante significado de definidor do espaço colonial português, a que estes chamaram de Angola, especialmente no que concerne à divisão regional da administração. Grosso modo, a divisão pode ser entendida da seguinte forma: no norte, de Cabinda até as regiões do rio Zaire; no centro, de Luanda até Ambaca (Mbaka) e seguindo a linha do Kwanza até Kasange, e no sul, de Benguela, e posteriormente no século XIX, de Moçamedes até o Bié.

---

42 Cf.: SILVA, Rosa Cruz e. O Corredor do Kwanza: a reurbanização dos espaços – Makunde, Kalumbo, Massangano, Muxima, Dondo e Kambambe. Séc. XIX. In: SANTOS, Maria Emilia Madeira (dir.) *A África e a instalação do sistema colonial (c.1885-c.1930)*. Actas do III Reunião Internacional de História de África. Lisboa: IICT, p. 157-173, 2000.

166   Elaine Ribeiro

Esta divisão administrativa foi posta em prática por meio dos núcleos de poder, chamados de presídios, fortes ou feitorias, os quais detinham, dependendo do contexto, um maior ou menor controle sobre as populações ao seu redor, segundo as regras dadas pelos acordos de vassalagem estabelecidos entre os dirigentes políticos africanos e o governo-geral da colônia.

Insigne no caso da resistência a estas zonas de poder português foi aquela exercida pelos Kisamas, estabelecidos imediatamente na região sul de Luanda, portanto muito próximos ao centro de poder português. Os diversos ataques desta população ao presídio da Muxima – o mais próximo da capital colonial, instalado às margens do rio Kwanza – podem ser encontrados na documentação lusa ao longo do tempo.[43]

Neste sentido, a importância da região da Muxima e das águas do rio Kwanza para as populações locais pode ser vista até mesmo na *Descripção da viagem portuguesa ao Muatiânvua*. Nela, o explorador Henrique de Carvalho descreveu a importância da igreja de N. Sra. da Muxima para o seu grupo de trabalhadores mais próximo, os loandas. A passagem da expedição pela região constituiu um rito de passagem para estes contratados, que dedicaram o sucesso da viagem à Lunda à santa da Muxima.[44]

Esta regionalização dos espaços da África centro-ocidental foi reapropriada no século XX pelos estudos coloniais que definiram um mapa étnico de Angola dividido em quatro grandes áreas com subdivisões específicas: no norte, os bakongos de língua kikongo, no centro, os ambundus, falantes de kimbundu e no sul,

---

43   Sobre a autonomia dos Kisamas, "que [tinha] seus Sovas Independentes", ver, por exemplo, o ofício do governador-geral Nicolau de Abreu Castelo Branco datado de 20 de outubro de 1825 que tratava dos fortes de São Pedro da Conceição de Penedo, porto de Luanda, Sítio de Calumbo e os presídios de Muxima, Massangano e Cambembe. Coleção IHGB DL 76, 02.23.01.

44   Este tema da importância da igreja do presídio da Muxima para os trabalhadores da expedição será retomado posteriormente no próximo capítulo, quando analisaremos a agência histórica dos loandas.

Barganhando sobrevivências 167

os ovimbundus, de língua umbundu, e a novidade da colonização do século XX, a integração a estas áreas do grande espaço além--rio Kwango chamado de Lunda-chokwe. Estas nomenclaturas são constantemente retomadas nos estudos contemporâneos sobre a região.[45]

Retomando a questão dos núcleos de poder português, estes foram conformados em nove presídios e treze distritos, desde o início administrados por militares. São eles: os presídios da Muxima, Massangano, Pungo Andongo, Ambaca, Duque de Bragança, Cambambe, Novo Redondo, São José de Encoje, Benguela e Caconda e os distritos da Barra do Bengo, Barra do Dande, Barra de Calumbo, Dande, Icolo e Bengo, Zenza e Quilengues, Dembos e Golungo e Dombe Grande, Bailundo, Bié, Huambo e Quilengues de Benguela. Todos eles compostos de capelas e fortificações que abrigaram tropas do exército português que tinham em sua composição soldados originários das sociedades locais e próximas a algumas destas feiras que tentavam se estabelecer como centros regionais de comércio.[46]

---

45 Dentre os estudos coloniais destaca-se o trabalho de José de Oliveira Ferreira Diniz, secretário dos Negócios Indígenas de Angola durante o primeiro governo de José Norton de Mattos (1912-1915). Nele, o alto funcionário português, a partir de questionários etnográficos preenchidos por funcionários da administração, propôs uma divisão étnica das populações do território angolano. Este trabalho foi publicado em 1918 sob o título: *Populações Indígenas de Angola*, que teve como objetivo, segundo Isabel de Castro Henriques, "habilitar o governo colonial com os elementos indispensáveis para a elaboração da legislação especial para os indígenas". Cf.: HENRIQUES, Isabel de Castro. *Percursos da modernidade...*, p. 68-69. A referência do trabalho é: DINIZ, José de Oliveira Ferreira. *Populações indígenas de Angola*. Coimbra: Imprensa da Universidade, 1918. Este estudo foi digitalizado e disponibilizado no seguinte endereço: http://archive.org/details/populaesindgenaoodini. Acesso em: dezembro de 2012.

46 Capitão-mor e regente foram os títulos utilizados para designar os administradores, respectivamente, de cada presídio e distrito, sendo que em 1836, eles foram substituídos por comandante e chefe. Na década de 1850 uma outra reorganização administrativa transformou os presídios e distritos em concelhos.

168   Elaine Ribeiro

A percepção dos núcleos portugueses mais como centros de comércio na época de funcionamento do tráfico atlântico de escravizados pode ser vista na correspondência enviada por Joaquim José da Silva do presídio de Ambaca ao governador-geral Miguel António de Melo (1797-1802), datada de 20 de março de 1798, na qual afirma a importância das feiras "nos negócios do sertão", portanto seria de grande utilidade a instalação de feiras a "huma menor distancia [...] do que aquella em que se acha a de Cassange, sendo demonstrado quanta facilidade communicaria ao negócio hum tal plano".[47]

No final do século XIX, estes núcleos de poder tiveram o seu significado reconfigurado em favor do avanço colonial: instalados mais ao interior tomaram o sentido de "zonas de civilização" para os portugueses que seguiam as diretrizes discutidas na Conferência de Bruxelas de 1876, conforme ressaltado anteriormente sobre as estações civilizadoras, comerciais e hospitaleiras.

Nesta perspectiva, interessante é o entendimento, ainda no século XX, das estações edificadas pela expedição portuguesa à Lunda como sendo um prolongamento dos presídios instalados ao longo do Kwanza. Neste caso, notem-se no mapa produzido pelo filho do explorador Henrique de Carvalho as bandeiras portuguesas como marcos destes centros nos caminhos da expedição:

Cf.: DIAS, Jill. "Angola". In: ALEXANDRE, Valentim e DIAS, Jill (eds.). *Nova História da Expansão Portuguesa*. O império Africano 1825-1890. Lisboa: Editorial Estampa, 1998, p. 357.

47   Cf.: Carta de Joaquim José da Silva, do Presídio de Ambaca, ao governador de Angola d. Miguel António de Melo, datada de 20/03/1798. Col. IHGB DL81, 02.27. Sobre a feira de Kasanje construída de acordo com o modelo de outras feiras luso-africanas ver o estudo de Jean-Luc Vellut, *Notes sur le Lunda et la frontière luso-africaine* (1700-1900). Extrait de Études d'histoire africaine. t. III, 1972, p. 94-110.

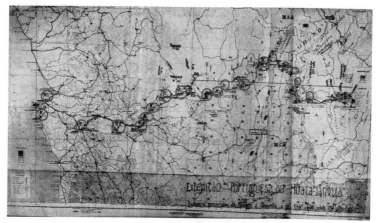

Mapa da expedição portuguesa ao Muatiânvua[48]

Dividida a expedição em seções, os trabalhadores que avançavam na frente sob o comando do capitão Manuel Sertório de Aguiar construíram as seguintes estações: no sentido litoral-interior, na margem esquerda do rio Kwango, a Estação 24 de Julho (24-07-1884), na região de Andala Quissua, próxima de Malanje; a Estação Ferreira do Amaral (15.08.1884), no Cafuxi de Sé Quitari; a Estação Paiva de Andrada (01.11.1884), na margem do rio Lui, em Quibutamêna.

Prosseguindo, na margem direita do Kwango, foram edificadas: a Estação Costa e Silva (31.10.1884), nas terras de Capenda-Camulemba, onde Henrique de Carvalho conseguiu realizar o primeiro tratado com a dirigente local Mona Mahango e seus macotas, em 28 de fevereiro de 1885; a Estação Cidade do Porto (24.04.1885), na margem do rio Cuilo; a Estação Luciano Cordeiro (31.10.1885), na região a caminho do rio Lóvua, onde a expedição assinou um segundo tratado com o Caungula e seus

---

48 Mapa da Expedição Portuguesa ao Muata Iânvua produzido por João Augusto Noronha Dias de Carvalho de 1974. In: CARVALHO, João A. N. D. *Henrique de Carvalho*. Uma vida ao serviço da pátria. Lisboa: Serviços Gráficos da Liga dos Combatentes, 1975, p. 166.

ilolo, em 31 de outubro de 1885; a Estação Andrade e Corvo (10.01.1886), no vale do rio Chicapa; a Estação Conde de Fialho (28.02.1886), na região do rio Luachimo, local onde Henrique de Carvalho, meses depois, em negociações com os chokwes visando o término dos ataques aos lundas, conseguiu do chefe litigante Quissengue um tratado, em 26 de setembro de 1886; a Estação Serpa Pinto, Capelo e Ivens (04.08.1886), na margem esquerda do rio Cachimi; a Estação Pinheiro Chagas (18.01.1887), na mussumba lunda, onde o chefe da expedição conseguiu a assinar um tratado com o Muatiânvua interino Mucanza, em 18 de janeiro de 1887.[49]

Além da preocupação em construir as estações próximas aos rios, outro ponto de interesse dos locais escolhidos foi o trânsito de pessoas pela região, principalmente, pelas caravanas do comércio do interior, tal como ficou evidenciado na correspondência de Henrique de Carvalho ao governador-geral de Angola a respeito da Estação Costa e Silva:

> Sendo um dos artigos das Instrucções d'esta Expedição fazer tratados de amisade e commercio com os potentados por onde transitar e sendo o sitio em que está estabelecida esta Estação ate agora o mais importante que conheço e julgo conveniente assegurar, quer por estar proximo ao Cuango, mais a leste 6 milhas, quer porque seu povo é dos que tenho visto mais se presta ao trabalho e apresenta indicios de querer civilisar-se pois um ou outro, embora de riscado, se vê de calças e jalecos; e tambem de chapeus e sapatos de ourellos; quer *porque*

---

49 As datas entre parêntesis referem-se à construção das estações pela primeira seção comandada por Sertório de Aguiar e não à chegada e permanência do chefe da expedição Henrique de Carvalho, salvo os casos da estação Luciano Cordeiro e Pinheiro Chagas, que tiveram sua construção autorizada no decorrer das discussões dos tratados realizados entre Henrique de Carvalho e os dois dirigentes lundas, o Caungula da Mataba e o Muatiânvua interino Mucanza.

n'elles se encontra o espirito mercantil, assim vão ao Lui buscar sal para irem ao Peinde trocar por borracha e levam-no a Cassanje ou esperam os Bangalas para obterem fazendas, missangas, polvora, etc., ainda que em pequena quantidade; quer finalmente porque não muito distante de Cassanje e independente d'elle, garantiria mais a segurança d'aquelle concelho da provincia e por estar internado além d'elle, permittiria estreitarem-se mais as nossas relações com a Lunda ao mesmo tempo que facilitará e auxiliará e mesmo activará communicações reciprocas entre nós e aquelles povos; por todos estes motivos, pareceu-me acertado aproveitar da nossa influencia já adquirida, preparando a pouco e pouco o animo dos potentados, suas familias e macotas que fazem parte do Conselho do Estado para se fazer esse tratado.[50]

---

50 As razões alegadas por Henrique de Carvalho sobre a instalação da estação neste local em razão do comércio promovido pelos shinjes foram também motivo do itinerário de viagem escolhido, uma vez que eram independentes dos imbangalas de Kasanje e não colocariam obstáculos a passagem da expedição. Tal questão pode ser vista em: CARVALHO, Henrique A. D. *Descripção...*, vol. I, p. 438-439. Para o trecho citado, ver: Correspondência de Henrique de Carvalho ao governador geral de Angola, datada da Estação Costa e Silva, em 15 de fevereiro de 1885. In: CARVALHO, Henrique A. D. *A Lunda ou os estados do Muatiânvua*. Domínios da soberania de Portugal. Lisboa: Adolpho, Modesto & Cia., 1890, p. 32. [grifo nosso].

Estação Costa e Silva[51]

Além dos rios, outro importante marcador vivo, que ensejou descrições pejorativas por parte de alguns viajantes, são as termiteiras. Construções geralmente com o formato de cones feitas por formigas brancas que na região por onde a expedição chefiada por

---

51 A fotografia da estação Costa e Silva é do álbum pertencente a coleção da Sociedade de Geografia de Lisboa. Sua legenda, escrita por Henrique de Carvalho, diz: "Estação Costa e Silva, feita de pau a pique e barreada, construcção dirigida pelo ajudante da Expedição Capitão Sertorio de Aguiar, apenas com recursos da localidade, contratados e soldados de Loanda. Está situada proximo da povoação de Mona Mahango e filhos na margem direita do Cuango. Tem um bom armazem ao centro e dous quartos em cada lado um a frente do outro. A esta Estação deu se o nome de 'Costa e Silva' prestando-se assim homenagem ao Director Geral dos Negocios de Marinha e Ultramar e que contribuiu para que a Expedição se preparasse devidamente em Lisboa, não obstante serem fracos os recursos de que havia a dispor. É nesta estação que se celebrou o primeiro tratado de amizade e commercio da Expedição em nome do Governo com o gentio e por essa occasião se procedeu as cerimonias que tiveram a admiração daqueles povos." Digitalizadas, fotografia e legenda estão disponíveis para consulta no seguinte endereço: http://henriquedecarvalho.bnportugal.pt/fotos/foto152.htm#. Acesso em: dezembro de 2012.

Henrique de Carvalho passou eram chamadas de salalé. Segundo o subchefe da expedição, o farmacêutico Sisenando Marques,

> Essas formosas construcções que se podem contar aos milhares, são de barro, representando na primeira espécie pyramides conicas mais ou menos alongadas, um tanto irregulares [...] São todas dotadas de tão grande solidez peripherica que resistem aos golpes da enxada, e as aguas pluviaes mais densas, demoradas e erosivas não as penetram nem pelo menos lhes destacam uma molecula do seu bem preparado cimento. No interior e sólo subjacente vê-se um labyrinto formado de milhares de cavidades, corredores e galerias traçadas em todos os sentidos, no centro do qual se encontra uma pequena construção especial similhante a um tijolo com uma cavidade interna a estrictamente necessaria para alojamento da termita-mãe [...] Se não fossem as aves, os desdentados e muitos outros animaes que lhes fazem grande exterminio, e até os povos africanos que utilisam estes insectos como substancia alimentícia, devia dizer-se das termites o mesmo que diz ainda Michelet: "Se todas as especies reunidas não trabalhassem para a sua destruição, ficavam ellas sós e os peixes senhores do mundo".[52]

---

52 Cf. o farmacêutico e subchefe Agostinho Sisenando Marques em sua obra *Expedição Portugueza ao Muata-Yanvo*. Os climas e as producções das terras de Malange à Lunda. Lisboa: Imprensa Nacional, 1889, p. 92-94.

Contruções do Mabúxi e do Muquinde[55]

    Construindo suas habitações no formato das termiteiras, as populações lundaizadas chamavam de muquinde a moradia de forma cônica e de caráter provisório e mabúxi, aquelas com o formato de cogumelo, com uma espécie de "chapeleta" na parte superior, na expressão de Henrique de Carvalho.

Habitações lundas[54]

---

53 Gravura das *"Construcções do Mabúxi e do Muquinde (salalé)"* em: CARVALHO, Henrique A. D. *Ethnographia e História...*, entre as p. 212 e 213.

54 Gravura das habitações e da sua descrição em: CARVALHO, Henrique A. D. *Ethnographia e História...*, p. 220-221.

Barganhando sobrevivências   175

À primeira vista, a comparação entre as formas das termiteiras e a das habitações africanas realizada por Henrique de Carvalho transparece uma visão depreciativa ao afirmar que elas pareciam mais "abrigos que nem mereciam o nome de choupanas".

Por outro lado, quando o major português tratou dos projetos de colônias agrícolas de povoamento branco, propôs a construção das moradias ao estilo das africanas por entender que as condições locais pressupunham o aproveitamento do conhecimento africano na questão:

> Seguindo o uso dos naturaes que julgo de conveniencia conservar-se, não só as cosinhas são isoladas dos quartos mas ainda estes, se devem separar uns dos outros na repartição de cada colono – e o todo limitado por cêrcas ao alinhamento das ruas, as quaes devem ter altura que não deve exceder o peitoril das janellas dos quartos.
>
> [...]
>
> A cosinha e a casa de familia julgo conveniente serem terreas separadas tambem uma da outra, sendo esta de maior área que as do quartos, porque ahi comem, recebem visitas e é onde á noite se juntam em roda das fogueiras...[55]

E valorizou ainda mais a técnica de construção civil local quando em outro trecho da mesma obra citada criticou as habitações edificadas pelo governo nos bairros dos africanos, no processo inicial de formação dos conhecidos musseques luandenses:

---

55 Cf.: CARVALHO, Henrique A. D. CARVALHO, Henrique A. D. *Expedição Portugueza ao Muatiânvua*. Meteorologia, Climatologia e Colonização: estudos sobre a região percorrida pela expedição comparados com os dos benemeritos exploradores Capello e Ivens e de outros observadores nacionaes e estrangeiros: modo practico de fazer colonisar com vantagem as terras de Angola. Lisboa: Typ. do jornal "As Colonias portuguezas",1892, p. 459-460.

> Em abono da verdade deve dizer-se que nos ultimos vinte annos, os governadores geraes da provincia teem pela sua parte mais ou menos procurado em beneficio da cidade de Loanda, dispôr a população africana da classe inferior em bairros, nas melhores condições de salubridade; mas não tem sido isto o bastante, porque as habitações não são as mais proprias para climas quentes, nem a sua exposição é das mais favoraveis.[56]

Os problemas para Henrique de Carvalho destas moradias estabelecidas "no fundo da cidade sobre a encosta" eram:

- a divisória das construções: "algumas teem apenas uma casa, com uma divisória de paus revestidos de esteiras ou de um gradeamento de troncos delgados, cheios os intervallos de barro que foi adelgaçado e tornado pastoso em agua para se almodar á obra";
- o revestimento das paredes externas: "feitas por este mesmo systema [das internas], mas com duas ordens de gradeamentos sendo os troncos esteios mais grossos. O revestimento de barro tanto interior como exteriormente alisa-se a cólher, sendo em algumas coberto esse revestimento duma camada de cal affagada á colher, ou o que é mais trivial, caiada a brocha por duas ou tres vezes";
- a altura da habitação: "teem pouca altura as paredes e a cobertura disposta em duas aguas e feita por um gradeamento de varas que resistam ao peso do capim ou colmo com que os revestem";
- o piso das casas: "o solo em geral não é batido e quase sempre fica ao nivel das ruas, quando não inferior, succedendo no tempo das grandes chuvas ficar coberto de agua e pastoso muitos dias";

---

56 Cf.: CARVALHO, Henrique A. D. *Meteorologia, Climatologia e Colonização...*, p. 166.

Barganhando sobrevivências   177

• a pouca ventilação: "em algumas vê-se rasgamentos de pequenas dimensões nas paredes da frente, que mais são frestas do que janelas, e se fecham com portas de madeira pela parte de dentro";

Enfim, a precariedade destas moradias de Luanda fazia com que as famílias instaladas "nestas pequenas habitações" vivessem sempre sob uma "atmosphera pesada", também devido "ao fumo dos fogos" que mantinham "de dia e de noite, salvo poucas excepções".

Estas condições de moradia junto à má alimentação e à falta de água potável[57] contribuíam para aquilo que Henrique de Carvalho considerava não ser natural: a "maior mortalidade entre

---

57 Problema antigo desde os primeiros tempos da fundação da cidade. Segundo o cronista ANÔNIMO, era do rio Bengo que vinha a água que se bebia em Luanda: "... transportada em pipas que os pretos conduzem n'umas barcas bastante mal construídas, a que dão o nome de dongos, e que fazem navegar á força de remos, quando a brisa, que é o vento que reina de dia de oeste a leste, não é suficientemente forte para poderem usar d'umas velas d'esteira fabricadas por eles. [...] Há certas ocasiões em que o mar da costa perde a sua tranquilidade e se torna agitado, a ponto de não poderem ir as barcas ao Bengo: n'essas épocas, chamadas da – callema –, sobe o preço da agua em Loanda, e muitos dos seus habitantes se vêem obrigados a gastar agua do sito da Mayanga, nos subúrbios da cidade, ou dos poços, a que chamam *cacimbas*." Cf.: ANÔNIMO. *Quarenta e cindo dias em Angola*. Apontamentos de viagem. Porto: Typographia de Sebastião José Pereira, 1862, p. 20-21. Trecho também citado em: OLIVEIRA, Mario Antonio F. (anotações). Angolana: documentação sobre Angola, 1 (1783-1883). Luanda; Lisboa: Instituto de Investigação Científica de Angola; Centro de Estudos Históricos Ultramarinos, 1968, nota 5, p. 407-408. Ainda em 1885, a falta de água foi apresentada no relatório do governador-geral Ferreira do Amaral enviado ao ministério do ultramar, no qual foram discutidos os planos de Eduardo Ayala dos Prazeres que, por meio de uma operação financeira, propunha conseguir "abastecer de águas a cidade de Loanda". Este interessante relatório, originário do acervo do Arquivo Histórico de Angola e que conta com mais de 40 páginas foi digitalizado pelo *Projeto Acervo Digital Angola Brasil* e pode ser consultado no Instituto Histórico e Geográfico Brasileiro sob a seguinte notação: PADAB, DVD 19, AHA Códice 42 –A-9-5, pasta 78 DSC 00233 a 00280.

178   Elaine Ribeiro

os africanos, quando o número de doentes é muito menor comparado aos europeus".[58]

Após esta digressão sobre a difícil vida africana em Luanda, voltemos ao interior e à convivência das populações com as termiteiras. A despeito da voracidade da salalé, que era capaz de destruir quase todo o tipo de material, exceto metais, outro recurso que as formigas brancas proporcionavam a estas populações era o alimentar.[59]

---

58 A historiadora Mary Karasch no seu trabalho sobre a vida dos escravizados no Rio de Janeiro, na primeira metade do XIX, também chegou à mesma conclusão de Henrique de Carvalho, sobre as causas da alta mortalidade entre a população africana serem as más-condições de vida: "Apesar das explicações sobrenaturais de senhores e escravos, a perspectiva do século XX explica que os cativos morriam devido a uma correlação complexa entre descaso físico, maus-tratos, dieta inadequada e doença. A falta de alimentação, roupas e moradias apropriadas, em combinação com os castigos, enfraqueciam-nos e preparavam-nos para serem liquidados por vírus, bactérias e parasitas [sendo a tuberculose] a principal causa da morte de escravos no Rio, diretamente relacionada com os baixos padrões socioeconômicos de existência [...] com exceção da malária e da varíola, que não respeitavam posição social". Cf.: KARASCH, Mary C. A vida dos escravos no Rio de Janeiro (1808-1850). São Paulo: Companhia das Letras, 2000, p. 207-208 e 258, respectivamente. O estudo de Henrique de Carvalho sobre as condições dos primeiros tempos dos musseques luandenses é fruto de seu trabalho como engenheiro-militar responsável pela construção do Hospital Maria Pia, entre os anos de 1878 e 1882. Para a análise de Carvalho sobre a insalubridade dos musseques luandenses, ver: Meteorologia, Climatologia e Colonização..., p. 166-167.

59 As populações lundas, segundo Henrique de Carvalho, pensaram algumas estratégias contra esse poder destruidor da salalé, tais como a prateleira chamada "lutala", disposta na parte superior das habitações que serviam para "esconder" os objetos da salalé e fazer o chão da moradia com couros de animais, madeira ou argila vermelha batidos. Cf.: CARVALHO, Henrique A. D. Ethnographia e História...., p. 218 e 271.

Colheita do Salalé[60]

Importante para várias sociedades da África Central, a captura das térmitas constituía uma das atividades sazonais praticadas em várias regiões do continente africano. Na época da expedição, a salalé era uma importante iguaria para os lundas, que podia ser conseguida entre os meses de maio e outubro, na "estação em que os cogumellos tomam enormes proporções, em que os ratos, as lagartas de árvores, os gafanhotos, os salalés e outros insectos

---

60 Ilídio do Amaral, citando um estudo da década de 1950, revela que para as populações agrícolas zande, estabelecidas no sul do Sudão, na fronteira com as atuais República Democrática do Congo e Uganda, "a posse de uma termiteira era quase tão sagrada como a de uma tamareira para um beduíno": cada família tinha as suas próprias termiteiras e na época de seu enxame os adultos saíam para capturá-las munidos de cestos e archotes de palha, procedimento muito parecido com a representação contida na gravura sobre a "a colheita do salalé" apresentada por Henrique de Carvalho. Sobre o trabalho citado, ver: Cf.: AMARAL, Ilídio do. Importância das "fontes cruzadas" na historiografia angolana (reflexões de um geógrafo). In: *Actas do Seminário Encontro de Povos e Culturas em Angola*. Lisboa: CNCDP, 1997, p. 89. Para a gravura da "Colheita do Salalé", ver: CARVALHO, HENRIQUE A. D. *Descripção...*, vol. IV, entre as p. 380 e 381.

180   Elaine Ribeiro

abundam, e lhes proporcionam depois de seccos ao sol, um recurso para se supprirem na epocha das grandes chuvas".[61]

Mas não foram somente para as populações africanas que as termiteiras tomaram significado prático. Já no século XX, o biólogo Luís Carrisso chamou atenção para as termiteiras como uma matéria-prima capaz de ajudar na conservação das estradas de rodagem angolanas:

> É, porém na reparação das estradas angolanas que o salalé presta relevantes serviços. [...] Extensas regiões do planalto são constituídas por areia solta, que de forma alguma oferece a consistência necessária para suportar o pêso dos carros. Pedra para fazer brita, só existe por vezes muito longe, e a macdamização das estradas do interior seria por tal forma dispendiosa, que essa solução do problema se deve considerar como absolutamente inviável. [...] Mas o processo mais usado para dar à estrada uma superfície boa para os rodados pneumáticos, é o emprego da terra de salalé. Em geral, utilizam-se construções de tipo pequeno, que se destacam facilmente do solo, e cujo pêso é compatível com a capacidade de transporte de um homem. Os indígenas encarregados da reparação da estrada vão buscar essas construções, verdadeiros torrões de terra consistente, e esboroam-nos nos pontos da estrada que exigem reparo – geralmente ao longo

---

61   Cf.: CARVALHO, Henrique A. D. *Ethnographia e História*...., p. 452. Parecida com as salalés, quanto ao seu poder devastador e seu aproveitamento pelo homem, eram as saúvas, formigas do gênero "ata", originárias de regiões americanas. Sobre a venda de içá (rainha das saúvas) na São Paulo do XIX, "apregoadas no centro da cidade pelas pretas de quitanda, ao lado das comidas tradicionais" e "com grande escândalo para os estudantes forasteiros", ver: HOLANDA, Sérgio Buarque de. Caminhos e fronteiras. 3ª edição. São Paulo: Companhia das Letras, 1994, p. 57, no capítulo com o sugestivo título "Iguarias de bugre".

Barganhando sobrevivências 181

> dos sulcos abertos pelos rodados. O resto faz-se por si; a chuva humedece a terra de salalé, já reduzida a pequenos fragmentos, e a passagem dos carros comprime-a. Por fim a estrada fica razoável, por vezes mesmo magnífica, tais são as virtudes do cimento que o térmite fabrica no seu tubo digestivo.[62]

A apreensão dos diferentes marcadores, de maneira recíproca, porém desigual, pelas populações lundas e pelos portugueses também se deu com os outros tipos propostos por Isabel de Castro Henriques. Naqueles marcadores chamados de religiosos ou sagrados, entre os quais podemos citar as espécies vegetais que, por assegurarem uma força protetora, foram reconhecidas, respeitadas e difundidas através de complexos iniciáticos promovidos por especialistas conhecidos como ngangas (angangas ou quimbandas) e chamados pelos portugueses de "feiticeiros". Estes agentes dispunham de um conhecimento sobre as plantas que lhes possibilitavam atuar socialmente na cura dos males por meio da ministração de algum veneno nos processos judiciários.

Sobre as instituições sociais africanas, que carregavam uma dimensão religiosa, como o sistema judicial do ordálio, Luis Nicolau Parés propõe encará-las não só como uma forma de controle, mas também com uma maneira de promover a integração social em momentos difíceis de secas, guerras, enfermidades e mortes em que se necessita de soluções a partir de referências conceituais e morais coerentes com as necessidades básicas do social a que se pertence.[63]

---

62 O biólogo Luís Carrisso participou em 1927 da chamada *Missão botânica da Universidade de Coimbra* e a partir dela produziu alguns estudos, entre os quais, este do qual retiramos a citação acima: *Colecções de fotografias diapositivas de Angola*. Primeira série, números 1 a 20. Coimbra: Imprensa da Universidade, 1932, p. 24-25.

63 Cf.: PARÉS, Luis Nicolau. *A formação do Candomblé*. História e ritual da nação jeje na Bahia. Campinas: Editora da Unicamp, 2006, p. 106.

182   Elaine Ribeiro

Relevantes neste sentido são as descrições e desenhos das plantas produzidos pelo subchefe da viagem à Lunda, o farmacêutico Sisenando Marques, publicados no volume de sua autoria. Não é de admirar que por suas práticas de coletar, descrever, esboçar espécimes vegetais e de assistir com remédios algum paciente local ele foi chamado de "nganga dontolo" pelas populações que visitou e pelos trabalhadores da expedição.[64]

As atividades de Sisenando Marques objetivavam a ordenação por meio do reagrupamento e da nomeação dos "aspectos naturais da Lunda" por ele observados. Embora estas práticas estejam de acordo com o pensamento científico em voga na época ou com aquilo que Mary Louise Pratt chamou de "olho ordenador do cientista", acreditamos que o ato de representar a realidade em sua essência não é algo inerente aos europeus e não está somente no plano discursivo da escrita.[65]

Nesta linha de análise, vale citar o relato de Sisenando Marques, mesmo que um pouco longo, sobre o caso dos muquixis, símbolo das crenças locais, e da bandeira nacional dos portugueses, da ciência moderna, que chegaram a medir forças na ocasião em que a expedição estabeleceu acampamento na povoação de N'seige:

> Armaram-me a barraca, resolvido a não seguir mais n'este dia, porque a marcha por caminhos sempre acidentados, na sua maioria quasi impraticaveis, desde as seis horas e quarenta e cinco minutos, com um pequeno descanço, tinha-nos tornado inúteis, e

---

64   Para tanto, ver: MARQUES, A. Sisenando. *Os climas e as producções das terras de Malange à Lunda...*, p. 561, por exemplo.

65   Sobre o "olho ordenador do cientista", que "reagrupa as formas de vida do planeta, extraídas do emaranhado de seu ambiente, conforme os padrões europeus" na intenção de nomeá-las [em latim] de acordo com o sistema proposto por Carl Linné ou Lineu no século XVIII, ver: PRATT, Mary Louise. *Os olhos do império*. Relatos de viagem e transculturação. Bauru, São Paulo: Edusc, 1999, p. 55-75.

parte da gente trazia os pés retalhados pelas asperezas dos terrenos que se pisavam.
[...]
Depois do acampamento estabelecido, mandei como de costume hastear a bandeira defronte da minha barraca sobre um muquiche – pequena cubata representando um templo erigido em honra do N'zambi ou divindade, para implorarem a sua protecção. Têem os muquiches ou mubambas diversos feitios: muitas vezes são uns pequenos telheiros de duas aguas, abertos nos quatro lados, ou só em um, e então com tres paredes de colmo verticaes; outras vezes têem a disposição circular e a cobertura em fórma de cone.

MUQUIXI

N'esta senzala e em outras onde passei, adoptam o ultimo formato, que offerece uma certa elegância.

A altura d'estes monumentos regula proximamente por 10 a 12 decimetros, com 6 de diametro. Parecem uns pequenos kiosques de colmo e vêem-se nas povoações duzias d'elles, podendo-se calcular quase um por habitante.

Não é como entre nós, que o templo é commum e abriga todos os fieis. Cada indigena tem o seu pequeno templo, que só n'elle tem crença; e se respeita o do seu vizinho é pela consideração que lhe merece a propriedade alheia, por que não representa o menor valor nem veneração religiosa para aquelle que o não construiu para seu uso. Era pois sobre um muquiche que estava a bandeira, com prévio consentimento do seu dono, quando uma trovoada do NW. acompanhada de um tremendo vendaval annuncia medonhos aguaceiros.

Eram quatro horas da tarde continuava este estado de tempo; chovia por montes e valles menos na aldeia, o que fez logo correr o boato de que não chovia no logar por estar a bandeira içada. É um feitiço muito forte do branco, diziam uns. A nossa terra fica estragada se o feiticeiro não tira a bandeira, diziam outros.

Procuraram fazer-me chegar aos ouvidos estes commentarios a que eu me tornava surdo; até que a fim de conjurarem o perigo de que se diziam ameaçados, de vez em quando chegava-se um ou outro ao pé de mim pedindo-me para tirar o feitiço, porque a sua terra estava muito secca e precisava de agua para as culturas, e que quando eu conservasse o feitiço espetado no muquiche no meio da libata, não podia chover. Pretendia eu sempre dissuadil-os do seu prejuiso, porém nada os convenceu. A chuva caía a cantaros em todo o grande circulo do horisonte; os pedidos succediam-se, mas a bandeira lá continuava a fluctuar ao sopro das virações do SE, porque eu esperava a cada momento que os aguaceiros inundassem toda a libata.

Os indigenas já se não atreviam a fazer-me pedidos; apenas olhavam para mim com um sorriso velhaco e eloquente e diziam só "muene-puto" ao mesmo tempo que estendiam um braço e descreviam um grande arco sobre o horisonte, para onde mais chovia, como querendo tacitamente, em presença d'estas evidentes provas physico-meteorologicas, esmagarem-me debaixo do peso de tão valente argumentação.

Estava prestes a anoitecer e escurecia cada vez mais o tempo; deram seis horas, quando com grande gaudio dos indigenas mandei arriar a bandeira, e ainda bem não estava enrolada – como o diabo as tece! – parecia que o céu rasgava para dar passagem a um diluvio que vinha inundar a libata! Choveu

Barganhando sobrevivências 185

torrencialmente! Dir-se-ía que os elementos reunidos se compraziam em arreigar a superstição gentilica, conferindo-me pelo menos na occasião um diploma de charlatão de feira no meio d'aquella ignara populaça; e declaro que me contrariou bastante esta inesperada lição de physica.[66]

Este relato do embate entre forças simbólicas também nos remete aos marcadores fabricados, segundo Isabel de Castro Henriques, àqueles objetos sacralizados que são instalados em locais de fácil visibilidade. Neste sentido, podemos nos referir também às próprias edificações com sua disposição espacial que define a hierarquização das relações sociais, tal como ocorreu com a mussumba do Muatiânvua construída no formato de uma tartaruga na região do Kalani.

---

66 Relato sobre o "feitiço da bandeira na povoação de N'seige" em: MARQUES, A. Sisenando. *Os climas e as producções das terras de Malange à Lunda...*, p. 185-187. Para a representação do muquixi, ver: CARVALHO, Henrique A. D. *Ethnographia e História....*, p. 248.

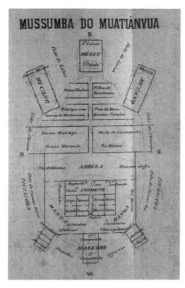

A mussumba comprehende um grande numero de povoações dispostas numa certa ordem em torno da quipanga do Muatiânvua, mais ou menos distantes d'ella; e com ella constituem a capital do seu estado. [...] Se suppuzermos uma tartaruga projectada sobre o solo e contornarmos essa projecção por linhas rectas, obtemos a planta da mussumba, em que a cabeça é o logar a que se chama méssu (mësu "olhos"); cada um dos braços mucano (mukano "boca"); a cauda, mazembe; cada um dos lados maiores macala (makala); e cada uma das pernas ambaia, sendo a da direita da Muári (primeira mulher do Muatiânvua) e da esquerda da Lucuoquexe (mulher que representa a mãe do primeiro Muatiânvua quando enviuvou). A mussumba é traçada a preceito, pelo Muatiânvua, quando muda de sitio ou por qualquer outra circunstância. [...] A frente da mussumba é sempre virada para leste e a direção da rua principal é na linha E.-W. [...] O estado do Muatiânvua, é dividido em pequenos estados e o chefe de cada um, embora Muata e Quilolo do Muatiânvua tem sempre o seu logar na côrte pela ordem de hierarchia. Se está no seu sitio, fica na corte o representante d'elle, com familia e alguma força armada, e por isso se reserva sempre espaço para as suas habitações.[67]

---

67 Esquema e descrição da mussumba como uma tartaruga em: CARVALHO, Henrique A. D. Ethnographia e História...., entre as p. 224-227.

Mais uma vez foi Isabel de Castro Henriques quem fez o inventário do significado de mussumba nos relatos do século XIX. Aproximando mussumba, em língua lunda, à mbanza, em Kimbundu, a historiadora sugere que as duas nomenclaturas se equiparavam por designarem, *lato sensu*, a sede de poder de um dirigente político importante.

O comerciante húngaro Ladislau Magyar, que afirmou ter estado na capital da Lunda nos anos de 1850, chamou-a de Kabeba. O pombeiro Pedro João Baptista escreveu musumba, mussamba e ainda banza do Muatiânvua. Já Pedro Gamitto, que esteve no Kazembe nos anos de 1830, demonstrou que o modelo da mussumba serviu de referência para o plano da capital deste reino aparentado com os lundas.[68]

Uma rua do Calanhi (Mussumba)[69]

A descrição da mussumba do Kalani feita por Henrique de Carvalho refere-se especificamente àquela que visitou em 1887, uma

---

68 Cf.: HENRIQUES, Isabel de Castro. *Percursos da modernidade...*, nota 24, p. 175-176.
69 Cf.: CARVALHO, Henrique A. D. *Descrição...*, vol. IV, entre as p. 326 e 327.

188 Elaine Ribeiro

vez que as mussumbas construídas no decorrer da história dos lundas tinham o caráter itinerante que acompanhavam os propósitos de cada Muatiânvua eleito. Embora haja certa dificuldade em acompanhar a evolução das capitais lundas ao longo do tempo, como afirma Alfredo Margarido, parece que a maioria dos Muatiânvuas conhecidos procurou estabelecê-las no formato de tartaruga.[70]

Em estudo de 1970, Alfredo Margarido ressaltou a forma analógica do pensamento lunda que permitiu definir as qualidades da tartaruga e integrá-las na conformação espacial de sua capital a partir daquilo que neste animal lhe pareceu sociável. Assim, a escolha desta representação se deu pelos lundas identificarem a tartaruga como símbolo de sabedoria, força, astúcia e, especialmente, longevidade, atributos que acreditavam ser essenciais para o Muatiânvua exercer o seu poder.[71]

Conforme podemos seguir na descrição de Henrique de Carvalho, cada parte do corpo da tartaruga estava identificada com a composição sócio-política da Lunda que, por sua vez, baseava-se na história de sua fundação. Isto é, a forma e a disposição do poder na mussumba significavam uma hierarquia estatal traduzida no traçado arquitetônico da cidade a partir de uma "descrição ideal de acordo com a tradição oral", no dizer de Paulo de Moraes Farias.[72]

---

70 Cf.: MARGARIDO, Alfredo. La capitale de l'Empire Lunda. Un urbanisme politique. *Annales Économies, Sociétés, Civilisations*, vol. 25, n° 4, 1970, p. 857-858. Agradeço ao professor Carlos Serrano a indicação deste trabalho de Alfredo Margarido.

71 Cf.: MARGARIDO. La capitale de l'Empire Lunda..., p. 857-858. Carlos Serrano e Maurício Waldman nos apresentam mais dois exemplos da importância da tartaruga na África Central: as representações gráficas dos ovimbundus chamadas Omau onombe (carapaça de tartaruga) feitas em diademas e nos motivos geométricos tecidos nos tapetes de prestígio utilizados pelos dirigentes kuba. Para tanto, ver: SERRANO, Carlos M. Henriques e WALDMAN, Maurício. *Memória d'África*. A temática africana em sala de aula. São Paulo: Cortez Editora, 2007, p. 154-156.

72 Expressão de Paulo de Moraes Farias para se referir à hierarquia política do Mali. Para tanto, ver o vídeo da palestra apresentada na PUC-SP: "Griots,

Barganhando sobrevivências   189

Havia na capital lunda espaços definidos para os titulares de cargos administrativos, para os militares e para os representantes dos dirigentes políticos espalhados pelos territórios lundaizados. Devido a esta visível submissão ao poder do Muatiânvua de líderes de diversas regiões da África central, os especialistas ao longo do tempo entenderam chamar a Lunda de império, aproximando o significado desta forma de subordinação ou de poder político aos tipos conhecidos dos europeus.

Nesta perspectiva, a geografia da mussumba acompanhava aspectos políticos que definiam no geral dois planos: um interno e outro externo. No plano da tartaruga lunda, portanto, havia líderes, chamados de quilolo, que deviam se instalar permanentemente nela e outros que apenas deviam ser representados por seus delegados.[73] Esta divisão, afirma Alfredo Margarido, tinha a vantagem de estender por todos os territórios dirigentes políticos com força militar razoável para defender todo o espaço do "império" Lunda.

De acordo com o sistema de parentesco – que define a hierarquização social a partir do princípio de ancestralidade – o plano interno da mussumba referia-se àqueles que eram descendentes diretos dos fundadores do estado Lunda, os quais tinham o direito de se estabelecerem próximos à anganda ou moradia do Muatiânvua, edificada entre a ambula e a manga direita.[74] O plano externo remetia-se exatamente para o contrário, para aqueles que

---

louvação oral e noção de pessoa". Disponível em: http://www.casadasafricas.org.br/site/movies.php?area=talks&action=show&filter=authors&id=8 Último acesso em: agosto de 2010.

73 Conforme definição de Henrique de Carvalho: "... todos os ilolo, (plural de Kilolo, que se tem interpretado por 'fidalgo'), apesar de serem senhores de estados espalhados por toda esta região, tem logar na corte e por isso, quando estão nas suas terras, fica na mussumba quem os represente e com força armada. Esse representante toma o titulo e para todos os efeitos é ouvido, vota e delibera, como se fosse o próprio quilolo...". Para tanto, ver: CARVALHO, Henrique A. D. *Ethnographia e História...*, p. 231.

74 Os primeiros lundas são chamados pelos especialistas de lundas centrais ou *rund*, conforme podemos ver no título da tese de James Jeffrey Hoover: *The*

190 Elaine Ribeiro

deviam ser representados na mussumba como parentes distantes. Esta geografia política da Lunda, Alfredo Margarido chamou de "sucessão posicional".[75]

Para estabelecer a posição de cada titular político na mussumba havia uma cerimonia na qual o Muatiânvua, montado nas costas de um chimangata (servo especial, na tradução de Henrique de Carvalho), definia o local de cada quipanga a ser construída, começando pelas duas partes que se acreditavam mais importantes: na cabeça ou mésu (mësu "olhos") para o calala e sua gente e na cauda ou mazembe para o canapumba e os seus subordinados.[76]

O calala era o "chefe das primeiras forças que entravam em operações" nos tempos de guerra e era responsável pela vigilância da parte frontal da mussumba. Esta autoridade comandava também "um estado além do Cajidíxi" e nele tinha estabelecido um seu calala, que não era o mesmo segundo calala do Muatiânvua, o qual tinha o dever de substituir o primeiro quando este saía em diligências.

No mésu da mussumba e próximo a ele instalavam-se junto ao calala os seguintes ilolo:

- Cambaje-uá-Pembe, "chefe dos que sentenceiam e que são executores das sentenças" e dirigente de estado na região entre os rios Luxíxi e Luíza, chamado de Muiala-iá-Pembe ou pedreira de calcário, "d'onde se extrahe um pó esbranquiçado" que os lundas "amassam em rolos para com elle friccionarem o corpo em signal de humildade" na presença de seus governantes;
- Muene Têmbue, "filho de Muatiânvua, imediato do Suana Mulopo (príncipe herdeiro). Tem o seu estado na mussumba,

---

Seduction of Ruwej: Reconstructing Ruund History (The Nuclear Lunda, Zaire, Angola, Zambia). 1978, 2v. Tesis (Doctor of Philosophy) Yale University.

75 Cf.: MARGARIDO, Alfredo. La capitale de l'Empire Lunda..., p. 859.

76 Para a descrição do cerimonial de definição dos espaços, ver: CARVALHO, Henrique A. D. *Ethnographia e História...*, p. 224.

Barganhando sobrevivências   191

isto é, a sua residência oficial, e por sua conta faz lavrar as terras que o Muatiânvua lhe dá já fora da sua residência, mas próximo d'ella".

• Muene Casse, "com honras de Muatiânvua" era considerado cárula, nome do primeiro tio do Muatiânvua – seus descendentes conservaram essas honras –, servia para designar os conselheiros do Muatiânvua, a partir da figura do tio ou do mais-velho, segundo as regras da matrilinearidade. Desta forma, alguns ilolo detinham também o título de cárula. Na época de Henrique de Carvalho, o muene casse dirigia uma povoação na margem do Luíza e mantinha um representante com forças militares estabelecidos na mussumba.

Outros somente com representantes na mussumba eram: Muene Quijidila, Muene Capanga, Muene Mussengue, Uana Mutombo, o "curandeiro do Muatiânvua", quem o preservava de feitiços e fazia o seu muquixi, Muene Panda, Muene Dicamba, Muene Cahunza,[77] Muene Catota, Muene Mulombe, Muata Xacambunje e Muene Calenga, "senhor da Mataba entre o Cassai e o Luembe ao norte, controlava uma grande região e em parte eram-lhe sujeitos os Tucongos e os Tubinjis".[78]

O canapumba era, segundo Henrique de Carvalho, "um grande quilolo" estabelecido no mazembe ou cauda da tartaruga: era "por assim dizer o guarda-costas do Muatiânvua quer na paz quer na guerra; vigiava para que elle não fosse atacado à falsa fé".

---

77   Muene Cahunza era filho de Ambumba ou Noéji Ambumba, o Xanama (1874-1883), Muatiânvua que transferiu a colônia ambaquista de Lourenço Bezerra do Chimane, na região da antiga mussumba do Muatiânvua Muteba (1857-1873 ou 1874), para o Luambata, na margem esquerda do Kalani, esta última visitada por Henrique de Carvalho. Nesta época Muene Cahunza não controlava nenhuma região. Sobre a colônia ambaquista de Lourenço Bezerra ver o capítulo "A família Bezerra" de Beatrix Heintze no seu *Pioneiros africanos...*, p. 81-115.

78   Descrição dos titulares políticos estabelecidos no mésu da mussumba em: CARVALHO, Henrique A. D. *Ethnographia e História...*, p. 231-236.

Comandava os tucuatas, oficiais de diligências e o "seu estado era na margem esquerda do Kalani até o rio Luíza, confinado pelo norte com os Uandas". Já o segundo canapumba "residia sempre na mussumba com o seu povo" e tinha o dever de substituir o primeiro quando este estava ausente.[79]

Havia ainda muitos outros ilolo na macala da muári, primeira mulher do Muatiânvua, e na da Lucuoquexe, "mulher que representava a mãe do primeiro Muatiânvua quando enviuvou":

> Muári Camonga, título que Luéji-á-Cônti recebeu quando seu filho herdou o estado, pelo fallecimento do pae, o chibinda Ilunga. Ella que era a senhora das terras da Lunda, Suana Murunda, passou a accumular com o estado que tinha este, muito superior em grandeza pela quantidade de quilolos que seu filho ordenou lhe pagassem tributo, e por isso adquiriu maiores encargos como o titulo o indica. Aquella palavra é composta do prefixo lu, do verbo kuoka "tratar, cuidar, curar", e a terminação exe, que impõe a obrigação de fazer a acção que o verbo indica. Lucuoquexe quer dizer: pessoa que faz tratar, cuidar, curar do estado e da pessoa que o governa, que é o Muatiânvua. Ella e todo o seu estado occupam uma grande área de terreno para as suas povoações, por que tem de contar com o necessario para hospedar os que vivem nos seus sitios e que frequentemente a vem visitar; e ainda com os hospedes de grande categoria. Constitue uma mussumba, só por si, porém para não haver confusões deram-lhe o nome de muíla.[80]

---

79 Cf.: CARVALHO, Henrique A. D. *Ethnographia e História...*, p. 237.

80 Descrições de cada ilolo, da múari e da lucoquexe em: CARVALHO, Henrique A. D. *Ethnographia e História...*, p. 234-236.

Devemos ainda nos remeter aos herdeiros do Muatiânvua que se estabeleciam no mucano ou braço esquerdo da tartaruga: o Suana Mulopo, "primeiro principe herdeiro", controlava a povoação na margem esquerda do Kalani, ao sul; o segundo, governador de Tenga, na margem esquerda do Kasai, em terras de Xacambunje, detinha o título de Xanama, o mesmo do antigo Muatiânvua Ambumba Noéji, e o terceiro, Muata Mussenvo, que controlava uma região na margem esquerda do Luachimo.[81]

Segundo Alfredo Margarido, a definição de espaços específicos no plano da tartaruga para cada um destes ilolo era importante tanto para o controle prático da arrecadação dos tributos em nome do Muatiânvua, quanto para manter o equilíbrio das forças políticas que compunha o "império".[82] Sendo que o espaço da reunião destas forças se dava "no cruzeiro formado pelas ruas principaes da mussumba, [no] espaço á frente da quipanga [do Muatiânvua], fechado dos lados pelas habitações da macala da Muári e da macala da Temeínhe, inteiramente livre, onde [tinha] logar as audiências geraes, tetame, e que se [chamava] ambula (abula, de kujubula 'dizer, transmitir, noticiar, comunicar')".[83]

Por fim, na tartaruga lunda, perto do mazembe (cauda), entre a ambula e a manga ou pátio, ficavam ainda os trabalhadores da mussumba ou os servidores do Muatiânvua:

- "No cruzeiro, a que chamavam miata, do lado da Muári": o mestre de campo das forças armadas, Muári-uá-Quilombo; aquele que vigiava as águas, Cana Golungo; aquele que vigiava as lavras do Muatiânvua, Fuma Anganda; aquele que vigiava os serviçais, Tunzo; o chefe dos guardas, Fuma tuxalapóli; o imediato deste último, Támbu Calau; o guarda roupa, Famuissassa; o guarda das armas, Chicomba-chiá-Mata;

---

81 Cf.: CARVALHO, Henrique A. D. *Ethnographia e História...*, p. 237.

82 Cf.: MARGARIDO, Alfredo. La capitale de l'Empire Lunda..., p. 860.

83 Cf.: CARVALHO, Henrique A. D. *Ethnographia e História...*, p. 227.

194   Elaine Ribeiro

a ama seca do Muatiânvua ou sua representante, Uana e as mulheres a serviço da Muári, Amilombe;

• "No cruzeiro a que chamavam kipala, do lado da Temeínhe", ou segunda mulher do Muatiânvua: o particular do Muatiânvua, Muata Candala; a mãe da Muári, Anguina Muana; o guarda das bebidas, Uana malufo; o guarda dos móveis e utensilios, Luína; o carrasco, Cambuía; quilolo de honra ao serviço particular do Muatiânvua, Muene Séji, Muene Cadinga, Muene Muxinda e Muene Canéji; o guarda e porta bandeira do Muatiânvua, Uana Cabuavo;

• Ainda na manga: o chefe dos cozinheiros, Muári Muíxi; o chefe dos tocadores de marimbas, Muvazo; o guardador das caldeiras e dos utensílios de cozinha, Chissenda Manungo; aquele que conduz o guarda-sol do Muatiânvua, Fuma Chisseque; o copeiro responsável pela distribuição de todas as bebidas, Casseia; o fabricante de malufo, garapa e outras bebidas, Camuema; a "mulher encarregada da grande faca do Muatiânvua, e que a transporta quando elle vae em marcha, indo sempre a seu lado", Uana Ampaca; a "mulher que tem á sua guarda tudo o que se tem feito, com destino aos ídolos do Muatiânvua, de que é o principal o Mundele, que tem casa especial, e d'ahi o título, Uana Mundele"; "o que guarda a cauda com que se enxotam as moscas. Este utensilio contem no cabo ou péga os remedios contra os feitiços", Uana Mupungo; "quilolo, espécie de fiel, o comprador da casa do Muatiânvua", Muári Noéji; o dispenseiro, Chibundo-diá-Mesma; o homem ou a mulher que transporta a água pra o Muatiânvua, Cahimbo-á-Cumema; "os vigilantes de polícia", tuxalapóli; "os algozes", tumbaje e os carregadores da môuha, Fuma-iá-Missele.[84]

---

84   "A môuha é uma espécie de palanquim ou de andor [...] São transportados em môuha, o Muatiânvua, a lucuoquexe e o muata com honras de Muatiânvua, notando-se que poderá algum usar o distinctivo na cabeça, miluina, e não ter

Diante da complexidade da mussumba do Muatiânvua, podemos compreender o fascínio que ela exerceu sobre Henrique de Carvalho, já que em última instância, como afirma Ana Paula Tavares, a mussumba legitimadora do poder lunda, em fins do XIX, também se apresentava como tal para os portugueses: "é à mussumba que o governo que me mandou ir, poderei, pois morrer no caminho, mas em direção para lá, e não em retirada sem nunca lá ter chegado".[85]

Podemos também concordar com a argumentação de Alfredo Margarido sobre o pensamento analógico que possibilitou a geografia do poder lunda: ele não foi um limitador para as inovações técnicas e econômicas desta sociedade, antes pelo contrário, foi o elemento que proporcionou uma "invenção urbana excepcional".[86]

O que era notável, afirma o expedicionário português, que esta excepcionalidade se mantinha mesmo quando a mussumba era mudada provisoriamente de lugar em virtude do deslocamento do Muatiânvua: o próprio acampamento de viagem, no tempo

---

a honra de ser transportado de môuha. Na côrte actualmente só tinham essa distincção Muene Rinhinga [que colocava o distintivo da realeza, o mucano, no braço do Muatiânvua eleito], Muitía e Muene Casse. [...] A môuha é transportada por dezesseis ou vinte homens, quatro ou cinco a cada extremidade dos varaes, e vão outros na companhia para os renderem." Cf.: CARVALHO, Henrique A. D. *Ethnographia e História...*, p. 226-227; para a descrição dos servidores do Muatiânvua ver as p. 237-238.

85 Cf.: CARVALHO, Henrique A. D. *Descripção...*, vol. IV, p. 49. Trecho tratado por Ana Paula Tavares no seu *Na mussumba do Muatiânvua quando a Lunda não era leste*. Estudo sobre a Descripção da Viagem à Mussumba do Muatiânvua de Henrique de Carvalho. Lisboa: [s.nº], 1995. Dissertação (Mestrado em Literatura Brasileira e Literaturas Africanas de Expressão Portuguesa) – Faculdade de Letras da Universidade de Lisboa, p. 65.

86 Cf.: MARGARIDO, Alfredo. La capitale de l'Empire Lunda..., p. 861. Não resisto mencionar, mesmo que me referindo a contextos tão diferenciados, mas porque se remetem à questão da representação do poder no espaço, o formato de aeronave da capital brasileira, neste caso como uma forma de hierarquização das relações sociais pela linguagem da tecnologia.

da caça e da guerra. Neste sentido, até mesmo os objetos sagrados mereciam toda a atenção a fim de se evitar que algum mal se abatesse sobre a nova localidade. "Era por isto que os Lundas entendiam como indispensável proceder logo á plantação de um certo numero de arvores e arbustos dentro e fora dos recintos que cercam, e mesmo nos caminhos e em logares afastados d'estes, mas ao alcance da vista."[87]

Além do dado religioso, este procedimento de legitimação da mussumba pode ter relação com os marcadores históricos propostos por Isabel de Castro Henriques: aqueles monumentos erigidos com materiais naturais e fabricados e que representavam a história da sociedade lunda, a exemplo das árvores sagradas, sepulturas, entre outros.

Monumento do Calanhi

---

[87] Cf.: CARVALHO, Henrique A. D. *Ethnographia e História...*, p. 238-239.

Como exemplo, podemos citar o *Monumento do Calanhi* que mistura os aspectos natural e fabricado para se referir aos pais fundadores da Lunda: "o enlace de duas árvores, á sombra das quaes, junto á mais grossa e entre as raizes, se vê uma pedra, que é de tradicção, ter servido de assento a Luéji e a Ilunga na sua primeira entrevista".[88]

Entendemos que estes marcadores históricos também podem ser relacionados com os portugueses, especialmente no final do XIX e a preocupação lusa em demonstrar a anterioridade da sua presença no continente africano com relação aos outros europeus. Nesta perspectiva vale lembrar a inscrição em pedra feita por Diogo Cão em Yelala, que significou para os lusos uma espécie de "carimbo" justificador do seu direito histórico às regiões centro-ocidentais da África.

Inscrição em pedra de Diogo Cão[89]

88 Cf.: CARVALHO, HENRIQUE A. D. *Descrição...*, vol. IV, p. 252-253. Sobre o imaginário atual de Lueji dos Bungos e o caçador luba Chibinda Ilunga, como fundadores "de uma organização e desenvolvimento de um espaço de multiplicação do poder de que foi centro a região das mussumbas", ver a seção "A propóstio de Luéji" na dissertação de Ana Paula Tavares, *Na mussumba do Muatiânvua quando a Lunda não era leste...*, p. 60-67.

89 Cf.: "Inscrição de Diogo Cão em Yelala". In: PEREIRA, João Camacho (org.) *Angola*. Colecção de Gravuras Portuguezas. Lisboa: Lith. Continental, 1970,

Elaine Ribeiro

Em suma, poderíamos avançar mais e tratar de vários outros casos em que houve apropriações por diferentes grupos, independente de suas origens. Apropriações que com o avanço colonizador do final do século XIX e a "fabricação do território colonial", na expressão de Isabel de Castro Henriques, provocaram disputas cada vez mais intensas entre os diferentes marcadores.

Logo, o inventário destes marcadores – visto que identitários, já que são uma instância que tanto aproxima quanto separa as identidades em presença – é importante porque nos deixa perceber o sentido de posse como uma via de diversas mãos, em diferentes sentidos e graus de intensidade, que está para além da simples ideia de subjugação total. Prosseguindo com esta perspectiva investigativa, quem sabe consigamos encontrar a "perturbação astigmática do olho soberano".

E aproveitando a metáfora das leis da física para destacar a dimensão humana ou as iniciativas da cultura humana sobre os elementos mecânicos, como sugere E. P. Thompson,[90] finalizamos este capítulo com uma proposição analítica: com a apropriação da fotografia pelos africanos que, à primeira vista parece ser um marcador referido somente aos europeus, mas que nos permitiu conhecer as feições das pessoas sobre as quais tratamos neste estudo – como um marcador "humanizante" dessa história:

> Ill.mo ser. Tenente – Em primeiro desculpa sem saber o honrado nome de V. Sª. e peço perdão a V.Sª. por parte de Deus Nosso Senhor, a confiança de lhe dirigir similhante esta; e como minha necessidade tão me exige por isso humildemente dirigio-lhe esta; Estou informado de varios meus patricios d'aqui, em como V. Sª. tem a Gulha de olhar para

---

10ª série, estampa nº 10.

90 Para tanto, ver: THOMPSON, E. P. As peculiaridades dos ingleses. In: NEGRO, Antonio Luigi e SILVA, Sérgio (orgs.) *As peculiaridades dos ingleses e outros artigos*. Campinas: Editora da Unicamp, 2001, p. 158.

Barganhando sobrevivências 199

uma pessoa que está muito distante de 4 leguas e
pode ser conduzido por um emzollo e por este motivo quero ver tambem com meus olhos; e para que
no caso de ser assim, rogo a sua bondade compa-
recer nesta minha Banza, resposabilizo da jornada
do meu senhor 50:000 que são duas vaccas e um
garrote que é o nosso dinheiro d'aqui. – Deus guar-
de a V.Sª. Canbonbo, 29 de agosto de 1884. = Soba,
Cuigana Mogongo.[91]

Esta carta do soba Cuigana Mogongo e a fotografia da embaixada da Lunda, apresentada na abertura deste capítulo, per-
mite-nos ampliar a "nossa visão" no que diz respeito ao processo
de apropriação. Com a vontade do soba em querer saber sobre
a máquina fotográfica do ajudante e com esta fotografia da embaixada podemos atualmente conhecer as pessoas com as quais a
expedição se relacionou.

A partir da fotografia, em específico, conhecemos parte do
pessoal que acompanhou Henrique de Carvalho, em 1887, no seu
retorno ao litoral luandense e que compunha a missão diplomática

---

91 Sobre a carta escreveu Henrique de Carvalho: "Pede o homem ao meu ajudante para ir á sua residencia com a machina photographica tirar-lhe o retrato,
responsabilisando-se elle pelas despezas da viagem." Cf.: Correspondência
do soba Cuigana Mogongo ao ajudante da expedição, Manuel Sertório de
Almeida Aguiar, de Canbonbo, 29 de agosto de 1884, apresentada no corpo
da correspondência do expedicionário Henrique de Carvalho ao Ministério
da Marinha e Ultramar, datada de Malange, em 30 de setembro de 1884.
In: CARVALHO, Henrique A. D. *Descripção...*, vol. I, p. 344. Esta carta foi
tratada por Beatrix Heintze em: A lusofonia no interior da África Central
na era pré-colonial. Um contributo para a sua história e compreensão na
Actualidade. *Cadernos de Estudos Africanos*, nº 7-8, jul. de 2004 a jul. de
2005, p. 198. Disponível em: http://cea.iscte.pt/index.php?option=com_
docman&task=doc_view&gid=73. Último acesso em: outubro de 2010.

200 Elaine Ribeiro

enviada pelo Muatiânvua eleito Xa Madiamba ao governador-geral de Angola.[92]

Noéji Caúanga, sentado, ao centro, era o embaixador nomeado Muatiânvuanjila, que quer dizer o Muatiânvua em viagem. Nas suas costas, à sua direita, Ianvo á Uâne, canapumba e intérprete de Xa Madiamba, que foi designado como mestre de cerimonias da embaixada e responsável pela segurança de Noéji. "O resto do pessoal foi requisitado por Noéji, que o escolheu entre indivíduos de sua confiança, distribuindo-lhes os cargos que entendeu".[93]

---

[92] Uma gravura com fundo diferente feita a partir da mesma fotografia pode ser vista em CARVALHO, Henrique A. D. Descripção..., vol. IV, entre as p. 560-561. No mesmo volume, na p. 525, outra gravura somente com o Muatiânvuanjila Noéji sentado em uma posição diferente. Esta representação foi analisada por Beatrix Heintze a partir do *Álbum de fotografias da Expedição Portuguesa ao Muatiânvua 1884/1888* e publicada em: *Pioneiros Africanos...*, imagem XXXIX. As fotografias que compõe o Álbum da expedição de Henrique de Carvalho já mereceram importantes estudos: DIAS, Jill R. Photographic Sources for the History of Portuguese-Speaking Africa, 1870-1914. History in Africa, vol. 18, p. 67-82, 1991; HEINTZE, Beatrix. 'In Pursuit of a Chameleon': Early Ethnographic Photography form Angola in Context. History in Africa, vol. 17, p. 131-156, 1990 e, da mesma autora, Representações visuais como fontes históricas e etnográficas sobre Angola. In: Actas do II Seminário Internacional sobre a História de Angola. Construindo o passado angolano: as fontes e a sua interpretação. Lisboa: Comissão Nacional para as Comemorações dos Descobrimentos Portugueses, 1997, p. 187-236; por fim, o trabalho de Ana Paula Tavares, que refletiu sobre as questões da perda da autoria das fotografias (do capitão Sertório de Aguiar para "fotografias da expedição") e do entendimento que seus produtores tiveram deste material: como sendo um "testemunho a favor do real representado na escrita", em: *Na mussumba do Muatiânvua quando a Lunda não era leste...*, p. 26-28.

[93] Sobre a embaixada, ver: CARVALHO, Henrique A. D. *Descripção...*, vol. IV, p. 526. Mais informações sobre a fotografia na legenda manuscrita por Henrique de Carvalho: "É d'uma parte da embaixada Lunda que acompanhou o Chefe da Expedição do Txicápa a Loanda. O homem que está sentando n'uma cadeira é Noéji filho d'um Muatianvua irmão do atual eleito (Ianvo) e que o vem representar. Lá tem o indicativo na cabeça que são as miluinas de missanga que sahem de sobre as orelhas para a frente. O que está atras d'ele junto as costas da cadeira em um com um lenço ao pescoço é o encarregado de vigiar

Desta forma, "as diferentes apropriações" apresentadas neste capítulo a partir da análise das descrições (escritas e imagéticas) de Henrique de Carvalho, mas também do major Sertório de Aguiar, fotógrafo da expedição – realizadas a partir de "olhares soberanos" –, nos proporcionou visualizar as relações sociais possíveis nos caminhos pelos quais a expedição portuguesa à mussumba do Muatiânvua passou. Este entendimento nos é particularmente importante para o exame da experiência histórica dos trabalhadores da expedição, que apresentaremos a seguir.

---

pela sua vida. Canapumba é Muata (senhor) e o seu nome Ianvo – O Muáta Ianvo – Aqui está o caso em que bem se distingue, que escrevendo o título do grande potentado da Lunda como escrevemos é um erro; este é o senhor das riquezas Muata-ia-anvua – o que pelas contracções se reduz a Muatianvua e se este se chamar Ianvo, será Muatianvua Ianvo. Os rapazes que o acompanham são Kimangatas, não só levam sua bagagem, constroem abrigos para eles pernoitarem, tocam os instrumentos que sabem para o entreter e mostrar a sua grandeza e ainda lhe dão montada para o transportar principalmente entre povoações. As mulheres são: a que está sentada d'ele e as outras de diversos da commitiva que ajudam esta em serviços domesticos e todas cosinham para os seus. A parte da embaixada que ainda não está é porque na occasião estavam doentes. O eleito Muatianvua mandando aquela embaixada a Loanda quiz provar o seu reconhecimento a Muene Puto e pedir tomasse o Estado da Lunda sob seu protectorado." Disponível em: http://henriquedecarvalho.bn-portugal.pt/legendas/ea-95-p_0174_170_t24-C-R015.jpg Acesso: dezembro de 2012.

Capítulo IV

Os trabalhadores da Expedição Portuguesa à Mussumba do Muatiânvua

É um grupo de mulheres e creanças que a esse tempo constituiam familias do pessoal africano da Expedição. Tudo da região entre o Cuilo e Calanhi – povoações Lundas, com a exclusão de uma mulher e rapaz da margem direita do Cuango. Este grupo está a frente d'uma armadilha que se arranjou á pressa na praça da Estação "Conde de Ficalho"

204 Elaine Ribeiro

para se apanhar uma onça que ultimamente visitava esta Estação e arredores fazendo das suas.

Entre nós matou um cão, mordeu depois outro e nos acampamentos visinhos lá levou duas ou tres creanças. Não se conseguiu apanhar.

Dizia nos Txibango que a sua povoação fora sempre respeitada; porem constava que andava uma ou duas quase todas aos montes pelas proximidades e ninguém se atrevia a ir matal-as porque receavam fosse feitiço.

Álbum da Expedição Portuguesa ao Muatiânvua. Disponível em: http://henriquedecarvalho.bnportugal.pt/fotos/foto155.htm Legenda manuscrita por Henrique de Carvalho, disponível em: http://henriquedecarvalho.bnportugal.pt/legendas/ea-95-p_0100_96_t24-C--R0150.jpg Ambas acessadas em dezembro de 2012.

A resistência dos trabalhadores libertos de Angola às persistências da escravização e do trabalho forçado

Os libertos do Sr. Andrade arreganhavam uns para os outros sorrisos de contentamento, porque, desde a cena violenta com a filha, não foi aplicado castigo corporal a nenhum deles, o que era com efeito caso digno de excepcionais congratulações; pois, quando ele andava menos preocupado, a pretalhada doméstica sentia-lhe a bengala marcando muito energicamente os compassos do hino do trabalho.[1]

A legislação trabalhista discutida no primeiro capítulo, além de informar sobre as intenções colonialistas, pode nos ajudar também a perceber vivências dos que foram afetados por suas determinações, os trabalhadores africanos sob várias de suas definições, e em especial a de "liberto", porque há nela uma condição pungente:

---

1   Cf.: MACHADO, Pedro Félix. *Cenas de Africa.* ? Romance íntimo. Lisboa: Imprensa Nacional; Casa da Moeda, 2004, p. 73 e 90. Texto escrito em 1892 e que se refere à cidade de Luanda da década de 1860, com seus "empacaceiros, feiras sertanejas, casas-fortes gradeadas para os libertos e o bairro de Nazaré".

Barganhando sobrevivências   205

a liberdade recém-formalizada e a coerção ainda vivenciada, como quase podemos sentir pelo texto da epígrafe.[2]

Com o progressivo emprego das formas de trabalho compulsório em Angola, especificamente no período imediatamente posterior ao fechamento dos portos brasileiros para a entrada de escravizados africanos e refletindo a legislação abolicionista lusa, o número de trabalhadores com o estatuto de liberto tendeu a aumentar seguindo a variação do peso de atividades econômicas de determinadas regiões e épocas. Alternâncias que nos permitem também perceber os espaços de trabalho dos libertos.

A partir dos números levantados pelo historiador Roquinaldo Ferreira, podemos visualizar a presença destes trabalhadores nas seguintes localidades: até a década de 1850, com maior força no centro-sul angolano, entre Luanda e Benguela; após este período, nas regiões do norte, como em Ambriz, nos vultosos empreendimentos promovidos por comerciantes do tráfico atlântico que passaram a negociar produtos como óleo de palma, café, borracha e amendoim; e ainda no sul, na região de Moçamedes, na coleta de urzela e nas plantações de algodão desenvolvidas nos anos sessenta, em tempos de guerra civil estadunidense.[3]

---

2   Ainda mais que o decreto de 1858 já havia retirado "aos senhores o direito de infligir a seus escravos castigos corporaes". Tal condição ambígua foi tema discutido em colóquio na Universidade Estadual de Campinas, em 2009. No evento o estatuto civil de afrodescendentes que circulavam pelo mundo atlântico, com diferenças regionais na legislação trabalhista, foi tratado por Rebecca Scott, especificamente a partir da história dos refugiados de São Domingos em Nova Orleans. Em sua fala, a historiadora metaforizou os motivos da luta social destas pessoas da seguinte maneira: "toda a vez que os livres de cor embarcavam nos navios em busca de novas regiões para viver, seus direitos e privilégios se desmanchavam na espuma do mar...". Tradução livre de excerto da comunicação intitulada *Papéis frágeis: Liberdade, reescravização e contendas sobre a atribuição do status legal (de São Domingos a Nova Orleans). Colóquio Condições Ambíguas.* Lei, escravidão e liberdade no mundo atlântico. Campinas, IFCH, Unicamp, 5 e 6 de novembro de 2009.

3   Sobre a formação de Moçamedes na década de 1840 por migrantes portugueses oriundos do Brasil, Madeira e Algarve junto a uma sociedade africana

206 Elaine Ribeiro

No entanto, mesmo com toda a demanda conjuntural, as regiões ao longo do corredor do rio Kwanza, desde o litoral luandense até Golungo Alto, continuaram, por todo o período, a concentrar a maior parte dos libertos: nos anos de 1859 e 1863, os números destes trabalhadores passaram de 2328 para 6781, em Luanda, e de 9483 para 21182, em Golungo Alto. Tal expansão refletiu o alto número de carregadores empregados no transporte de mercadorias "nas rotas de comércio do litoral com os sertões", além das frentes de trabalho nas *plantations* de café e de cana-de--açúcar na região do Cazengo.[4]

No caso em específico destas últimas regiões, podemos afirmar que na mesma proporção das necessidades de comerciantes, administradores portugueses e grandes sobas do serviço de carreto, estava a rejeição por parte das populações alvos do recrutamento. Nesta circunstância, dentre os motivos de repulsa, além da violência e do desvio dos angariados de suas famílias e de seus trabalhos na agricultura, encontravam-se também as disputas de poder no interior dos sobados.

Mesmo que as oposições ao angariamento de carregadores por parte de dirigentes políticos africanos tenham predominado,[5]

---

composta de libertos do tráfico, engajados nos trabalhos agrícolas da região, ver: DIAS, Jill. Angola. In: ALEXANDRE, V.; DIAS, J. *Nova História da Expansão Portuguesa*. O império africano 1825-1890. Lisboa: Editorial Estampa, vol. x, 1998, p. 441-446.

4   Para os números apresentados, ver "Relação dos libertos registrados na Província d'Angola desde que existem indivíduos (1854) com tal condição até o fim do ano de 1859" e "Nota do número de libertos que têm sido registrados na Província de Angola depois do decreto de 14 de dezembro de 1854 até 31 de dezembro de 1863", ambas da Correspondência dos Governadores analisada por Roquinaldo Ferreira em *Dos sertões ao Atlântico:* tráfico ilegal de escravos e comércio lícito em Angola, 1830-1860. Rio de Janeiro: [s.nº], 1996. Dissertação (Mestrado em História Social). IFCS/UFRJ, p. 72.

5   Conforme vimos no primeiro capítulo, a partir do relato de Castro Francina, a resistência daqueles sobas com poucos recursos e que, portanto, não tinham como "pagar o passule ou qualquer dádiva ou tributo", e que acabavam

Barganhando sobrevivências 207

outros comportamentos também existiram, tais como os ganhos de alguns sobas na aceitação de pagamentos por parte de chefes de fogos e outros filhos pela isenção do serviço de carreto. Tal situação pode ter se estendido até na aceitação de pedidos por carregadores de comerciantes e funcionários da administração portuguesa como forma dos dirigentes políticos excluírem pessoas indesejadas dos territórios sob sua influência, como sugere a correspondência de Kabuku Kambilo analisada pela historiadora Jill Dias.[6]

A relevância de tratarmos deste tema está para além do reconhecimento da inexistência de uma bipolaridade africano versus europeu neste processo.[7] Encontra-se, sobretudo, na atuação das populações alvo do recrutamento forçado. Neste sentido, a questão que mais nos interessa são as concepções que norteavam as estratégias de resistência, que – acreditamos – foram formuladas a partir das experiências vividas tanto entre as sociedades africanas quanto nas regiões de autoridade portuguesa.

No trânsito entre uma região e outra, as ações em defesa da autonomia de alguma forma incorporaram as noções de direitos

---

fugindo para o mato. Cf.: FRANCINA, Manoel Alves de Castro. Itinerário de uma jornada de Loanda ao distrito de Ambaca, em 1846. In: *Annaes do Conselho Ultramarino. Parte não-oficial. 1ª série*, 1854-58, Lisboa: Imprensa Nacional, 1867.

6 A correspondência de Kabuku Kambilo enviada ao governador geral era uma espécie de protesto contra o decreto de supressão do trabalho forçado de carregador de 1856 e pode ser encontrada no *Boletim Oficial do Governo da Província de Angola*, 612, 20 de junho de 1857 analisado pela historiadora. Insigne no argumento deste soba contra a legislação é a adoção do discurso abolicionista/colonialista, já que para ele a abolição decretada promoveria a "ociosidade" no seu povo. Cf. DIAS, Jill. Mudanças nos padrões de poder no 'hinterland' de Luanda. O impacto da colonização sobre os Mbundu (c.1845-1920). *Penélope*. Lisboa, n° 14, 1994, p. 55.

7 Isto é, para além do reconhecimento da existência de imbricamentos ou entrecruzamentos de vidas que permite enxergar para além dos dualismos dos termos identitários consagrados ao longo do tempo (como no caso de africano e europeu), simplismos que impedem o entendimento das conformações sociais em seus sentidos múltiplos e convergentes.

208   Elaine Ribeiro

discutidas em torno dos debates sobre a abolição do tráfico, da própria escravidão e do serviço compulsório de carregadores, como também absorveram valores próprios dos diferentes grupos africanos.

No caso das regiões de influência portuguesa, os rumores em torno da legislação abolicionista podem ter estimulado o aumento das fugas, nas décadas de 1840 e 1850, para regiões como a Kissama, de longa tradição de resistência ao poder português. Não sendo uma novidade, esta prática pode ser acompanhada desde meados do século XVIII nos registros de fugas do serviço de carregador anotados na documentação relativa ao governo de Francisco Inocêncio de Sousa Coutinho.[8]

Além disso, outra prática de resistência que aumentou neste período foi a formação de mutolos – como os quilombos eram chamados – na região de Icolo. Segundo o juiz presidente da Relação de Luanda, estas comunidades representavam um "iminente risco" por existir na época "talvez dois mil negros fugidos nos mutolos, a menos de um dia de viagem da cidade", sendo que eram "outras tantas feras contra seus senhores".[9] Mesmo que o

---

8   Para um sumário e análise de parte desta documentação que integra o acervo Lamego, guardado pelo Instituto de Estudos Brasileiros da USP, ver: MACHADO, Mônica Tovo Soares. *Angola no período pombalino: o governo de Dom Francisco Inocêncio de Sousa Coutinho (1764-1772)*, São Paulo, 1998. Dissertação – Mestrado em História Social – FFLCH-USP. Sobre as tentativas frustradas dos portugueses, desde o século XVI, em dominar a região imediatamente ao sul de Luanda, onde havia, para o comércio de longa distância da África Centro-Ocidental, importantes minas de sal, controladas pelas populações que foram registradas nas fontes portuguesas como quissamas, ver: BIRMINGHAM, David. *Trade and Conflict. The Mbundu and their Neighbours under the Influence of the Portuguese, 1483-1790*. Oxford: Clarendon Press, 1966.

9   Cf.: Luís José Mendes Afonso ao Ministro da Marinha, 22 de abril de 1860, *Apud* MARQUES, João Pedro. Quatro assassinatos e um retrocesso: violência escrava em Angola (1860-61). In: CENTRO DE ESTUDOS AFRICANOS DA UNIVERSIDADE DO PORTO (coord.) *Trabalho forçado africano*. Articulações com o poder político. Porto: Campo das Letras, 2007, p. 106.

número apresentado dos habitantes dos mutolos possa estar superestimado pelo juiz, isto não retira a ideia que subjaz à afirmação: a própria existência dos mutolos e o receio que eles provocavam.

Ou ainda, nos anos de 1860, na região de Moçamedes, as fugas seguidas de revoltas motivadas pelo temor de uma possível retomada do tráfico ilegal, porque "supunham [os trabalhadores] e mesmo diziam que já não lhes restava dúvida alguma, em como depois de longos anos de serviço, com que – com mais certeza deviam contar, é de serem embarcados para além-mar". De acordo com o historiador Roquinaldo Ferreira, este receio foi desencadeado pela repercussão dos embarques ilegais de escravizados para Havana, promovidos por Manuel José Correa no litoral de Moçamedes. A conduta deste traficante chegou a ser contestada pelos produtores de urzela da área, porque além da perda de trabalhadores para o tráfico atlântico, preocupavam-se ainda mais com possibilidade das fugas de escravizados para o interior, já que esta última situação, devido ao conhecimento dos caminhos "do interior" por parte dos trabalhadores, representava uma perda muito maior da mão de obra que garantia a coleta da urzela.[10]

Sobre estas fugas, o governador-geral de Angola, Sebastião Lopes de Calheiros e Menezes (1861-1862) anotou:

> ... A escravidão acha-se abolida por lei, e não é de crer que reviva, porém a lei admitte a condição de liberto, ou preto livre obrigado a dez annos de serviço em favor d'aquelle que o remiu da escravidão. Talvez d'esta sorte, apesar do praso ser curto [o preto de menor idade, resgatado da escravidão no gentio fica livre quando está educado e em estado de prestar algum serviço]. Segure-se ao emprehendedor de trabalhos agricolas, mais ou menos

---

10 Cf.: Representação dos produtores de urzela de Mossamedes contra o tráfico ilegal de escravos, em 24 de março de 1860 examinada por FERREIRA, Roquinaldo. *Dos Sertões ao Atlântico...*, p. 85-89.

completamente, o trabalho do escravo que remiu, sempre que esteja valido, durante o praso que a lei concede, e poderá ainda haver em Angola agricultura com algum valor. Terá porém o colono seguro o trabalho do liberto no estado actual das cousas? Não tem, porque o preto, vindo do sertão, sabe o caminho d'esse sertão, e na primeira occasião opportuna foge, ou para li, ou para o primeiro motolo (couto de bandidos), que encontra, ou para qualquer ponto do gentio não avassalado, que não dista muito da estancia do agricultor, a quem deve o serviço.[11]

No mesmo relatório, em outro lugar, Calheiros e Menezes ainda apresentou os números das fugas para a Kissama: "no mez de setembro do corrente anno de 1866 fugiram para a Quissama, ao maior cultivador de café e proprietário da melhor fazenda de Casengo, Albino José Soares da Costa Magalhães, 411 pretos".[12]

Por este excerto do relatório do governador podemos entender que havia três tipos de fugas: a fuga para lugares longínquos,

---

11 Cf.: MENEZES, Sebastião Lopes de Calheiros e. *Relatório do Governo Geral da Província de Angola para o ano de 1861*. Lisboa, Imprensa Nacional, 1867, p. 19 e 83. Jill Dias confirma esta situação ambígua dos trabalhadores na colônia angolana, que tendeu a aumentar com o tempo, já que mesmo com a abolição decretada, houve ainda a possibilidade da aquisição de escravizados oriundos das sociedades autônomas do interior, sob a justificativa do resgate humanitário – como afirmou o próprio governador Calheiro e Menezes, com relação ao "preto de menor idade, resgatado da escravidão no gentio". A historiadora, que levantou o número de trabalhadores nos empreendimentos agrícolas da colônia angolana, verificou que havia ainda um grande número de mulheres e crianças entre eles. Como no caso supracitado no primeiro capítulo de João Guilherme Barbosa, que recebeu 24 libertos, em 1846, sendo a maior parte constituída de mulheres e moleques. Cf.: DIAS, Jill. *Angola...*, p. 458.

12 Cf.: MENEZES, Sebastião Lopes de Calheiros e. *Relatório do Governo Geral...*, p. 19. Mais sobre as fugas e quilombos ver o supracitado estudo de Roquinaldo Ferreira e o artigo de Aida Freudenthal, Os quilombos de Angola no século XIX: a recusa da escravidão. *Estudos Afro-Asiáticos*, n° 32, p. 109-134, 1997.

Barganhando sobrevivências   211

"o sertão"; para os mutolos e para regiões próximas das áreas de trabalho. Tal classificação do governador, por mais que aparente ser casual, pode não ser aleatória, principalmente se a relacionarmos com conceitos próprios das sociedades da região. Com as agruras do trabalho nos empreendimentos agrícolas e no serviço de carregador, vista sob a ótica destes trabalhadores, a fuga pode ter parecido a saída menos difícil, já que "vindos do sertão, sabiam o caminho de volta". Porém, esta questão pode conter algo ainda mais profundo.

Segundo a descrição do viajante húngaro László Magyar, havia entre os grupos africanos da região centro-ocidental variações no entendimento da fuga. Chamadas vatira, shimbika [chimbika] ou tombika, estas variações designavam as estratégias que permitiam aos escravizados mudarem de "patrões":

> A vatira designa a fuga simples. O escravo aproveita um momento propício, abandona tudo, vai-se embora e procura fugir o mais longe possível [...] Para os proprietários dos escravos a shimbika ou tombika é muito prejudicial e perigosa, porque este tipo de fuga é não só fácil de levar a cabo, mas tornado possível pela lei. O escravo descontente com o seu proprietário pode afastar-se facilmente da casa, dizendo que pretende apenas ir visitar alguém nos arredores; mas em vez deste passeio, dirige-se à casa de um chefe de família, geralmente abastado e influente que já tinha escolhido; chega, mata diante de testemunhas um cão, uma cabra, uma ovelha ou qualquer outro animal doméstico, o primeiro que encontrar. Não podendo esquivar-se à prestação de contas, declara então que pretende abandonar o seu senhor, e oferece-se como escravo ao proprietário da casa, para compensar o prejuízo causado. Mas isso nem sequer é necessário, porque basta que ele pegue no casaco do proprietário da casa

212   Elaine Ribeiro

> provocando-lhe um pequeno rasgão e declarando: ame pika yove (sou teu escravo) [...] Além dos escravos pessoas livres podem [recorrendo à mesma operação], de sua livre vontade, tornar-se escravos de um proprietário importante, quando são pobres e perseguidos em consequência de um delito ou de uma dívida, para escapar a um perigo certo...[13]

Completando as informações do relato de Magyar, Isabel de Castro Henriques apresenta a possibilidade do antigo proprietário conseguir recuperar o seu escravo a partir de um pagamento, caso tivesse condições para isto. Conhecedor desta possibilidade e da situação do seu senhor, o escravo então procurava provocar um prejuízo maior ao que o seu dono podia pagar.

Por ser um mecanismo socialmente reconhecido, o antigo proprietário era obrigado a entregar ao seu ex-escravo todos os bens que lhe pertencia. A resistência do senhor a esta situação podia levá-lo a uma condenação pública, sendo até mesmo possível que outros seus escravos, julgando-o de maneira negativa, tentassem também praticar a tombika.[14]

Não por acaso que os conceitos de fuga descritos por Magyar ajustam-se à classificação anotada por Calheiros e Menezes, porque o ato de fugir para regiões longínquas, próximas ou para mutolos carregava em si uma premissa fundamental, a possibilidade da inserção social nas regiões de fuga, não importando que elas estivessem próximas da "estancia do agricultor, a quem o foragido devia o serviço".

Retomando o caso analisado por Roquinaldo Ferreira, sobre os embarques clandestinos de escravizados no litoral de Moçamedes, no texto da representação dos produtores de urzela contra estes fatos, podemos verificar que as estratégias de fugas

---

13 Relato de László Magyar conforme publicado por HENRIQUES, Isabel de Castro. *Percursos da Modernidade...*, p. 229-230.

14 Cf.: HENRIQUES, Isabel de Castro. *Percursos da Modernidade...*, p. 230.

dos trabalhadores da região foram orientadas tanto pelos debates públicos em torno da abolição do tráfico atlântico e da escravidão, quanto pelo entendimento da tombika:

> Temos que notar ilustríssimo sr. que entre os desgraçados escravos que o tal sr. Correa levava para embarcar iam alguns roubados também – porque pelo que se sabe, há muito tempo, é costume antigo deste sr. roubar e sonegar parte dos escravos que nas suas fugas são capturadas pela sua gente – no sítio de Carunjamba, e mesmo parte daqueles que das feitorias vizinhas para lá acodem, a título de lhe pedirem padrinho por algum delicto de que os ditos julgam serem réus [...] não falando dos muitos moradores de Mossamedes que para sempre têm perdido os seus escravos, sendo embarcados nos navios negreiros, dos quais este homem imoral é agente especial.[15]

Levando em conta que parte dos foragidos procurava Correa para "pedir padrinho" ou para "novo patrão", podemos entender que os prováveis motivos desencadeadores das revoltas e fugas que se seguiram a estes episódios foram, além do conhecimento generalizado da proibição de tal ato pelas autoridades portuguesas, os embarques destes "empregados" de Correa para além-mar, adquiridos por sucessivas tombikas.

Assim como a não aceitação da prática da tombika pelo antigo patrão podia desencadear novas tombikas, talvez o não cumprimento por parte de Correa de suas obrigações como "padrinho ou novo patrão" pudesse ter provocado o mesmo efeito, já que os embarcados não estariam mais sob sua proteção.

Os trabalhadores da coleta de urzela conhecendo esta situação, porque "tiveram ocasião de ver com seus próprios olhos o

---

15 *Apud* FERREIRA, Roquinaldo. *Dos Sertões ao Atlântico...*, p. 88.

214   Elaine Ribeiro

embarque dos negros que se fazia a bordo do barco espanhol, no porto de Carunjamba", prevendo a sua generalização,

> juraram desertar todos e até vingaram-se de seu próprio senhor, pois supunham e mesmo diziam que já não lhes restava dúvida alguma, em como depois de longos anos de serviço, com que – com mais certeza deviam contar, [era] de serem embarcados para além-mar.[16]

Portanto, o caso das revoltas e fugas dos trabalhadores de Moçamedes relacionadas à prática da tombika é exemplar para entendermos possíveis noções que orientavam os procedimentos dos diferentes grupos que resistiam aos abusos de poder, tanto dos portugueses, conforme visto, mas também das autoridades africanas. Como nos casos da exclusão de indesejados por parte de alguns sobas, na medida em que a inserção social promovida pelo mecanismo da tombika podia ser vista como um espaço de atuação ou um meio destes mesmos indesejados – sejam os escravizados, trabalhadores dos empreendimentos portugueses, sejam os carregadores arregimentados e levados para longe – de prosseguirem suas vidas em outras regiões, aliando-se a "novos patrões" em busca de proteção e pertencimento social.

Outros episódios de resistência que podem ser relacionados ao debate abolicionista em vigor são encontrados no texto da representação da Câmara de Luanda, de 1860, entregue ao governador-geral. De cunho mais violento, tratam-se de casos de assassinatos ou tentativas de assassinatos de senhores por parte de seus escravizados: a morte por apunhalamento de "dois cidadãos respeitáveis", Mendonça e Prudêncio, de Luanda; na região de Ambriz, ferimento à bala de "um respeitável decano dos facultativos da província"; o assassinato do comerciante Mota de Kasanje e a tentativa de envenenamento por arsênico da família de

---

16   *Apud* FERREIRA, Roquinaldo. *Dos Sertões ao Atlântico...*, p. 88.

Barganhando sobrevivências   215

um "fabricante" de Luanda, afora "referências sobre escravos que ameaçavam, na rua, diversos transeuntes".[17]

Podemos encontrar também ações de resistência nos anúncios dos jornais angolanos da segunda metade do XIX. Entre eles destacamos a história de duas libertas que demonstra a ação consciente e instrumentalizada no debate sobre a legislação abolicionista em vigor.[18]

No anúncio de venda publicado n'*O Mercantil*, de 16 de novembro de 1871, lemos que:

> ... duas libertas de nome Rosa e Domingas – esta filha d'aquella que foram registradas no tempo da escravidão e que agora passaram à condição de libertas. Domingas – em vida de sua ama, requereu dizendo que não era registrada, perdendo a causa por a dona ter apresentado prova. Portanto os annunciantes vão vender [...] as duas libertas para o pagamento do enterro.[19]

A partir do anúncio sabemos que a ex-escravizada Domingas lutou por sua liberdade na esfera legal por conhecer disposições da legislação abolicionista.

---

17 Estas ações mais violentas de resistência de escravizados e libertos foram analisadas de modo diferente pelo historiador João Pedro Marques, que acredita na impossibilidade da interferência de tais casos sobre o avanço do processo abolicionista português. Cf.: MARQUES, J. P. Quatro assassinatos e um retrocesso..., p. 107.

18 A possibilidade de encontrarmos casos de resistência nos jornais angolanos foi levantada pelo historiador José C. Curto em: Resistência à escravidão na África: o caso dos escravos fugitivos recapturados em Angola, 1846-1876. *Afro-Ásia*, n° 33, p. 67-86, 2005.

19 Cf.: O Mercantil, 16-11-1871 *apud* OLIVEIRA, Mario Antonio Fernandes. Aspectos sociais de Luanda inferidos dos anúncios publicado na sua imprensa. *Boletim do Instituto de Angola*. Luanda: Instituto de Angola, n° 19, maio-agosto, 1964, p. 49.

216 Elaine Ribeiro

Pela afirmação de que sua proprietária conseguiu provar que ela havia sido registrada, obtemos a informação que Domingas no tempo da sua escravização requisitou ser considerada liberta por não ter sido registrada, algo que só poderia ter se dado a partir do seu conhecimento dos termos do decreto de 1854.

Como não temos acesso a este processo, levantamos a possibilidade deste julgamento ter ocorrido antes da promulgação da lei de 1869 e a ela devessem as condições de libertas de Domingas e de sua mãe em 1871. Lembrando que foi esta lei que declarou libertos todos os escravizados sob a condição de trabalharem gratuitamente para seus senhores até 1878.

Esta história contida n'O Mercantil nos leva a considerar que Domingas, a partir do conhecimento da lei de 1854, lançou mão de uma estratégia na esfera legal, com o fim de diminuir o tempo da sua escravidão, já que pelo texto da mesma lei, mesmo que conseguisse provar a falta da sua proprietária de não tê-la registrado, ainda assim teria de "servi-la como liberta" por mais sete anos. Deste modo, levando em consideração as possibilidades de Domingas frente à legislação, vemos que, mesmo sendo as chances mínimas, elas não foram descartas como estratégia de ação em favor da liberdade.

Outra questão intrigante do excerto do Mercantil é ser ele um anúncio de venda. Segundo os estudos de Mário Antonio, depois da lei de 1869, o mais comum entre os patrões era anunciar a oferta de aluguel de serviços dos "seus" libertos como uma forma de obter renda com a transferência temporária de sua capacidade de trabalho.[20]

---

20 Esta situação de comércio de libertos já foi considerada no primeiro capítulo deste trabalho. Para o estudo citado, ver: OLIVEIRA, Mário Antonio de. Os "Libertos" em Luanda no Terceiro Quartel do século XIX. In: SANTOS, Maria Emilia Madeira (org.) *Primeira reunião internacional de história da África. Relação Europa-África no 3° quartel do século XIX* – Actas. Lisboa: CEHCA; IICT, 1989, p. 260.

Neste sentido, Domingas que havia lutado por sua liberdade quando sua proprietária estava viva, encontrava-se naquele momento, em 1871, depois da morte da patroa, enredada na teia da reescravização que poderia envolvê-la em mais um ciclo de "trabalho liberto, porém compulsório".

Os "contratados de Loanda"

Com relação aos casos dos trabalhadores libertos discutidos até o momento, podemos dimensionar a sua situação no período posterior à promulgação da abolição total da escravidão em Angola (1875) com a história do grupo de doze homens contratados por Henrique de Carvalho para a expedição à mussumba do Muatiânvua, em 1884.

Como o próprio expedicionário nos dá a conhecer, estes homens e suas famílias na cidade de Luanda vivenciaram como escravizados o período de promulgação e (tentativas de) cumprimento da legislação emancipacionista e, principalmente, experienciaram a ambiguidade das condições de liberto, de serviçal e de indígena, nos termos da mesma legislação trabalhista.

Referidos por Henrique de Carvalho como "os contratados de Loanda" ou simplesmente "Loandas", à medida que vão se estreitando as relações destes trabalhadores com o chefe da expedição ao longo dos quatros anos da viagem, que equivalem aos quatro volumes da *Descripção*, mais o seu narrador vai deixando escapar as suas histórias de vida, através de menções aqui, rápidas passagens acolá, num rastro de pegadas deixadas pelas experiências, nem sempre harmoniosas, da vida em caravana.

Trabalhadores Loandas[21]

---

[21] A lista dos nomes dos contratados não está necessariamente conforme a posição das pessoas mostradas na imagem. Como não é possível ter certeza nesta questão, apresentamos a ordem dos nomes da forma como foram escritos por Henrique de Carvalho no seu relato. A décima terceira pessoa talvez possa ser ou o corneteiro Domingos, originário de Massangano, ou o cozinheiro José, do Libolo, que foram contratados juntos com o grupo dos doze. Cf.: *Álbum da Expedição Portuguesa ao Muatiânvua*. Disponível em: em: http://henriquedecarvalho.bnportugal.pt/fotos/foto116.htm. Acesso em: dezembro de 2012. A descrição da fotografia, manuscrita por Henrique de Carvalho diz: "No primeiro quadro apresentam se os contractados de Loanda armados e promptos a seguirem do Dondo para o matto. O recinto em que se photographaram é o pateo da casa Commercial da acreditada firma Bensaúde e Cia, naquela villa onde a Expedição foi explendidamente alojada durante 4 dias." Disponível em: http://henriquedecarvalho.bnportugal.pt/legendas/ea-95-p_0074_70_t24- -C-R0150.jpg. Acesso em: dezembro de 2012. A fotografia foi publicada por Beatrix Heintze em: *Pioneiros Africanos*. Caravanas de carregadores na África Centro-Ocidental (entre 1850 e 1890). Lisboa: Editorial Caminho, 2004, imagem viib.

Barganhando sobrevivências 219

Nomeados e fotografados pelos chefes da expedição: Paulo, oriundo de Malanje; Matheus, vindo do Libolo; Manuel, da Jinga; Paulino, da Kisama; Roberto, de Benguela; Cabuíta, de Kimbundo; Marcolino, do Kongo; Narciso, da Lunda; Domingos, de Luanda; Francisco Domingos, de Kasanje; Antônio, de Golungo Alto e Adolpho, do Kongo, assim que aparecem na história vão deixando-nos conhecer suas famílias, suas qualidades profissionais, suas aspirações, como aprender a ler e a escrever, enfim seus comportamentos que nos deixam perceber suas noções de direitos e deveres nesta sociedade caravaneira.

Esta proveniência heterogênea do grupo foi vista com bons olhos pelo chefe da expedição, pela possibilidade de obter informações sobre as diferentes localidades pelas quais a expedição iria passar: "alguns filhos de Malanje, um das proprias terras da Lunda, e dois que dão conhecimento e informações de rios e povoados até além do Cassai".[22]

Sabemos, a partir do relato da expedição, que o primeiro contato dos trabalhadores loandas com Henrique de Carvalho não se deu em junho de 1884, quando este preparava os provimentos e a contratação de pessoal para a viagem à Lunda, mas em anos anteriores, quando o então major era o engenheiro-militar responsável pela construção do hospital Maria Pia.

Nesta obra civil, os loandas trabalharam no transporte de cargas entre a alfândega da cidade e o local da construção e prestaram serviços como carregadores de maxila.[23] Esta experiência anterior foi considerada positiva, já que Henrique de Carvalho

---

22 Cf.: CARVALHO, Henrique A. D. Ofício ao secretário do Governo-geral da Província de Angola, Carlos d'Eça de Queiróz, de 07 de junho de 1884. In: CARVALHO, Henrique A. D. *Expedição Portuguesa ao Muatiânvua* 1884-1888: Descripção da Viagem à Mussumba do Muatiânvua. Lisboa: Imprensa Nacional, vol. 1 (De Luanda ao Cuango), 1890, p 65.

23 Maxila era o "palanquim ou cadeirinha suspensa de um bordão ou bambú com tampo e cortina" utilizado no transporte de pessoas. Cf.: ASSIS JR., A. *Dicionário Kimbundu-Português*. Linquísfico, Botânico, Histórico e

220   Elaine Ribeiro

defendeu a contratação destes homens, escolhidos de um grupo de trinta que se apresentou para os trabalhos da expedição, pela confiança que depositava neles.[24]

Nesta mesma ocasião, Henrique de Carvalho pediu ao secretário-geral uma autorização para proceder ao registro do contrato de trabalho na administração do concelho da cidade, porque mesmo com a confiança declarada nestes trabalhadores, ele também queria se prevenir com a possibilidade de haver uma punição pelo não cumprimento dos termos do contrato, "caso algum d'esses individuos, depois de ter recebido os adeantamentos, deixasse de embarcar, ou fugisse de qualquer ponto para esta cidade".[25]

Precaução que provavelmente foi compartilhada pelos loandas: o registro do contrato em repartição pública, não só reconhecia a sua condição de livres, como garantia os seus direitos de trabalhadores, algo que no decorrer da viagem pudesse lhes servir como instrumento de barganha.

Em época de partilha imperialista, marcada por uma mentalidade de "missão civilizadora do homem branco", outro sentido tomado por este contrato de trabalho foi o propagandístico, como escreveu Henrique de Carvalho:

> Fazemos referencia especial aos contractos que celebramos, para que se conheçam mais algumas provas sobre o modo por que nos entendemos com os indígenas, e acabe para sempre a idea de que nas

---

Corográfico seguido de um índice alfabético dos nomes próprios. Luanda: Argente, Santos e Cia Ltda., s.d.

24   Sobre a escolha dos doze loandas, "conhecidos do chefe e que lhe inspiravam mais confiança", ver: CARVALHO, Henrique A. D. Ofício ao secretário-geral do Governo Geral da Província de Angola, Carlos d'Eça de Queiróz, de 07 de junho de 1884. In: CARVALHO, H. A. D. *Descripção...*, vol. I, p. 65.

25   Cf.: CARVALHO, Henrique A. D. *Descripção...*, vol. I, p. 65.

nossa possessões se tolera um vislumbre sequer de escravatura.[26]

Os termos deste contrato, no que se refere às obrigações dos loandas, exigiam deles o serviço de vigia e defesa das cargas e dos expedicionários, mais eventuais trabalhos de carregadores, "sempre que por falta de pessoal assim se tornasse preciso", além de ser destacado o comprometimento destes homens de "acompanharem a Expedição até a mussumba do Muatiânvua". Tal obrigação dizia respeito ao tempo de duração do contrato que equivalia ao período de dois anos previstos para a realização da viagem.

Estimativa que não se cumpriu, já que o período total da expedição foi de quatro anos, e assim houve um acréscimo de tempo de trabalho para a maior parte dos loandas que não só foi até a mussumba do Kalani como retornou com Henrique de Carvalho a Luanda, sendo que um deles, Antônio, o acompanhou até Lisboa.[27]

Sem contar o acréscimo do tempo de trabalho, pelas obrigações iniciais, o chefe da expedição comprometeu-se a pagar 100 (cem) réis por cada dia de serviço e mais o equivalente a 100 (cem) réis diários para "rações", sendo que estas "principiavam vencer do Dondo em diante". Sobre o contrato em geral, Henrique de Carvalho o considerou vantajoso, além da "garantia que oferecia, por ter sido feito na administração do concelho", também pelo lado financeiro.[28]

---

26 O contrato de trabalho dos loandas foi registrado em 09 de junho de 1884, no livro II dos Termos Diversos do mesmo ano, às folhas 22 e 23, pelo administrador Antonio Urbano Monteiro de Castro, o mesmo que fundou o jornal luandense *A Civilização da África Portuguesa*. Para tanto, ver: CARVALHO, Henrique A. D. *Descripção...*, vol. I, p. 66.

27 Junto com Antonio também foi o professor da escola da expedição José Faustino, de Cabinda. Cf.: CARVALHO, Henrique A. D. *Descripção....*, vol. IV, p. 732.

28 Cf.: CARVALHO, Henrique A. D. *Descripção....*, vol. I, p. 66.

222   Elaine Ribeiro

Acerca do valor da remuneração prometida aos loandas, o major português comparando-o ao salário regular dos maxileiros luandenses, que era de 5$000 a 6$000 réis mensais (ordenado e ração), reconheceu que a real vantagem dos primeiros era por "lhe terem sido pagos todos os vencimentos juntos no regresso – o que não compensou de certo os perigos a que se expuseram e trabalhos por que passaram", completou – mas também por terem recebido de maneira adiantada 36$500 réis para cobrirem as despesas iniciais da viagem, visto que a alimentação só passariam a ter da cidade do Dondo em diante, "e para deixarem alguma cousa a suas famílias".[29]

Outro exemplo comparativo são os salários dos operários que trabalhavam na construção do hospital Maria Pia. Segundo relatório do próprio Henrique de Carvalho, era de 400 réis em dias úteis e foram considerados pelo na época administrador da obra como "muito pequenos".[30]

Levando em conta somente o salário em réis [sem aquele destinado às rações] de cada um dos trabalhadores, esta quantia de 36$500 réis equivalia a 365 dias de trabalho ou a (1) ano pelo calendário europeu, isto é, compreendia a metade do total dos vencimentos constante em contrato a que cada um tinha direito. Ainda que o expedicionário não mencione, não é nenhum despropósito

---

29 Cf.: CARVALHO, H. A. D. *Descripção...*, vol. I, p. 66-67.

30 Cf.: CARVALHO, Henrique Augusto Dias de. Relatório apresentado pelo major Henrique de Carvalho ao diretor das obras públicas da província de Angola acerca da construção do Hospital Maria Pia, incluindo anexos documentais, de 01 de junho de 1881. In: *Expedição Portuguesa ao Muatiânvua*. Meteorologia, Climatologia e Colonização: estudos sobre a região percorrida pela expedição comparados com os dos benemeritos exploradores Capello e Ivens e de outros observadores nacionaes e estrangeiros: modo practico de fazer colonisar com vantagem as terras de Angola. Lisboa: Typ. do jornal "As Colonias portuguezas",1892, p. 121.

Barganhando sobrevivências 223

aventar que tal feita fosse uma requisição dos próprios loandas, visto que permaneceriam por muito tempo longe de suas casas.[31]

Talvez possamos entender um pouco mais o valor destes salários relacionando-o com os preços de serviços e mercadorias da época. Por exemplo, ao contratar os loandas, Henrique de Carvalho teve que pedir ao governador-geral que custeasse a viagem destes trabalhadores nos vapores que percorriam o rio Kwanza, de Luanda até o Dondo. Na ocasião as passagens dos vapores da Companhia do Cuanza custavam 5 mil réis, as de terceira classe, e 10 mil réis, as de primeira. Isto significava que se os loandas quisessem viajar por conta própria nestes vapores, considerando o salário acordado no contrato, teriam que desembolsar o equivalente a cinquenta dias de trabalho para pagarem a passagem da classe inferior.[32]

Sobre a viagem, devido aos preços cobrados pelas passagens, Henrique de Carvalho criticou as suas péssimas condições:

> Nos vapores da companhia do Cuanza só se faz distincção de duas classes. A superior differe da inferior em a primeira ter comida e a outra não; em nos offerecer, para nos deitarmos, as taes camas de campanha sobre o convez, emquanto que na inferior serve de leito o próprio convez; em proporcionar uma bacia e uma toalha para os passageiros mais abonados, e aos demais apenas uma celha. Por

---

31 No 4º volume da *Descripção*, no capítulo que Henrique de Carvalho procede ao levantamento das despesas de toda a viagem, há uma marcação sobre o valor deste adiantamento ter sido de 478 mil réis, o que dá a entender que a soma de 36$500 foi paga a cada um dos doze, embora o total devesse ser de 438 mil réis – um erro de impressão (?). Para tanto ver: CARVALHO, Henrique A. D. *Descripção...*, vol. IV, p. 761.

32 O pedido de passagens no vapor da Companhia de navegação do Cuanza para os 12 trabalhadores pode ser encontrado no ofício supracitado de Henrique de Carvalho ao secretário-geral Carlos d'Eça de Queiróz, publicado em: CARVALHO, Henrique A. D. *Descripção...*, vol. I, p. 65.

taes commodidades paga o passageiro de primeira classe 10$000 réis, e o da segunda 5$000 réis! Ora devemos confessar que tudo isto é exhorbitante, e que se por qualquer circumstancia, o que succede muitas vezes, a viagem se prolonga até cinco ou mais dias [sendo a duração prevista de quarenta horas], torna-se um martyrio para os passageiros de 1ª classe pelos incommodos, falta de asseio e mau passadio; e para os da inferior pelo que ainda é peor – a fome![33]

Diferente do major português pensava o governador Ferreira do Amaral. Um mês após a partida da expedição de Henrique de Carvalho, em correspondência ao governo de Lisboa, afirmou que não via problemas com os vapores que prestavam serviços de transporte no rio Kwanza e que havia aprovado o auto de vistoria do vapor Cunga, outra embarcação pertencente à Companhia do Cuanza:

> ... dei licença para se empregar no serviço da Companhia contra a qual felismente nos ultimos tempos não tem havido a mais pequena reclamação. Tanto os vapores como uma quantidade extraordinaria de embarcações de vela teem feito as carreiras do Cuanza sem novidade e com fretes importantes o que claramente para o desenvolvimento commercial que tem produzido a navegação apesar de difficil d'aquelle rio.[34]

---

33   Cf.: CARVALHO, Henrique A. D. *Descripção...*, vol. I, p. 89-90.

34   Cf.: Correspondência do governador-geral Francisco Joaquim Ferreira do Amaral ao ministério da marinha e ultramar que trata do Auto de vistoria passado ao vapor Cunga da Companhia do Cuanza. 14 de julho de 1884. PADAB, DVD 19, AHA Códice 40 -A-9-3, Pasta 78, DSC 00087.

Vapor Serpa Pinto[35]

Importante salientar que vapores como o Serpa Pinto foram espaços onde muitos trabalhadores da região prestaram serviços. A exemplo do professor José Faustino, que havia sido despenseiro de uma destas embarcações da linha do Kwanza.[36]

---

35 Álbum da Expedição Portuguesa ao Muatiânvua. Disponível em: http://henriquedecarvalho.bnportugal.pt/fotos/foto122.htm#. Acesso em: dezembro de 2012. Na legenda manuscrita da fotografia, Henrique de Carvalho diz: "Vapor 'Serpa Pinto' da companhia do Cuanza e onde a Expedição seguiu para o Dondo na madrugada do dia 10 de julho de 1884. O vapor teve dois encalhes sendo o maior perto de 24 horas. Logo depois de deixarmos Muxima e no dizer dos contratados de Loanda por culpa do seu commandante não os deixar ir á Egreja entregar a Nossa Senhora da Muxima vélas e vassouras que lhe levavam para lhes conceder uma boa viagem. As offertas que lhe levavam foram entregues ao Sr. João Rebello, agente do caza ingleza no Dondo que depois lá as fez entergar. O vapor 'Serpa Pinto' foi feito especialmente para carga e por isso não tem as accommodações indispensaveis para passageiros e na verdade para uma viagem de alguma demora como a que teve a Expedição, torna-se fatigante mui principalmente por causa do calor e mosquitos." Disponível em: http://henriquedecarvalho.bnportugal.pt/legendas/ea-95-p_0078_74_t24-C-R0150.jpg. Acesso em: dezembro de 2012.

36 CARVALHO, Henrique A. D. *Descripção...*, vol. IV, p. 692. Apresentamos a fotografia do professor Faustino no início do segundo capítulo deste trabalho.

226   Elaine Ribeiro

Se até mesmo o expedicionário considerou o preço das passagens elevado, talvez para uma melhor compreensão do valor da remuneração dos loandas a comparação devesse ser realizada com o valor de outros produtos: tais como o do vinho do porto fornecido pelo negociante da mesma cidade, Eduardo Augusto dos Santos, e trazido por Henrique de Carvalho para ser "vendido a um comerciante do Dondo, que devia tornar conhecido o seu vinho". A bebida que saiu a 400 réis a garrafa, segundo o chefe da expedição, "se vendeu na mesma noite a razão de 1000 réis", nestas circunstâncias, para ser adquirida por um dos doze loandas, uma garrafa consumiria dez dias de seu trabalho na expedição.[37]

Ou ainda, os preços dos tecidos comercializados em Malanje.

Em agosto de 1884, no período que a expedição teve de permanecer estacionada na região por falta de carregadores para prosseguir a viagem até a Lunda, conforme apurou o chefe da expedição, os riscados "azul em branco" de primeira, segunda e terceira qualidades eram vendidos, respectivamente, a 3000, 2500 e 1500 réis a peça. Quanto ao tamanho e a qualidade dos tecidos em geral vindos de países europeus, Henrique de Carvalho anotou em correspondência ao secretário da Sociedade de Geografia Comercial do Porto que

> vem já das fabricas, pelos pedidos que se fazem, dobradas de modo que as dobras (beirames) não correspondem ás medidas que se indicam. Assim, diz-se que uma peça (2ª) tem 9 beirames, cada beirame 2 jardas; devia, portanto, ter 18 jardas, mas apenas tem, quando tem, 12 jardas. [...] D'estas fazendas, em geral, raras são as que se podem chamar boas, e o mau tecido sustenta-se por algumas semanas, devido a uma espécie de gomma, que cáe em pó. Se a fazenda vae a lavar, fica uma rodilha, se não uma rêde, o que o gentio já reconhece e por isso

---

37   Cf.: CARVALHO, Henrique A. D. *Descripção...*, vol. I, p. 100.

Barganhando sobrevivências 227

rejeita-a. [...] O que se está praticando actualmente afugenta o negocio do interior...[38]

Outros preços de tecidos diferentes eram: para os algodões de 1ª, 2ª e 3ª qualidades, com distinção de largo e estreito, de 1300 a 3500 réis; para as chitas, classificadas em finas e de negócio, adamascadas e riscadas com cores vivas, que variavam em preço, por peça, de 2250 a 5000 réis e para o riscado anilado – "de que os pretos gostam" – a 4000 réis a peça.[39]

Portanto, estes tecidos eram um tanto custosos para os loandas que se pretendiam adquirir alguma peça, deveriam entregar na sua compra, no mínimo, o correspondente a quinze dias de trabalho.[40]

Com a permanência da expedição em Malanje, Henrique de Carvalho pôde se informar com mais profundidade sobre os procedimentos e as formas de logros entre as caravanas imbangalas e os comerciantes da região no comércio da borracha e do pouco marfim que ainda restava na época.[41]

---

38 Cf.: CARVALHO, Henrique A. D. Correspondência ao secretário da Sociedade de Geographia Commercial do Porto, datada de Malanje de 03 de agosto de 1884, in: _____. *Descripção...*, vol. I, p. 329-332.

39 Cf.: CARVALHO, Henrique A. D. Correspondência ao secretário da SGCP..., *Descripção...*, vol. I, p. 329-332.

40 Outros produtos também vendidos em Malanje no mesmo período eram as armas lazarinas a 3500 réis a peça, "de pau pintado a vermelho, de pederneira, que ahi [no Porto] custam 600 réis" e a pólvora, vendida a 900 réis o barril. Cf.: CARVALHO, Henrique A. D. Correspondência ao secretário da SGCP..., in: CARVALHO, Henrique A. D. *Descripção...*, vol. I, p. 329-332.

41 Sobre a importância do comércio do marfim ao longo do XIX, ver: HENRIQUES, Isabel de Castro. *Percursos de Modernidade em Angola:* Dinâmicas Comerciais e Transformações Sociais no Século XIX. Lisboa, IICT, 1997, p. 334-344. Sobre a questão dos logros, Henrique de Carvalho relata o caso do cacuata Tambu da Lunda que teve problemas com um comerciante de Malanje no negócio de uma ponta de marfim. O negociante havia oferecido 34 peças de algodão, sendo que o correto era 68. Para tanto, ver: CARVALHO, Henrique A. D. *Descripção...*, vol. I, p. 316-319.

Provavelmente um dos informantes nesta questão tenha sido o loanda Francisco Domingos Silveira, originário de Kasanje.

Domingos de Kasanje,[42] como era comumente chamado por Henrique de Carvalho, antes de se unir à expedição foi maxileiro em Luanda. Considerado "bom para marchas rápidas" foi enviado para algumas diligências.

Como na vez em que foi enviado em missão polítca, junto com Manuel Bezerra e um soldado de Ambaca ao quilolo Bungulo, com o intuito de tentar descobrir as intenções do Muatiânvua eleito, Xa Madiamba, quanto a sua posse na mussumba do Kalani.[43]

Ou, ainda, quando foi enviado com o loanda Manuel e outros para permanecerem em Malanje aguardando ordens do governo português. Com isto, Henrique de Carvalho contava com o apoio do governo deixando um grupo confiável da expedição na retaguarda que pudesse contatá-lo no interior – algo que nunca ocorreu:

entendemos ser de toda a vantagem expôr novamente ao Governo a nossa situação [de demora

---

42 Álbum da Expedição Portuguesa ao Muatiânvua. Disponível em: http://henriquedecarvalho.bnportugal.pt/fotos/foto022.htm acesso: dezembro de 2012. Também publicada em: HEINTZE, Beatrix. Pioneiros africanos..., imagem XIV. A legenda da fotografia, manuscrita por Henrique de Carvalho, traz a seguinte informação: "Era filho de Cassanje que em pequeno foi como escravo para Loanda e ali se tornou depois carregador de machila, também é um dos contractados pela Expedição. Tres mezes depois de regressar a Malange morreu." Disponível em: http://henriquedecarvalho.bnportugal.pt/legendas/ea-95-p_0018_14_t24-C-R0150.jpg. Acesso em: dezembro de 2012.

43 Cf.: CARVALHO, Henrique A. D. *Descripção*..., vol. II, p. 357 e 431.

por esperar Xa Madiamba e presenciar a sua posse como Muatiânvua] e mandar voltar Augusto com Manuel e Domingos e os soldados que chegaram na diligencia de Manuel Bezerra, para aguardarem em Malanje as ordens e acompanharem os recursos que este entendesse dever proporcionar, quer para permanecermos ou retirarmos, quer para se continuar a manter ali a nossa occupação por alguem que nos viesse render.[44]

Esta comitiva voltou a se encontrar com Henrique de Carvalho quando este já estava com somente parte dos loandas e alguns carregadores na região do Kalani, perto da mussumba. No retorno, Henrique de Carvalho, que na ocasião estava doente de febres e dependendo dos "presentes" dos chefes políticos locais e das providências dos loandas para continuar se alimentando, mais ainda se desesperançou quando soube o que a comitiva havia conseguido trazer de Malanje:

Quando tratei de tomar contas a Manuel do que trazia, é que soube da triste realidade!
Cada um trazia a sua carga, mas para poderem chegar á Mussumba com uma correspondencia retardada, tiveram de despender tudo que traziam com presentes, passagens de rios, exigencias e sustento d'elles, que certamente foi pago á larga, sem se lembrarem

---

44 Lembrando que isto não aconteceu nem com o subchefe Sisenando Marques, enviado por Henrique de Carvalho para Malanje a fim de ajuda-lo com o envio de suprimentos, como apontamos no segundo capítulo sobre a negativa do governador-geral ao ofício do subchefe da expedição. Cf.: Correspondência do governador-geral G. A. de Brito Capello ao ministério da marinha e ultramar remetendo cópia de um ofício do subchefe da expedição ao Muata Yanvo relativos aos socorros prestados ao major Carvalho. 09 de maio de 1887. PADAB, DVD 20, Pasta 83, Códice 45 -A-10-3, DSC 00107. Para a citação da passagem sobre a diligência de Domingos e Manuel em Malanje, ver: CARVALHO, Henrique A. D. *Descripção...*, vol. II, p. 442.

dos 26 homens que estavam esperando recursos, e acreditando mesmo que estando nós na Mussumba, estavamos num paraizo em que nada nos faltaria; quer dizer a minha situação passou a ser muito peor, porque tinha mais quatro bôcas com que repartir o pouco que podesse alcançar de alimentos.[45]

Domingos já doente na mussumba, com "uma tosse cavernosa e d'uma magresa, como nunca vi", escreveu Carvalho, "á força de muitos cuidados, lá se levantou do leito, mas só podia dar alguns passos amparado a dois companheiros". No regresso do chefe com este grupo a Malanje, Domingos faleceu nas vésperas da partida para Luanda e seu enterro foi "feito com alguma pompa" à custa dos outros loandas.[46]

Considerando todo o trabalho que tiveram e voltando a considerar a questão da remuneração, provavelmente mais interessante é confrontarmos os salários dos loandas com o de outros membros da própria expedição, porque pode nos permitir perceber possíveis hierarquias internas, provenientes de noções que envolviam a especialização e a importância das funções para o desenvolvimento da viagem.

Como no caso dos salários do cozinheiro José, do Libolo, e do corneteiro Domingos, de Massangano, ambos contratados em Luanda junto com os outros doze e que recebiam um total mensal, respectivamente, de dez mil e cinco mil réis. Se levarmos em conta

---

45 Cf.: CARVALHO, Henrique A. D. *Descripção...*, vol. IV, p. 372 e 374.

46 Cf.: CARVALHO, Henrique A. D. *Descripção...*, vol. IV, p. 377 e 688. Como observa Beatrix Heintze, não conseguimos com as informações do relato de viagem de Henrique de Carvalho conhecer sobre a vida do outro Domingos, originário de Luanda. Será que era ele era o caçador na ocasião em que o major português o julgou perdido por ter anoitecido e ainda não ter retornado, o que só ocorreu ao amanhecer, já que chovia e afastado muito do acampamento, entendeu ele fazer uma cubata para passar a noite e poder regressar no outro dia? CARVALHO, Henrique A. D. *Descripção*, vol. IV, p. 33-34. Sobre a informação da historiadora, ver: HEINTZE, Beatrix. *Pioneiros africanos...*, p. 137.

que nesta soma também estavam inclusos os 100 réis diários para o custeio da alimentação, tal como acontecia com os loandas, em um mês o ordenado real do primeiro era de sete mil réis e do segundo dois mil réis.

Em uma hierarquização dos papéis dentro da expedição, isto equivale dizer que o trabalho do cozinheiro, responsável direto pela alimentação de Henrique de Carvalho, era mais valorizado, pelo menos inicialmente. Já o segundo, o corneteiro, importante nas conduções dos caminhos, porque seguia à frente da caravana e influenciava com sua música "no ânimo dos carregadores, que iam levando as cargas e seguindo, sem que fosse preciso dizer-lhes que avançassem", teve seu trabalho menos reconhecido em relação ao dos loandas, responsáveis pela segurança da expedição.[47]

Outras funções mais bem valorizadas, principalmente pela chefia da expedição, eram a de intérprete e guia que pressupunham um conhecimento aprofundado das regiões além-Kwango e junto a isso, por vezes, a prática da escrita em língua portuguesa. Como no caso do sertanejo Vieira Carneiro, "africano de 50 e poucos anos e empregado como escriturário de comércio na vila de Caculo", região do Cazengo, que se ofereceu para acompanhar a expedição, com a condição do governo garantir-lhe uma pensão para a família no caso de sua morte.

Henrique de Carvalho, embora não pudesse prometer a pensão, estava disposto a pagar-lhe transporte, mesa, barraca e uma mensalidade de 18$000 réis, isto é, a proposta era três vezes mais comparado ao valor pago aos loandas, afora os objetos mencionados, que a necessidade da função implicavam e que denotavam a sua posição social com relação aos indivíduos que compunham a expedição: a mesa para trabalho, a barraca para alojamento e a rede para o transporte. Equipamentos que deveriam ser levados por pelo menos dois homens.

---

47 Função de condutor de caravana que compartilhava com o porta-bandeira e o tocador de tambor, cf.: CARVALHO, Henrique A. D. *Descripção...*, vol. I, p. 107.

232   Elaine Ribeiro

Assim, quanto a este último ponto, sobre a visibilidade perante o grupo de pertencimento e para além das questões materiais que os valores salariais suscitam, possivelmente tão importante, seja aquilo que a historiadora Jill Dias chamou de "sentido subjetivo da diferença": atributos físicos como vestuário, adornos corporais, objetos portados e práticas costumeiras (como a escrita), que em termos de identificação social podiam ser tão mais determinantes para hierarquizar a sociedade caravaneira.[48]

Ainda sobre os motivos de Vieira Carneiro em querer acompanhar a expedição, vontade que não se concretizou, talvez por não lhe ter sido atendido o pedido da pensão, o chefe da expedição anotou:

> Contou-nos ele que a sua ultima viagem fora em 1874. Levava muito negocio e roubaram-lhe quase tudo o que trouxera, resultado de uma boa permutação; sendo forçado a enterrar o resto do marfim, antes de chegar ao Cuango, com receio de que os Bângalas lh'o roubassem também. Era este o motivo principal por que se propunha a ir comnosco, *embora com pequeno salario*. Queria aproveitar a passagem da Expedição no regresso, para á sombra dela trazer a sua pequena fortuna.[49]

Talvez o mesmo processo possa ter ocorrido no caso do cozinheiro José, que mesmo com o salário um pouco maior que o dos outros com quem foi contratado, não permaneceu trabalhando junto à expedição. Quem sabe tenha ele aproveitado a

---

48 Sobre esta perspectiva de análise, ver a discussão de Jill Dias sobre os canoeiros vilis da costa do Loango em: "Novas identidades africanas em Angola no contexto do comércio atlântico". In: BASTOS, Cristina; ALMEIDA, Miguel Vale de; FELDMAN-BIANCO, Bela (orgs.) *Trânsitos Coloniais*. Diálogos críticos luso-brasileiros. Campinas: Editora da Unicamp, 2007, p. 317 e 319.

49 Cf.: CARVALHO, Henrique A. D. *Descripção...*, vol. I, p. 116-117. (grifo nosso)

Barganhando sobrevivências   233

oportunidade para chegar a algum local que de outra forma não conseguiria acessar sozinho?

Embora não consigamos precisar a circunstância de sua partida, pelo relato de Henrique de Carvalho, em outubro de 1884, ou seja, quase quatro meses após a saída de Luanda, já próximo ao rio Kwango, no Kafúxi (Ka, pequeno e fúxi, sítio; pequena povoação, segundo os ambaquistas) do soba Sé Quitari, onde foi construída a segunda estação "civilizadora" Ferreira do Amaral, como cozinheiro do major português já estava o loanda Marcolino, que a partir de então passa a ser referido como "o nosso cozinheiro".[50]

Originário do "baixo Kongo", Marcolino foi escravizado ainda criança e trazido para Luanda; na época de sua contratação para a expedição à Lunda, com a abolição já promulgada, vivia nos arredores da cidade como lavrador junto de sua mulher que era quitandeira do comércio da região. Para compor o ganho de sua sobrevivência, Marcolino ocasionalmente prestava serviços na alfandega e provavelmente foi em uma destas ocasiões que conheceu o major português.

Junto com o loanda Antônio, Marcolino foi um dos mais próximos de Henrique de Carvalho, acompanhando-o até a mussumba do Muatiânvua e retornando com ele a Luanda. Conhecedor das iguarias do sertão e da sociedade cristã, Marcolino cozinhou para o chefe da expedição desde bombós, infunde, quizacas, mocotós,[51] até um galo para a ceia do natal de 1886.[52]

---

50   Cf.: CARVALHO, Henrique A. D. *Descripção*..., vol. I, p. 381-382.

51   Como na mesma ocasião no Kafúxi de Sé Quitari, quando Marcolino "estava alegrote e entreteve a sociedade local cozinhando os mocotós para o nosso almoço do dia seguinte". Cf.: CARVALHO, Henrique A. D. *Descripção*..., vol. I, p. 382.

52   Sobre a ceia de natal, Henrique de Carvalho registrou: "Devido aos cuidados de Marcolino, á meia noite em ponto, saboreava uma explendida canja de gallo, em que o arroz era substituido por milho, que primeiro tinha sido migado num almofariz de madeira". Do ano novo: "Entendera Marcolino, ao uso de Loanda, preparar-me uma refeição á meia noute, para o que tinha

Sobre o preparo destes pratos, muito provavelmente por ter observado Marcolino, Henrique de Carvalho anotou:

> A mandioca depois de sair da agua é exposta ao sol a seccar, o que fazem sobre esteiras no chão, ou sobre a cobertura das cubatas, e depois da seccagem toma o nome de bombó. Cortada ás tiras e torrada ao fogo, serve-lhes de pão, e sendo acompanhada de jinguba ou de mel, além de agradavel entretem a debilidade por muitas horas. Geralmente o bombó partido em pedações é lançado no chino, especie de gral de madeira e ahi é triturado e reduzido a um pó finissimo, a que se chama fuba, e esta passando por uma fervura, e mexida constantemente com um pau, forma uma massa, ruka, em Angola infunde, e constitue a base principal da alimentação. Tirando da massa pequenas bolas, mergulham-se em caldos ou môlhos, ás vezes só das proprias folhas do arbusto da mandioca, a que chamam quizaca ou chizaca, sendo esta uma das refeições vulgares, mas das mais parcas; se houver peixe, carne ou gallinha, então podem chamar-se boas refeições, sobretudo se se dispõe de azeite de palma e sal para temperos, porque o jindungo (pimentinhas) nunca falta.[53]

contribuido Rocha com uma gallinha; queria que me despedisse do anno de 1886..." In: CARVALHO, Henrique A. D. *Descripção...*, vol. IV, p. 189 e 224.

53 Cf.: CARVALHO, Henrique A. D. *Expedição Portuguesa ao Muatiânvua. Ethnographia e História Tradicional dos Povos da Lunda*. Lisboa: Imprensa Nacional, 1890, p. 466-467.

Marcolino e sua mulher[54]

Marcolino também foi a pessoa que Henrique de Carvalho mais confiou nas travessias de rios e pântanos, sendo o seu "guia de passos nos caminhos difíceis", como na passagem do rio Lúto, que o chefe da expedição teve que atravessar:

---

54 Cf.: *Álbum da Expedição Portuguesa ao Muatiânvua*. Disponível em: http://henriquedecarvalho.bnportugal.pt/fotos/foto190.htm#. Acesso em: dezembro 2012. Também publicada em: HEINTZE, Beatrix. *Pioneiros Africanos...*, imagem XV. A legenda manuscrita da fotografia diz: "É Marcollino um dos contractados em Loanda; cozinheiro do Chefe da Expedição quando só nos acampamentos ou em marcha. É filho do baixo Congo. Junto de si está sua companheira que um dia em jornada a deixou cahida no caminho cozendo uma bebedeira e ella raspou-se com uma trouxa d'elle em que nella tinha todas as suas riquezas." Disponível em: http://henriquedecarvalho.bnportugal.pt/legendas/ea-95-p_0124_120_t24-C-R015.jpg. Acesso em: dezembro de 2012.

236 Elaine Ribeiro

> debaixo d'uma imponente chuva, sobre uma pessima ponte quasi sempre coberta d'agua, um amontoado de paus muito tortuosos, que a força da corrente ia deslocando pouco a pouco, de modo que eu tive de ser guiado á mão, por Marcolino que ia na frente, indicando-me os paus firmes em que podia assentar os pés e, de quando em quando, encontrava-me em grandes embaraços para passar as pernas, sobre os paus levantados e moveis.[55]

Conforme a viagem foi acontecendo, a proximidade das relações fez com que o chefe da expedição externasse ainda mais a sua admiração por aquele que considerou estar entre a "nata dos cozinheiros".[56]

Junto à estas práticas cotidianas, que permitiram aos loandas, por sua proximidade com o chefe Henrique de Carvalho, uma maior visibilidade entre os diferentes grupos de trabalhadores, outros elementos também fizeram com que a expedição como um todo se destacasse na paisagem social como uma sociedade expedicionária cujo chefe era o major português.

Ao estudar a constituição do poder político e sua relação com o sistema de parentesco entre os Mbundu (ambundos) da África Centro-Ocidental, Joseph Miller apontou para a possibilidade de se perceber o sistema de parentesco como um sistema social cuja essência diz respeito a uma ligação dos vivos com os antepassados mortos há muito tempo e que está para além da formação de novos conjuntos populacionais devido a fatores migratórios.

O ponto em que se inscreve tal discussão está no redimensionamento cotidiano do poder político que prevê a "difusão de

---

55 CARVALHO, Henrique A. D. *Descripção*..., vol. IV, p. 555. Ou ainda, quando na vez que levou o major nos ombros, vol. II, p. 400, ou quando este ficou contrariado porque teve ir com outra pessoa por Marcolino não ter chegado a tempo da travessia dos riachos Hongo e Liba, vol. IV, p. 430-433.

56 Cf.: CARVALHO, Henrique A. D. *Descripção*..., vol. IV, p. 46.

Barganhando sobrevivências 237

ideias, instituições, símbolos de autoridade e coisas semelhantes" por meio de princípios genealógicos de reciprocidade e redistribuição, que confere ao líder da comunidade o poder de redimensionar ou reatualizar o discurso dos ancestrais através dos ritos de distribuição de bens materiais e daqueles conectados à harmonia social, dentre os quais, a justiça. Deste modo, cabe ao "chefe" o papel da mediação com os ancestrais na resolução dos conflitos como forma de legitimar o seu poder e tornar a vida em conjunto possível. Logo, é neste processo de busca de coesão social em que se dão as rupturas e continuidades que movimentam a história destes povos.[57]

Neste sentido, uma das formas deste movimento histórico pode estar naquilo que Miller chamou de "instituições transversais ao sistema de parentesco", isto é, a existência de associações capazes de transcender o poder genealógico das sociedades hierarquizadas pela forma do parentesco e que, para os nossos propósitos, são capazes de dimensionar o significado de trabalho, para além da questão da subsistência humana. Neste caso, o trabalho seria uma relação que se dá em tempo e espaço determinados e que necessitaria ser formalizado por uma ritualização e o porte de símbolos e marcas enquanto forma de coesão social.[58]

No seu trabalho, Joseph Miller discute quando esta forma do trabalho passa a se constituir um mecanismo do poder capaz de contestar a legitimidade da autoridade instituída sob o sistema de parentesco. Exemplificado na associação de mestres-caçadores (yibinda, singular kibinda) entre os Mbundu, este estudo foi capaz de perceber uma relação entre poder, identidade, competição e conflitos.

---

57 Cf.: MILLER, Joseph. C. *Poder político e parentesco*. Os antigos estados Mbundu em Angola. Luanda: Arquivo Histórico Nacional; Ministério da Cultura, 1995, p. 29.

58 SERRANO, Carlos. *Poder Político Tradicional na África*. Disciplina de graduação: Seminários de Antropologia I. 22 ago. 2007. Notas de aula. Manuscrito.

238 Elaine Ribeiro

Em linhas gerais, na questão identitária, a associação dos yibinda pressupunha a criação de laços pessoais para além das estruturas do parentesco, uma vez que um iniciante (mona a yanga, ou yanga, querendo dizer "filho do kibinda") na profissão de caçador podia ter como mestre um kibinda que se encontrava fora do seu grupo de parentesco. Deste modo, diz Miller, a relação entre mona e mestre era comparável àquela entre pai e filho, que no caso Mbundu, atravessava os laços matrilineares entre tio e sobrinho.

Esta relação se baseia na concepção de pai social, aquele que preside o rito de iniciação do novato, que tem o poder de criar uma solidariedade para além das linhagens, formando assim novos segmentos sociais independentes do sistema de parentesco ou de laços consanguíneos. Grosso modo, este foi o caso dos acampamentos de circuncisão chamados de kilombos dos ovimbundus e adotados posteriormente pelos imbangalas como organização social e política.

Outras formas de manifestação identitária do caçador eram os encontros nas florestas, nas cerimônias em ocasião da morte de um kibinda famoso e os sinais secretos de reconhecimento dos yibinda que faziam com que os laços entre os caçadores se estendessem "muito para além dos limites do parentesco e mesmo da etnicidade".[59]

A possibilidade de haver competição e conflito, ou seja, de existir uma interferência nas estruturas políticas tradicionais dos Mbundu, dava-se pela transmissão de poder a partir das insígnias como objetos de mediação com as forças espirituais e naturais.[60] O exemplo mais destacado por Miller em seu estudo foi a transmissão de poder a partir da insígnia Ngola, "que forneceu mais

---

59 Cf.: MILLER, Joseph. C. *Poder político e parentesco...*, p. 52.

60 Insígnias que por serem símbolos físicos de poder, ao serem conservadas, constituem-se em mais uma fonte histórica destes povos, sem perder de vista a dimensão da transformação por que passaram tais objetos, já que seu significado e uso variaram conforme o tempo.

Barganhando sobrevivências   239

uma, entre outras, forma de construir laços não hierarquizados pelo parentesco entre linhagens Mbundu".[61]

Esta insígnia, associada à árvore mulemba, significava o poder de mediação entre os membros vivos e mortos da linhagem e fazia parte dos objetos utilizados pelos adivinhos malemba dya ngundu. Tal como aconteceu com os caçadores, sua difusão se deu pela educação por meio da entrega de insígnias aos aprendizes, mas também a cessão ou venda destes objetos de metais em forma de martelo, sino, enxada ou faca, a herdeiros e clientes, que passavam a agir em nome do lemba dya ngundu. Apesar de deterem um conhecimento limitado, estes compradores se tornavam titulares de um atributo material que expressava alguma autoridade.[62]

A partir desta análise do trabalho de J. Miller, podemos refletir sobre o caso dos loandas e outros grupos da expedição que foram reconhecidos pelas diferentes sociedades contatadas ao longo dos caminhos como "filhos de muene puto" (rei de Portugal ou autoridade máxima dos portugueses). Ou ainda, identificados como filhos do angana ou muata majolo (senhor major) que tinha a seu serviço o nganga dontolo, o subchefe Sisenando Marques, que na qualidade de farmacêutico por vezes ministrou remédios aos doentes da expedição.[63]

Assim, os loandas como ex-escravizados, portanto, desenraizados de suas origens, que eram diversas – do Libolo, da Jinga, da Kisama, de Benguela, de Kimbundo, do Kongo, da Lunda, de

---

61   Cf.: MILLER, Joseph. C. *Poder político e parentesco...*, p. 63.

62   Cf.: MILLER, Joseph. C. *Poder político e parentesco...*, p. 63-64. Sobre a importância das enxadas como instrumento de trabalho e como insígnia, ver: SILVA, Juliana Ribeiro. *Homens de ferro*. Os ferreiros na África Central no século XIX. São Paulo: Alameda, 2011, p. 47 e 81.

63   Para o reconhecimento de Henrique de Carvalho como angana majolo e a tradução dos chokwes do termo mona para muana gana "senhor filho", ver: CARVALHO, Henrique A. D. *Expedição Portugueza ao Muatiânvua*. Méthodo prático para fallar a língua da Lunda contendo narrações históricas dos diversos povos. Lisboa: Imprensa Nacional, 1890, p. 156 e 290.

Luanda, de Kasanje e de Golungo Alto – no período de pós-abolição encontraram na expedição uma forma de integração social por meio da incorporação de elementos variados a partir de experiências múltiplas vividas em conjunto.

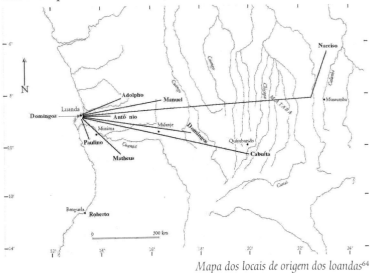

Mapa dos locais de origem dos loandas[64]

Tal questão pode estar inserida, por exemplo, no porte de objetos e vestuário que os distinguiam dos demais grupos encontrados nos caminhos da expedição: uniformes, correames e armamento que deviam ser utilizados nas solenidades nas terras dos maiores dirigentes lundas. Estes atributos físicos eram entendidos por eles como uma espécie de distintivo que lhes possibilitava agir em nome do chefe da expedição.

Não queremos dizer com isso que Henrique de Carvalho foi "confundido" tal e qual a um chefe político africano tradicional. Quanto a esta ideia, julgamos poder verificar a consciência mais profunda dela, principalmente, entre os loandas.

---

64 O mapa dos locais de origem dos loandas é de Beatrix Heintze e foi publicado no seu *Pioneiros africanos...*, p. 133.

Barganhando sobrevivências 241

No nosso entendimento, a figura de Henrique de Carvalho foi formulada em um sentido próprio ao empreendimento da expedição à Lunda, como uma autoridade capaz de dar um sentimento de unidade grupal em torno de um objetivo que passou a ser comum: chegar a mussumba do Muatiânvua, visto que sendo todos voluntários, contratados pelo angana major, iriam com ele porque "o majolo lá queria ir".[65]

Assim, na qualidade de testemunhas, a caracterização como gente de muene puto fez sentido nas cerimônias de assinatura dos tratados realizados com as autoridades lundas,[66] mas também, nas ocasiões em que os loandas foram enviados como emissários nas comitivas para estabelecer os primeiros contatos da expedição com as autoridades locais, nas quais eram levados, conforme o costume, presentes ou musapos. Este foi o caso de Francisco Domingos, enviado ao quilolo Bungulo, como apresentamos anteriormente.[67]

Destacável, neste sentido, foram as missões do loanda Paulo nos acampamentos dos chokwes, para sossegar os ânimos em tempos de guerra com os lundas, como também acompanhando

---

65 Para esta afirmação do grupo de trabalhadores que foi com Henrique de Carvalho até a mussumba do Kalani, que retomaremos logo mais, ver: CARVALHO, Henrique A. D. *Descripção...*, vol. IV, p. 11.

66 Para a descrição dos ritos e cerimônias realizados nos momentos de leitura e posterior assinatura dos tratados realizados entre Henrique de Carvalho, como representante português, e os dirigentes políticos lundas, ver o seu: *A Lunda ou os estados do Muatiânvua. Domínios da soberania de Portugal.* Lisboa: Adolpho, Modesto & Cia., 1890.

67 Os musapos também eram um modo de adquirir alimentos para os integrantes da expedição: "... como a Expedição tem por costume quando chega a qualquer povoação, mandar logo um signal de amizade, musapo (presente) ao soba, este vem agradecer também, trazendo uma vitella ou garrote, se tem gado, maior, quando não um porco ou carneiro, e os menos abastados, galinhas, ovos ou qualquer outra cousa." Cf.: CARVALHO, Henrique Augusto Dias de. Correspondência ao secretário da Sociedade de Geographia Commercial do Porto, datada da Estação Ferreira do Amaral, no Cafuxi de Sé Quitari, de 15 de novembro de 1884. In: CARVALHO, Henrique A. D. *Descripção...*, vol. II, p. 455.

242   Elaine Ribeiro

Henrique de Carvalho como intérprete ou muzumbo, na linguagem lunda.[68]

Outro loanda que também se sobressaiu foi Antonio, tanto por suas atribuições diárias – cuidados com a segurança das cargas e com o armamento da expedição, inclusive com a arma pessoal de Henrique de Carvalho – quanto por seus atributos físicos – o vigor que lhe permitiu, junto com o loanda Adolpho, entrar no recinto que ia ser fechado por labaredas e salvar dois rapazes, arrastando-os pelas pernas e ainda pelo próprio uso do uniforme encomendado especificamente para vestir os soldados de Ambaca, convocados para servir à expedição, e os trabalhadores contratados em Luanda.[69]

Uniformes que, de acordo com o chefe da expedição:

> ... porque era de justiça vestirmos os soldados e por equidade os contratados de Loanda, para o que havíamos mandado pedir ao nosso correspondente em Malanje fardas encarnadas e bonés de veludinho preto e uns pannos imitando os chamados da Costa ás riscas de diversas cores.
>
> Este uniforme econômico e vistoso reservavamo-lo para servir nas nossas solemnidades nas terras dos maiores potentados...[70]

---

68 Para tanto ver: CARVALHO, Henrique A. D. *Descripção...*, vol. IV, p. 345, 360-361, 450-451, 462, 480, 485.

69 Sobre o incêndio ocorrido no acampamento da expedição ver: CARVALHO, Henrique A. D. *Descripção...*, vol. II, p. 463-464. E sobre os cuidados de Antonio com o armamento e a segurança das cargas ver: CARVALHO, Henrique A. D. *Descripção...*, vol. IV, p. 174 e 295.

70 Cf.: CARVALHO, Henrique A. D. *Descripção...*, vol. IV, p. 487.

Antonio[71]

A importância atribuída ao uniforme nas relações sociais da expedição também funcionou nos casos de punição: como no

---

71 Fotografia do Álbum da Expedição Portugueza ao Muatiânvua. Disponível em: http://henriquedecarvalho.bnportugal.pt/fotos/foto007.htm#. Acesso em: dezembro de 2012. Também publicada por HEINTZE, Beatrix. *Pioneiros Africanos...*, imagem X. Legenda manuscrita de Henrique de Carvalho: "É Antonio, natural de Golungo Alto que de lá veiu em criança como escravo para Loanda onde se empregava como carregador de machila. Entrou no numero dos 12 contractados para a Expedição. Rapaz forte e destemido. Tornou-se muitas vezes perigoso porque perdia a cabeça principalmente se bebesse garapa. Para marchas era explendido, acompanhava a typoia (?) em 9 ou 10 horas de marcha seguidas e mesmo em 2 ou 3 dias successivos. Era um dos que mais supoortou a falta de alimentos. De farda ingleza e com armamento do Chefe – o que uzava sempre que o acompanhava em marcha é como se retratou." Disponível em: http://henriquedecarvalho.bnportugal.pt/legendas/ea-95-p_0010_6_t24-C-R0150.jpg. Acesso em: dezembro de 2012.

244   Elaine Ribeiro

rebaixamento do soldado Cambuta, "o de pequena estatura", a carregador – devido a uma briga que se envolveu com os shinjes, por ter sido chamado de "escravo de Muene Puto" pelo chefe da povoação, Mona Candala.

Sobre o castigo, Henrique de Carvalho anotou:

> ... Tinhamos de ser inexoráveis, e ordenámos ao cabo da força para que immediatamente despojasse o delinquente do seu uniforme e lhe desse um panno de carregador a cuja classe passava durante todo o tempo que estivesse ao serviço da Expedição, e ainda que nos custasse, demos ordem para lhe baterem nas costas com correias. Eram então os anganas [shinjes] que nos pediam cessasse com o castigo, e as mulheres e os rapazes nos limites das povoações imploravam em altos gritos a Muene Puto que perdoasse. O soldado ficou ainda prohibido de sair da cubata emquanto nos demorássemos na Estação.[72]

Portanto, ser filho de muene puto não equivalia ser escravo, no entendimento dos integrantes da expedição. Muito importante para a compreensão da sociedade expedicionária formada, a razão deste conflito provavelmente se relacionava ao sentido de escravo das palavras do chefe shinje, como aquele que poderia ser desamparado por Muene Puto e ser enviado para o Calunga ou além-mar.

Outro aparente aspecto de distinção dos filhos de muene puto foi proporcionado pela possibilidade da aprendizagem da escrita. Desta experiência, além do relato de Henrique de Carvalho, ficou-nos a fotografia tirada no acampamento junto ao rio Camau, que mostra entre os vários alunos do professor cabindense José Faustino, vestido de branco, o loanda Adolpho em pé, no meio, junto com outros alunos, todos pousando com um papel na mão.

---

72   Cf.: CARVALHO, Henrique A. D. *Descripção...*, vol. II, p. 129-131.

Escola do Acampamento[73]

De acordo com o expedicionário Henrique de Carvalho, tratava-se de

---

73 A fotografia da escola do acampamento é do Álbum Expedição Portuguesa ao Muatiânvua. Disponível em: http://henriquedecarvalho.bnportugal.pt/fotos/foto154.htm. Acesso em: dezembro de 2012. Também pode ser vista em HEINTZE, Beatrix. *Pioneiros Africanos...*, imagem IX. A legenda manuscrita por Henrique de Carvalho traz as seguintes informações: "O grupo que vemos neste quadro são os alunnos da escola de leitura da língua portugueza no acampamento do Valle das Amarguras junto ao riacho Cammau confluente do rio Unhamba entre o Cuango onde vai affluir a NW e o Cuango. Á esquerda vestido de branco lá está o professor José Faustino, o dispenseiro de quem falamos em outro quadro. Á direita está um (?) homem alto Adolpho contractado de Loanda que sendo também discipulo auxilia no que pode o professor. Sentados estão carregadores, soldados e crianças que todos são discipulos e alguns d'elles aproveitaram. Esses pequenos papeis são desenhadas as letras e também palavras; e mais tarde os jornaes fornecem-lhes periodos para leitura." Disponível em: http://henriquedecarvalho.bnportugal.pt/legendas/ea-95- -p_0100_96_t24-C-R0150.jpg. Acesso em: dezembro de 2012.

... uma aula de intrucção primaria – que se instituíra por lembrança do empregado José Faustino e outros, onde concorriam alguns soldados, carregadores de Malanje e menores, a qual continuou durante a viagem, e alguns discipulos teve que aproveitaram...[74]

Provavelmente entre os que aproveitaram as aulas do professor José Faustino estava o carregador Xavier, que no retorno da expedição ao litoral enviou a Henrique de Carvalho a seguinte carta pedindo atestado de bom comportamento:

Meu bom patrão. – Desejo-lhe saude. Por este meio venho sollicitar a V. uma fineza que desejo vel a realisada. Como vim a esta cidade [Luanda] em acompanhamento de V., no seu regreço a esta, e como não sou filho d'esta terra e por não me agradar esta terra, não quero ficar, quero regraçar-me á minha patria, portanto venho por meio d'esta minha cartinha, pedir o favor de me passar um escripto do meu bom comportamento durante a longa viagem que fizemos para ir á Mussumba e para chegar a esta cidade, que parece não tinha fim, qual é o meu mau procedimento que procedi na viagem, se assim V. patrão assim julgar, outro sim passar-me uma carta para minha segurança, que quando eu chegar á minha terra não

---

74 Cf.: CARVALHO, Henrique A. D. *Descripção*..., vol. II, p. 235.

Barganhando sobrevivências 247

me acontecer nada, porque eu em chegando lá, quero fabricar minha cubata em ordem no caminho do negocio junto á minha familia, para quando vier qualquer auctoridade do Rei como o patrão receber-ia em boa harmonia, eu sou preto mas com o coração de branco. A terra que eu quero fabricar lá no caminho é o Camau, onde o meu patrão com o seu Angananzambi cortou o fogo no acampamento, onde todos iamos ficando assados, portanto peço a V. este obsequio e favor para o meu governo. – Sou com toda a estima de V. Att°. V.° Obr°. Cr°. Servo que pede a resposta (ass.) Xavier Domingos Paschoal. – NB. Não se esqueça de me dar uma bandeira do nosso Rei para a cubata.[75]

Ainda sobre o pedido de Xavier, o major português relatou:

... o carregador Xavier (era) esse rapaz que na Estação – Costa e Silva – esteve gravemente doente com uma pneumonia dupla, que ficou muito reconhecido pelo tratamento que se lhe dispensou, devido a ser epocha de abundancia dos nossos melhores recursos, aquelle que, mais tarde, na margem do Cuengo, eu consegui curar das febres, apezar de ser natural das visinhanças da localidade, e entendeu mimosear-me com um coêlho que agarrou á mão no mato, o único que vi em toda a viagem,

---

75 Salvo engano de minha parte, não há nenhum reparo do major português que esta carta tenha sido escrita por outra pessoa a pedido de Xavier. Portanto, inferimos que ela seja do próprio carregador. Para a carta citada e a gravura do *carregador Xavier*, ver: CARVALHO, Henrique A. D. Descripção..., vol. IV, p. 722-723. Esta carta pode ser analisada também no trabalho de Beatrix Heintze em: A lusofonia no interior da África Central na era pré--colonial. Um contributo para a sua história e compreensão na Actualidade. *Cadernos de Estudos Africanos*, n° 7-8, p. 179-207, jul. de 2004 a jul. de 2005, p. 203. Disponível em: http://cea.iscte.pt/index.php?option=com_docman&task=doc_view&gid=73. Último acesso em: outubro de 2010.

248   Elaine Ribeiro

> e que veiu a proposito por não ter que almoçar na occasião,
>
> [...]
>
> Não era muito exigente e merecia que alguma coisa fizesse em seu beneficio, pois foi um dos que se comportou bem; paguei a sua passagem para o Dondo no vapor da carreira e dei-lhe seis mil réis em cobre para comer até Malanje. Recebeu uma bandeira nacional com a competente auctorisação para a hastear junto da sua residencia e tambem um attestado de seu bom comportamento, emquanto esteve ao serviço da Expedição, e entreguei-lhe tambem cartas para os chefes dos concelhos e amigos lhe dispensarem protecção.[76]

E assim, para além da apreensão da escrita, com a carta de Xavier compreendemos o sentimento de injúria do soldado Cambuta: sendo parte da sociedade expedicionária, nada mais justo que ser reconhecido como filho e não escravo de Muene Puto. Também por isso os pedidos de Xavier, pelos bons trabalhos prestados: uma recomendação por escrito que atestava a sua filiação ao angana major junto às autoridades africanas e uma bandeira portuguesa como insígnia de seu pertencimento. Portanto, assim como Cambuta defendeu sua posição social, Xavier, em favor de seus interesses, operou pela lógica local e não por uma submissão cega ao poder luso.

Ainda com relação à escrita, por seu conhecimento das línguas portuguesa e lunda, José Faustino teve importante participação na formulação dos tratados realizados entre a expedição e as autoridades locais. O professor conseguiu até mesmo fazer constar em um deles os seus interesses pela escola da expedição:

---

76 Cf.: CARVALHO, Henrique A. D. *Descripção...*, vol. IV, p. 723-724.

Barganhando sobrevivências   249

... com annuencia do Muatiânvua, [a abertura de]
uma escola primaria de instrucção da lingua portugueza obrigatoria para todos os menores que faziam parte da Expedição entre sete a quinze annos
e para todos os individuos que o Muatiânvua leva-
va na sua comitiva e que elle dizia que ia mandar
frequentar. Que por emquanto era professor d'ella
o empregado da Expedição José Faustino, que sob
sua direcção havia de leccionar das 11 horas da manhã ás 2 horas da tarde, tendo logar a primeira lição
no dia 3 do proximo mez [de novembro de 1885]
e esta aula, a primeira que se estabelecia em terras
da Lunda entendia dever denomina-la Chibunza
Ianvo [como também se chamava o Muatiânvua
eleito] para que pelo menos os seus discipulos se
recordasse no futuro, não só d'este dia, como do
Muatiânvua presente que de passagem pelas terras
do Caungula seguia a chamado dos grandes quilo-
los a tomar posse do seu Estado.[77]

A questão da adoção de costumes europeus por parte dos
africanos foi relativizada por Conceição Neto, em sua crítica ao
lusotropicalismo. Como nos casos aqui apresentados, das práticas
alimentares (as iguarias do sertão junto às da sociedade cristã), do
vestuário, da aprendizagem da escrita da língua portuguesa e da
cristianização. Se esta adoção significou um processo desestrutu-
rante das sociedades africanas, por outro lado e simultaneamente

---

77 Excerto do tratado da expedição portuguesa com o caungula Muata Xa
Muteba, grande quilolo do Muatiânvua, que pode ser visto em CARVALHO,
Henrique A. D. *Descripção...*, vol. II, p. 692. Este tratado foi realizado em
31 de outubro de 1885, na estação Luciano Cordeiro instalada na região do
Caungula, terras da Lunda, na confluência entre os rios Mansai e Lóvua. Para
tanto ver: Correspondência de Henrique de Carvalho ao ministério da marinha e ultramar, datada de Luambata, na margem esquerda do Calanhi, de 01
de fevereiro de 1887. In: CARVALHO, Henrique A. D. *Descripção...*, vol. IV, p.
787-796.

250 Elaine Ribeiro

– nas palavras da historiadora – "forneceu possibilidades de mobilidade social vertical",[78] como nos caso de Marcolino, Antonio, Cambuta, Adolpho, José Faustino, Xavier e outros que pertenceram à sociedade expedicionária.

Por este motivo que a historiadora propõe pensarmos estas absorções culturais para além dos vícios do pensamento lusotropicalista:

> Igualmente fruto dos contatos, diretos ou indirectos, com portugueses e outros europeus, foi a introdução nesta parte do mundo da mandioca e do milho, das calças e camisas dos homens, dos "quimones" e dos panos de algodão dos trajes tradicionais das mulheres, dos canhangulos dos velhos caçadores. E nada disso precisa do "lusotropicalismo" para ser explicado, manifestando simplesmente o resultado de influências culturais, impostas em diversas circunstâncias ou voluntariamente assumidas. [79]

Ainda sob este prisma, a escrita dos trabalhadores da expedição, portanto, mais do que se referir à "boa influência lusa" – como por vezes o próprio major português tenta nos fazer crer –, significou uma aceitação de aspectos do exterior que em alguma medida passaram a fazer sentido como atributo de relevância social entre os agentes africanos, que a partir de então se assenhoraram da escrita.

Dilatando o sentido da apropriação da escrita – como uma ameaça aos interesses coloniais – sobre a figura dos ambaquistas, Elizabeth Ceita Vera Cruz nos aponta uma contradição da colonização portuguesa com relação a estes agentes sociais.

---

78 Cf.: CONCEIÇÃO NETO, Maria da. O luso, o trópico... e os outros. (Angola, c. 1900-1975). In: *A dimensão atlântica da África*. São Paulo: CEA/USP; SDG--Marinha; CAPES, julho de 1996, p. 121.

79 NETO, Maria da Conceição. Ideologias, contradições e mistificações da colonização de Angola no século XX. *Lusotopie*. 1997, p. 331-332. Disponível em: http://www.lusotopie.sciencespobordeaux.fr/resu9719.html. Último acesso em: novembro de 2010.

Os ambaquistas, mesmo considerados os primeiros "assimilados" de Angola pelos colonialistas do século XX, passaram a ser combatidos, porque houve uma "necessidade de pôr um travão ao grupo, de o condicionar, de o limitar, de o dominar", já que como secretários dos dirigentes políticos africanos, com domínio da escrita portuguesa, encontravam-se munidos "das alavancas que permitiram ser independentes, à luz da ideologia vigente que consagrou o trabalho e a instrução como elementos constitutivos dos homens livres"

> Entre a teoria e a prática, entre o dito e o feito, entre o manifesto e o latente, estas as contradições e ambiguidades que funcionaram como proteção do próprio poder – as contradições e ambiguidades são as duas faces de uma mesma moeda cujo valor estava encerrado num objetivo único: o domínio. Para fazer frente às ameaças – e os ambaquistas constituíram uma ameaça –, os colonialistas tiveram de se dotar de armas eficazes para manter o domínio face àqueles que se apresentaram como um adversário. Tendo em atenção que os ambaquistas não somente falavam e escreviam português como, mercê desta mais--valia serviam de intermediários entre os autóctones (sobas) e os portugueses, facilmente se compreende a ameaça que representaram para os portugueses.[80]

Outra trajetória que nos permite avançar no entendimento, sobretudo, da configuração identitária dos loandas como um grupo influente da expedição, é a do contratado Matheus, inclusive naquilo que comumente entendemos ser "mais africano": a liderança do mais velho pelo respeito que inspirava.

O "velho Matheus", como era conhecido pelos outros trabalhadores, nascido no Libolo, região ao sul do rio Kwanza, foi um

---

80 Cf.: VERA CRUZ, Elizabeth Ceita. *O estatuto do indigenato* – Angola – A legalização da discriminação na colonização portuguesa. Lisboa: Novo Imbondeiro, 2005, p. 132-141.

dos loandas que, devido a sua idade, mais vivenciou os efeitos da promulgação da legislação abolicionista portuguesa. Escravizado ainda criança e levado para Luanda, foi comprado pela famosa negociante do trato atlântico, Ana Joaquina dos Santos e Silva. Depois de algum tempo, Matheus foi revendido junto com outros escravizados para uma mulher chamada Thereza.[81]

A partir da *Descripção* de Henrique de Carvalho, sabemos que "o velho Matheus" foi carregador de maxila em Luanda, inclusive servindo o major português na sua primeira estadia na cidade, entre os anos de 1878 e 1882.

Mateus com mulheres e crianças lundas[82]

---

81 Cf.: HEINTZE, Beatrix. *Pioneiros africanos...*, p. 139.
82 A fotografia de Mateus com mulheres e crianças lundas do *Álbum de fotografias da Expedição*, está disponível em: http://henriquedecarvalho.bnportugal.pt/fotos/foto140.htm. Acesso em: dezembro de 2012. Também publicada em: HEINTZE, Beatrix. *Pioneiros Africanos...*, imagem XVI. A legenda manuscrita

Barganhando sobrevivências   253

A estima que o "velho loanda" inspirava em diferentes grupos de trabalhadores da expedição pode ser vista, por exemplo, na viagem que Agostinho Sisenando Marques fez com uma turma de trabalhadores até uma comunidade chokwe, no momento em que o subchefe ordenou a partida e recebeu uma negativa dos homens:

> Loandas, Malanges e soldados, gritei, a caminho, vamos-nos embora.
> — Não podemos, senhor, adoeceu o velho Matheus, e não há de ficar abandonado no mato, respondeu uma voz do grupo.
> — Pouco me importa. Matheus não fica só; acompanham-n'o os [carregadores] masongos e as praças 49 e 90, disse eu.
> Rosna-se e manifesta-se descontentamento. Ouve-se a voz de João Capangalla, tolo, mas atrevido:
> — A gente, senhor, não póde deixar o nosso pae Matheus, é o nosso velho![83]

Enfim, não só o velho Matheus como também os outros loandas, devido às suas atuações, acabaram de pouco em pouco a serem reconhecidos como lideranças por todos que se envolveram

---

de Carvalho diz: "É o velho Matheus que fora em creança escravo de D. Anna Joaquina, a senhora Dembo Ndala socia de R. Graça. Há muitos annos que vivia em Loanda como carregador de machila. Esteve também ao serviço do major H. de Carvalho desde 1878 a 1882 e quando este appareceu em Loanda para seguir para o interior como Chefe da Expedição contractou-se com mais 11 companheiros para fazer parte da mesma, sendo encarregados de vigiarem as cargas e outros serviços de responsabilidade. Bom homem e obediente, junto d'elle estão uma mulher e creanças da Lunda que iam para o rio apanhar peixe com a pequena armadilha que se vê aos pés do grupo." Disponível em: http://henriquedecarvalho.bnportugal.pt/legendas/ea-95-p_0090_86_t24-C--R0150.jpg. Acesso em: dezembro de 2012.

83 Cf.: MARQUES, Agostinho Sisenando. *Expedição Portugueza ao Muata-Ianvo. Os climas e as producções das terras de Malange à Lunda...* Lisboa: Imprensa Nacional, 1889, p. 390.

254   Elaine Ribeiro

com o empreendimento português, inclusive pelo chefe Henrique de Carvalho.

Já perto da mussumba do Kalani, depois que boa parte da expedição por falta de recursos retornou a Malanje, o major português foi forçado a refletir, com relação aos loandas e outros trabalhadores mais próximos, sobre o estado de dependência não só da sua própria sobrevivência, como de todo o projeto da expedição:

> Não direi que esteja completamente só, escrevia eu no Diario, pouco depois de retirarem os meus companheiros, de 28 mezes successivos de trabalhos, no coração d'este continente, porque, enfim, commigo quizeram ficar voluntariamente, o interprete e sua familia, o José Faustino, o Augusto Jayme, os dez contractados de Loanda [inclusive Matheus], o piloto, seis carregadores de Malanje, os meus afilhados Henrique, Mario e Filipe, e essas 156 pessoas da Lunda, que me comprometi a apresentar ás suas familias na Mussumba; porém, o que é muito peor, é que somos 190 bôccas que precisamos comer, e faltam-me os recursos indispensaveis para comprar os alimentos, até para os 26 a que se reduziu a Expedição!
>
> [...]
>
> Mandei chamar de novo, todos os meus companheiros, e fiz-lhes sentir, que pouco era o que tinhamos para comer, que já estavamos na epocha das chuvas, e não podiamos contar com o recurso da caça, e portanto, que todos deviamos esperar o soffrimento da fome. Não eram elles obrigados a arrostar contra mais sacrificios e privações por minha causa, estavam todos muito a tempo de retirarem e alcançarem a Expedição, que se demorava

em Calamba Cassênga, fazendo fornecimento de farinhas e de bombós.[84]

Na resposta a estas quase súplicas do chefe da expedição, ao confirmarem o seu propósito de continuar com a expedição, os *companheiros de Carvalho* fizeram questão de reafirmar o seu estatuto de pessoas livres, já que acentuaram a vontade própria no cumprimento – e diríamos extensão – do contrato acordado com o *angana* major:

> responderam: somos todos voluntarios, fômos contractados pelo angana major e só regressaremos com nosso amo; se algum de nós morrer, é sorte; a nossa obrigação é acompanhar o angana major á Mussumba, visto que, quer lá ir, e comer para o homem, (o homem era eu) sempre se há de arranjar.[85]

Deste modo, Henrique de Carvalho, frente a esta situação, acabou por expressar, e até de maneira acusatória, parte do que há de implícito em seu discurso colonialista, o reconhecimento e a dependência europeia do trabalho africano:

> Bons rapazes; nunca esquecerei as provas de defferencia, que ainda nas occasiões as mais criticas, fiquei devendo a estes meus companheiros!
> Que me importa a côr, a sua origem, o seu nascimento, a sua humilde posição, o seu estado social e d'onde vieram! Sei que são homens de sentimentos, que fracos e abatidos pela fome se esforçavam a derrubar palmeiras, para irem em seguida cozinhar os palmitos, ou arrancavam as raízes da terra, até poderem encontrar tuberculos, que coziam em água, para me alimentarem; que além de muitas outras condescendências e considerações de respeito,

---

84 Cf.: CARVALHO, Henrique A. D. *Descripção*..., vol. IV, p. 8.

85 Cf.: CARVALHO, Henrique A. D. *Descripção*..., vol. IV, p. 11.

256 Elaine Ribeiro

> que individuos esfaimados e desalentados, em regiões civilisadas, só como virtude, por excepção, as podem ter por outrem, eu as tive, de uma abnegação de seus proprios interesses, para me salvarem das vascas da morte, que, quase de mim se ia apoderando, quando já supponha ter terminado a minha missão!
>
> Quanto se enganam aquelles que na Europa, compulsando no seu gabinete um ou outro caso isolado, narrado pelos viajantes africanos, d'estes pretendem deduzir que os prêtos são entes desnaturados![86]

Em suma, se para Henrique de Carvalho os contratos escritos realizados com os loandas serviam como defesa frente às acusações das nações europeias de práticas escravistas pelos portugueses, para Matheus e os outros loandas, o mesmo documento significou o registro escrito de sua situação social enquanto homens livres, mesmo que chamados de serviçais ou indígenas pelo discurso colonialista.

O contrato registrado na administração do concelho de Luanda significou ainda a posição de liderança destes trabalhadores frente aos outros arregimentados ao longo da viagem, algo, aliás, previsto nas obrigações contratuais: o serviço de vigia e defesa das cargas e o serviço de carregador, "só quando houvesse falta de pessoal para este trabalho".

Assim, é nesta perspectiva que o nosso estudo, ao objetivar reconstituir aspectos da vida cotidiana dos trabalhadores da expedição portuguesa ao Muatiânvua, acaba por cuidar também do sentido do controle social português. Ou ainda, nas palavras do historiador moçambicano Elísio Macamo, quanto à relação trabalho e ordem social:

---

86 Cf.: CARVALHO, Henrique A. D. *Descripção...*, vol. IV, p. II-I2.

Barganhando sobrevivências 257

> o trabalho pode ser definido como uma relação social que é tanto o conteúdo como o resultado desta ação social. Neste sentido, a relação entre o trabalho e a ordem social é mais encarada como uma tentativa de ordenar as relações com base nos conceitos e práticas de trabalho. [Portanto, nas questões] da obrigação de trabalhar [...] e da consideração realista do papel desempenhado pelos africanos [...] devem ser reconhecidas as influências externas, como parte de mundo real [...] E é precisamente neste ponto que o trabalho torna-se um interessante ponto de partida para discutir questões de mudança social, pois é de fato com a mudança social que estamos lidando.[87]

Prosseguindo nesta linha de raciocínio, o termo mukanda ou mucanda, que encontramos no relato de Henrique de Carvalho, assim como em outras fontes da época, pode nos ajudar a entender o sentido mais profundo destes contratos de trabalho. Neste sentido, a carta do carregador Xavier é um vestígio muito importante do nosso caminho de investigação.

O sentido social da mukanda

Pela literatura antropológica, mukanda é a palavra utilizada para designar os ritos de circuncisão dos meninos das sociedades Lunda, Luvale, Chokwe, Luchazi e Ndembu, esta última estudada por Victor Turner.[88] Embora não consigamos dar conta da complexidade que envolve estes ritos, no geral sabemos que são processos iniciatórios que objetivam a inserção social do menino como

---

87 Cf.: MACAMO. Elísio S. Denying Modernity: the Regulation of Native Labour in Colonial Mozambique and its Postcolonial Aftermath." In: MACAMO, Elísio S. *Negotiating Modernity* – Africa Ambivalent Experience. London: Zed Books, 2005, p. 67-68. (Tradução nossa)

88 Para tanto ver: TURNER, Victor. *Florestas de símbolos*. Aspectos do ritual Ndembu. Trad. Paulo Gabriel H. R. Pinto. Niterói: EdUFF, 2005.

258 Elaine Ribeiro

um novo membro apto aos direitos e deveres de sua comunidade. Ritos que marcam seu pertencimento social ou sua identidade.

No tempo da expedição, a mucanda foi descrita por Carvalho como sendo a "casa distante da povoação, onde os rapazes se conservam em liberdade com os companheiros, não tendo relações alguma com o exterior". Foi observada também como um marcador temporal para a referência de um determinado grupo de iniciados – "a mucanda de tal epocha" que era

> assignalada por algum facto extraordinario, podendo até ter um nome de animal não vulgar, morto na occasião por um caçador, o nome d'este caçador, o nome de algum outro animal que tenha causado desgraça devorando alguma pessoa, como o jacaré, o leopardo, a onça, etc., um nome que se deu a uma visita estranha, á escassez de um genero de producção, que dizem fome de tal producto, etc. A ceremonia termina pelo corte do prepucio.
> Em toda a região da Lunda ninguem pode ser senhor de Estado sem ter passado por essa operação.[89]

Nas fontes arroladas, mukanda também é a autorização dos chefes políticos para os estrangeiros fundarem em suas terras casas de negócio, tal como foi o caso das "estações civilizadoras" construídas por Henrique de Carvalho. O termo mucanda aparece, por exemplo, no tratado realizado entre o major português e o Caungula Muata Xá Muteba, em outubro de 1885. Com a presença do Muatiânvua eleito Xa Madiamba, esta mucanda consentia a instalação da "Estação Luciano Cordeiro".

Sobre o terreno onde foi edificada a estação, o Caungula e o Muatiânvua diziam não poder vender "o que há muitos annos a Lunda considerava propriedade sua", por isso a concessão do direito de fundação da casa portuguesa,

---

89 Cf.: CARVALHO, Henrique A. D. *Ethnographia e História...*, p. 447-448.

Está feita uma boa casa e por isso todos nós temos muita esperança que Muene Puto não deixará de mandar para ella quem venha negociar e ensinar o povo d'esta terra. O nosso Muatiânvua deseja que se escreva a Muene Puto e se lhe participe que está feita a casa em terra que cedemos de bom grado a Muene Puto para esta se fazer; e eu tambem desejo que elle saiba que muito estimo que mande pára ella seus filhos e emquanto não vierem para cá mandarei um homem que tome conta della e a conserve sempre limpa e em estado de ser devidamente occupada por quem elle mandar. Isto que eu desejo, desejam tambem os do meu Estado e por isso presto o meu nome para a Mucanda (escripto) que o sr. Major já nos leu.

Aos interpretes se repetiu que transmittissem novamente, que eram desejos da Expedição comprar o terreno não por elles, mas porque no futuro seus herdeiros talvez mal aconselhados, não quizessem confirmar a concessão agora feita e tanto pelo Caungula, directo senhor destas terras como pelo futuro Muatiânvua, já por elle como tal recebido e considerado, foi repetido que uma futura interpretação differente do acto que estamos praticando se não podia dar pelos seus herdeiros e que se fechasse a mucanda. [90]

Como uma prática alargada entre as populações da África centro-ocidental, o termo mukanda também designou os contratos comerciais ou de crédito. Podemos perceber o funcionamento deste processo nos casos de contratação de grupos de carregadores.

---

90 Auto de inauguração escrito pelo primeiro intérprete da expedição Antonio Bezerra de Lisboa, para tanto ver: Lisboa, Antonio Bezerra de. Auto da Inauguração da Estação Luciano Cordeiro, de 31 de outubro de 1885. In: CARVALHO, Henrique A. D. *A Lunda*... p. 78-88.

260 Elaine Ribeiro

Como na vez que o chefe do concelho de Malanje contratou alguns grupos para levar suprimentos à expedição acampada na margem direita do rio Cuengo.

Esta caravana liderada pelo empregado português da expedição Augusto Cesar era composta de 200 pessoas, sendo 106 carregadores com suas mulheres e quibessas (ajudantes de carregadores, na maioria das vezes meninos que estavam aprendendo o ofício). Todos distribuídos sob o critério de origem, isto é, em grupos de cada sobado da região de Malanje.[91]

Sobre a chegada desta caravana no acampamento da expedição, Henrique de Carvalho anotou:

> A chegada d'aquella comitiva, como é bem de deprehender, era um sucesso importante de que se esperavam optimos resultados, por isso imagina-se qual foi a satisfação que de todos nós se apoderou logo que os primeiros carregadores se avistaram ao longe. Todos os rapazes que estavam no acampamento principiaram a disparar as suas armas, indo logo uns enfeitar a ponte com lenços e retalhos de chita de diversas côres, outros vestir o que tinham de melhor e pedir-nos algumas cargas de polvora para saudarem condignamente os antigos companheiros que caminhavam no couce da comitiva com Augusto, o qual vinha montado num boi, e os que faziam parte da musica lá foram para a entrada da ponte com os seus instrumentos.
>
> Pode dizer-se que entre o gentio era esta uma manifestação imponente, e naquelle dia ficaram logo esquecidos os sacrificios, privações e trabalhos que todos até ali tinham soffrido no cumprimento dos seus deveres. Já não havia desgostos, e os soffrimentos referiam-se apenas para justificar a alegria de que todos estavam possuidos.

---

91   Cf.: CARVALHO, Henrique A. D. *Descripção...*, vol. II, p. 414.

Barganhando sobrevivências   261

> A comitiva veiu chegando por grupos com os seus cabeças, e os carregadores iam collocando as cargas na arrumação devida em local reservado que se lhes destinou. Atrás dos grupos de cada sobado apresentava-se-nos o representante do respectivo soba entregando-nos uma mucanda d'esse potentado, que principiava invariavelmente pelos protestos de submissão a Muene Puto, desejos que tinha em bem os servir, recommendando á sua protecção os seus filhos, e terminava sempre esperando que nós agradecessemos os serviços d'elles, e não nos esquecessemos no regresso de o contemplar a elle soba com uma boa gratificação e com roupas para se vestir.[92]

Embora a citação seja longa, é necessária para dimensionarmos o momento festivo que marcava a chegada de caravanas com suprimentos nos acampamentos da expedição e a prática da contratação (neste caso, mais da aceitação por Henrique de Carvalho) dos carregadores, que pressupunha a entrega pelo líder de cada grupo, o cabeça dos carregadores, de uma mucanda em nome de seu soba.

Com relação às mucandas de contrato de trabalho, elas se caracterizavam por um protocolo de composição: o início invariável de protestos de submissão do soba a Muene Puto e o pedido de proteção para os seus filhos, os carregadores. No final vinham além dos agradecimentos as exigências dos pagamentos aos trabalhadores e uma gratificação ao soba no retorno da viagem.

Esta prática já costumeira na época, como carta ou bilhete de recomendação, foi visível ao ponto de Henrique de Carvalho anotá-la em diversas passagens de sua *Descripção*:

• Como na vez em Carima, o bilhete deixado por um soldado da expedição que recomendava a Henrique de Carvalho

---

92   Cf.: CARVALHO, Henrique A. D. *Descripção...*, vol. II, p. 435-436.

a compra de um boi, "como cousa muito boa". (*Descripção*, vol. I, p. 184);

• Como na recomendação do expedicionário alemão Wissmann, que enviou um bilhete a Henrique de Carvalho recomendando o cacuata do Muatiânvua Tâmbu. Neste bilhete, o chefe da expedição alemã pedia ao major português que protegesse Tâmbu "no negócio que pretendia fazer em Malanje, e em troca ficava a disposição para acompanhar a expedição até a mussumba, podendo os seus rapazes transportar alguma carga". (*Descripção*, vol. I, p. 316-317);

• Na vez em que Henrique de Carvalho deixou um bilhete a Mona Quinhangua para entregar a um cabo de carregadores que vinha atrás com suprimentos para que este lhe desse um garrafão pequeno de aguardente como "presente" em troca da sua boa recepção. (*Descripção*, vol. I, p. 391);

• Na povoação de Mulolo Quinhângua, quando o chefe Henrique de Carvalho em troca da acolhida que teve nesta terra entregou "um pouco de cognac do nosso cantil, uma peça de ʼchita, outra de riscado e um bilhete para que o nosso intérprete quando passasse, lhe entregasse duas garrafas de aguardente, com o que elle ficou muito satisfeito". (*Descripção*, vol. I, p. 460);

• Quando houve a impossibilidade de contratação de carregadores por estes não portarem um bilhete de recomendação de alguém conhecido: "uns rapazes que pretendiam logo ser contractados, porém como o soldado não vinha na sua companhia, nem trouxessem um bilhete, dissemos que esperassem pelas noticias que devia mandar o senhor capitão". (*Descripção*, vol. II, p. 195);

• Quando Henrique de Carvalho enviou um bilhete ao subchefe Sisenando Marques recomendando que ele aceitasse os dois carregadores do Canapumba, o cacuata Andumba: "dissemos a Canapumba que fosse com elles ao acampamento do subchefe, a quem num bilhete que demos ao mesmo Canapumba recomendámos que segundo as forças de cada um lhes distribuisse cargas mas em caixas, e que depois d'esse serviço feito lhes fizesse sentir pelo interprete que nós pagariamos rações, mas só na vespera do dia em que se declarassem promptos para partirem com o subchefe, ás ordens de quem haviam de marchar até ao Caungual". (*Descripção*, vol. II, p. 491);

• Na vez que Henrique de Carvalho usou a mucanda como sinônimo de "salvo-conduto", para tentar dissuadir os carregadores songos de sua intenção de não mais permanecer trabalhando para a expedição: "Á noite voltaram a procurar-nos para se despedirem, dizendo que retiravam por que tinham fome. Não podem retirar, porque os portos estão fechados, lhes dissemos, e se forem para o Lubuco serão lá agarrados pelos nossos amigos Allemães; nós com estes em Malanje estabelecemos – que vendo passar os carregadores d'elles, e elles os nossos, se não apresentassem mucanda, seriam presos". (*Descripção*, vol. II, p. 712);

• Quando Augusto Jayme absorveu o sentido de mucanda das populações com as quais conviveu e a utilizou para expressar a sua importância como insígnia de poder, ou nos termos portugueses, de louvor: disse ele, "falta-me a mucanda (decreto) mas o sr. Major sendo feliz nesta viagem há de arranjá-la. É o ganho que eu venho buscar no serviço da Expedição de Sua Magestade". (*Descripção*, vol. II, p. 319);

• Na vez que Henrique de Carvalho saldou uma dívida contraída pelo subchefe da expedição Sisenando Marques: "O Anguvo entregou-me um bilhete aberto, que o subchefe lhe deixara quando aqui passou, para que eu o gratificasse por elle o ter recebido muito bem e lhe facultar a passagem do rio nas suas canoas, tendo a certeza de que chegara ao seu sitio sem recursos alguns, para lhe pagar taes serviços.

264 Elaine Ribeiro

Tambem Anguvo deu ao interprete uma arma da Expedição, dizendo me que o Vunje lha entregara de penhor para passar o rio, porque ia de minha ordem buscar cargas de fazendas e aguardente com que eu o queria presentear e aos seus". (*Descripção*, vol. IV, p. 584-585);

O expedicionário português relatou terem sido os "Cassanjes e os Ambaquistas os introductores d'este aperfeiçoamento, a que chamam fundo, e os Lundas, mucanda":

> A carta que transita em mão de qualquer portador no interior, além de encerrada no seu involucro fechado, é envolvida em papeis, para não se enxovalhar, e depois em pedaços de fazenda e ainda em folhas seccas amarradas com fibras. É ao conjuncto d'esses resguardos, que elles chamam por analogia mucanda, e tanto que o papel, que conhecem servir para involucros, tambem denominam mucanda, e quando seja destinado para cartas dizem mucanda uá sanhica (papel de escrever) e para cartuchos de polvora, uá difanda, de missanga, uá kassangassanga.
>
> [...]
>
> Do Cuango para a costa dizem soneca (soneka). Muitos já dizem papéle; e alguns já lhe applicam o vocabulo ibubulo "folha de palmeira", em que escrevem os Ambaquistas.[93]

Assim, constatada a existência de tal sistema de crédito adaptado à escrita podemos relativizar as denúncias dos viajantes europeus de extorsões praticadas pelos chefes africanos quando estes passavam por sua região e lhes eram exigidos "presentes". No sentido da mucanda, estes presentes devem ser pensados como pagamentos em troca de serviços prestados ao viajante: lugar para

---

93   Cf.: CARVALHO, Henrique A. D. *Ethnographia e História...*, p. 215.

Barganhando sobrevivências 265

acampamento, canoas para travessias de rios, guias para vias difíceis, alimentação etc.

Portanto, as aludidas extorsões não eram fruto da pura sovinice dos dirigentes políticos africanos, mas consequência de possíveis infrações a este sistema de crédito: a compensação para a falta de um viajante que podia ser buscada no próximo que passasse – como também observou Henrique de Carvalho, apesar de seu discurso comum de viajante europeu:

> E não devem extranhar os leitores que assim succedesse, quando nesta publicação por vezes lhe tenho feito sciente, dos pretextos, alguns puramente imaginarios, de que se servem os potentados gentilicos, para justificarem as extorsões que fazem a uma comitiva de commercio que passa, attribuindo-os a uma outra ou apenas a um negociante, que passou annos antes.[94]

Por fim, retornando a carta de Xavier, que apresentamos anteriormente, vemos que este sistema além de generalizado servia como possibilidade de sobrevivência aos despossuídos nas *barganhas* do interior. Nesta correspondência, o carregador pede ao angana major "a fineza de lhe entregar uma cartinha, um escripto do bom comportamento durante a longa viagem até à Mussumba (que parece não tinha fim)". Um atestado para assegurar uma viagem de retorno sem muitos problemas e especialmente uma carta de crédito para "fabricar uma cubata em ordem no caminho do negocio".[95]

---

94 Cf.: CARVALHO, Henrique A. D. *Descripção...*, vol. IV, p. 584.
95 CARVALHO, Henrique A. D. *Descripção...*, vol. IV, p. 722-723.

266   Elaine Ribeiro

Os loandas e a devoção a Nossa Senhora da Muxima

... Se uamgambé uamga uami
Gaungui beke muá Santana

Se dizes que sou feiticeiro
Leva-me então a Santana[96]

Importante marcador da paisagem próxima da cidade de Luanda até os dias atuais é a igreja de Nossa Senhora da Conceição de Muxima, que constitui poderoso recurso imagético e material angolano.[97]

De acordo com Henrique de Carvalho, a denominação muxima significa coração tanto em kimbundu como nas línguas dos povos lundaizados que também empregaram o termo para aquilo "que está dentro e não se vê" e "para vontade, porque o coração é que dirige todas as suas acções", conforme no provérbio lunda, qui alundu o muxima, muzumbu ca quí tangiê-a: "o que o coração guarda, não o diz a boca", ou ainda, "nem tudo o que sentimos se diz".[98]

O presidio português da Muxima, do qual fazia parte a igreja, foi fundado em 1599 na margem esquerda do Kwanza, "nas

---

96 Parte da letra da música Muxima, que embora não se possa apontar um autor em específico é fortemente associada ao trabalho do grupo Ngola Ritmos.

97 Marcador de paisagem no sentido proposto por Isabel de Castro Henriques. Para tanto, ver a nossa análise dos Caminhos da expedição, realizada no capítulo anterior e o estudo da historiadora: HENRIQUES, Isabel C. A materialidade do simbólico: marcadores territoriais, marcadores identitários angolanos (1880-1950). *Textos de História*: Revista do Programa de Pós-Graduação em História da UNB, Brasilia: UnB, vol. 12, n° 1-2, p. 9-41, 2004.

98 Cf.: CARVALHO, Henrique A. D. *Méthodo prático para fallar a língua da Lunda...*, p. 111 e 158. O provérbio citado foi utilizado por Henrique de Carvalho como epigrafe do capítulo XVI, do quarto volume da *Descripção*, que trata da volta da expedição à cidade de Malanje, e talvez seja uma alusão ao seu desgosto por saber das acusações que vinha sofrendo por parte da imprensa e do governo portugueses pela demora e gastos da expedição.

terras", para os portugueses, "mal seguras da Quissama, a vinte e oito léguas do mar e dezoito de Calumbo", pelo capitão Balthazar Rebello de Aragão, "que o construiu á sua própria custa no tempo de governador João Furtado de Mendonça". Ainda no tempo do administrador colonial Lopes de Lima, na primeira metade do XIX, a igreja tinha "boas imagens, e paramentos, e quantidade de escravos para o serviço da mesma e também bastante prataria para o ornato della". [99]

A importância da igreja para as populações da região, inclusive para os kisamas, foi atestada por diferentes agentes ao longo do XIX, tal como o funcionário da administração angolana Manoel Francina, que em viagem ao Cazengo, no final de 1846, chegou a anotar notícias de milagres promovidos pela santa protetora da igreja:

> bastante espaçosa, coberta de telha, na proximidade do rio, na margem de Quissama, onde foi situado o Presidio, e que por fórma alguma se deverá deixar perder, não só por ser um Templo religioso, como porque pela muita crença do gentio nos milagres de Nossa Senhora da Conceição de Muxima, que se diz ora pestanejar, ora ter apparecido um dia fóra da igreja na praia, por occasião de ter sido agarrada por um jacaré uma preta que lhe havia sido offerecida, e que fôra lavar diversos objectos da igreja, a qual appareceu logo sem damno, e o jacaré morto; e ora finalmente em diversas guerras, decidindo as acções a favor d'aquelles que mais confiavam n'ella, vem de quando em quando tributar cera e azeite; sendo um dos fortes motivos e talvez o principal

---

99 Cf.: LOPES DE LIMA, José Joaquim. *Ensaios sobre a Statísticas das Possessões Portuguesas na África Occidental e Oriental*, vol. III: Angola e Benguela, Imprensa Nacional, Lisboa, 1846, p. 13 e 152.

268 Elaine Ribeiro

que o contém, e esses receios de todo desapparece-
rão se ella se deixar caír.[100]

Assim, mesmo com a tradição de quase quatro séculos de
resistência dos Kisamas ao domínio português, a crença na santa fazia com que a região da Muxima não sofresse ataques de-
vastadores, como notou o comandante José Francisco da Silva, já
que a localidade sem uma força regular capaz de resistir a inves-
tidas armadas devia sua proteção à grande ascendência da Nossa
Senhora: "e se até hoje não tem havido da parte do gentio alguma
invasão d'aquellas terras, que elles consideram suas é á Senhora de
Muxima que se deve [...] e não ao nome português."[101]
Interessante neste caso foi que sua construção e manutenção
ao longo do tempo dependeram do reconhecimento tanto de portugueses quanto das populações locais, como símbolo de professa-
mento da fé católica e das crenças kisamas.

Embora não consigamos perceber as razões de Balthazar
Rebello de Aragão para construir precisamente nesta localidade o presídio que ensejou, conforme o costume português, a

---

100 Cf.: FRANCINA, Manoel Alves de Castro. Viagem a Cazengo pelo Quanza, e
regresso por terra, pelo sr. Manuel Alves de Castro Francina, em dezembro
de 1846. *Annaes do Conselho Ultramarino (ACU)*. Parte não-oficial. Lisboa:
Imprensa Nacional, 1ª série, 1854-58, 1867, p. 455.

101 Cf.: Relatório do comandante da corveta Affonso d'Albuquerque, José
Francisco da Silva, ao governador-geral Francisco Joaquim Ferreira do
Amaral, assinado de Luanda, 10 de novembro de 1885. In: OLIVEIRA, Mário
António F. *Angolana*. (Documentação sobre Angola). Luanda; Lisboa:
Instituto de Investigação Científica de Angola; Centro de Estudos Históricos
Ultramarinos, 1971, vol. II (1883-1887), p. 854. Constatada essa ascendência, em ofício ao ministro da marinha e ultramar, que encaminhava cópia
do mesmo relatório do comandante J. Francisco da Silva, o governador-geral
defendeu a conveniência da reforma da igreja da Muxima em virtude dela ser
"um bom elemento de dominação sobre o gentio da Quissama". Para tanto,
ver: Ofício nº 503 do governador-geral de Angola, Francisco Joaquim Ferreira
do Amaral, para o ministro e secretário de estado dos negócios da marinha e
ultramar, sobre incidentes em Calumbo, 11 de novembro de 1885. In: OLIVEI-
RA, Mário António F. *Angolana...*, vol. II, p. 852.

Barganhando sobrevivências

edificação da igreja, a questão é que essa mesma região ou tomou um sentido de sagrado para os kisamas, a partir da presença da santa da Muxima, ou pelo contrário, renovou e aumentou este sentido, que preexistia.[102]

De acordo com o relato do viajante Joachim J. Monteiro, na década de 1850, havia perto da Muxima, em direção a cidade do Dondo,

> um penhasco perpendicular, no sopé do qual corre o rio [Kwanza]. Este é chamado de "Pedra dos Feiticeiros", e é a partir dele que os Quissamas lançam ao rio os desgraçados acusados de feitiçaria. Primeiramente eles são golpeados na cabeça por uma vara e depois jogados do penhasco para garantir que não escapem dos jacarés nadando até a margem.[103]

Ainda segundo o mesmo viajante, Nossa Senhora da Muxima inspirava uma grande veneração até mesmo em pessoas de regiões distantes e era considerada um "grande feitiço". Dos peregrinos que iam até a igreja em busca de prosperidade foi mostrada a ele uma caixa cheia de oferendas com correntes, anéis e outros objetos.

Prestando atenção à tese da historiadora Rosa Cruz e Silva, sobre a importância do sal extraído das minas da Kisama nas relações comerciais entre várias regiões da África centro-ocidental, tais como o Ndongo, Kongo, Loango e até a Lunda, podemos

---

102 Intrigante na questão da escolha do local de construção do forte, que pode não ter sido aleatória, é a análise do historiador Luís Felipe Alencastro sobre a figura de Baltasar Rebelo, como um homem "experiente das coisas da terra onde desembarcara em 1592 e que ficou conhecido como Bangalambota ou 'pau-ferro', nome pelo qual os ambundos quiseram definir sua dureza na vida sertaneja". Cf.: ALENCASTRO, Luis Felipe. *O trato dos viventes:* formação do Brasil no Atlântico Sul. São Paulo: Companhia das Letras, 2000, nota 115, p. 409.

103 Cf.: MONTEIRO, J. J. *Angola and the river Congo.* London: Macmillan and Co., 1875, vol. II, p. 123 e 128 [tradução nossa].

270   Elaine Ribeiro

encontrar sentido na difusão da crença a Nossa Senhora da Muxima associada ao comércio de longa distância.[104]

A propósito das religiosidades negras e o catolicismo centro-africano, interessante é a afirmação de Lucilene Reginaldo sobre a popularidade das devoções marianas e a São Benedito no contexto da colônia portuguesa angolana. Sobre este último santo, segundo as crenças, "nascido na Sicília em 1524, de pais escravos mouros", a historiadora nos informa sobre sua presença desde "o final do século XVII, em altar da Igreja do Rosário de Luanda, na periferia da cidade [e] no presídio de Massangano, [onde] foi homenageado com uma igreja própria".[105]

Outro resgate importante da historiadora é sobre a "lenda", que obteve nos escritos de Antonio Cadornega: "de que a mãe de São Benedito era, na verdade, natural de Kisama, no Reino de Angola, [o que sugere, completa Lucilene Reginaldo] um caminho para a identificação com o santo, além daquela em decorrência da semelhança física".[106]

Portanto, no processo de apropriação de aspectos culturais dos europeus, no caso da crença católica à santa da Muxima, é necessário que reconheçamos a presença das noções de sagrado

---

104 Sobre o sal das minas da Kisama, ver: SILVA, Rosa Cruz. O Corredor do Kwanza: a reurbanização dos espaços – Makunde, Kalumbo, Massango, Muxima, Dongo e Kambambe. Séc. XIX. In: *A África e a instalação do sistema colonial (c.1885-c.1930)*. Actas da III Reunião Internacional de História de África. Lisboa: IICT, p. 157-173, 2000, p. 162-163, especialmente.

105 Cf.: REGINALDO, Lucilene. *Os Rosários dos Angolas:* irmandades negras, experiências escravas e identidades africanas na Bahia setecentista. Campinas, 2005. Tese (Doutorado em História). IFCH, Unicamp, p. 38-39.

106 Cf.: REGINALDO, Lucilene. *Os Rosários dos Angolas...*, p. 39. Instigante seria, talvez, levarmos em conta a aproximação física e simbólica da igreja da Muxima com a região da "Pedra dos Feiticeiros" e a lenda da mãe de São Benedito ser natural da mesma região, já que São Benedito, por exemplo, em outras partes do mundo atlântico, como o Rio de Janeiro, era associado pelos escravizados às questões de cura nas seções de ordálio para detectar feitiçaria. Cf.: KARASCH, Mary C. *A vida dos escravos no Rio de Janeiro (1808-1850)*. São Paulo: Companhia das Letras, 2000, p. 373.

próprias das populações locais, até como um modo de continuar a praticar estas noções junto à crença católica.

Isto é, na expressão de Isabel de Castro Henriques, na "coabitação conflitual das crenças", a busca por "ventura" por meio da proteção de nossa senhora contra os prejuízos causados pelos feitiços e em favor da prosperidade social[107] E talvez aí esteja o sentido profundo e de resistência da letra da música Muxima, em destaque na epígrafe deste texto, que no início dos anos de 1950 foi o tema da abertura do programa de rádio *Angola Combatente*.[108]

[107] Ventura no sentido do complexo ventura-desventura proposto por CRAEMER, W., VANSINA, J. e FOX, R. Religious Movements in Central Africa: a theoretical study. *Comparative Studies in Society and History*. 18, no. 4, p. 458-475, 1976. Para uma análise do catolicismo no Congo, a partir do complexo de ventura-desventura, ver o trabalho de SOUZA, Marina de Mello e. *Reis negros no Brasil escravista*: história da festa de coroação do Rei Congo. Belo Horizonte: Editora da UFMG, 2002.

[108] Citando Marcelo Bittencourt, a pesquisadora Marissa J. Moorman, afirma que Muxima, no mesmo programa da rádio, foi logo depois substituída pelo hino do MPLA, mas que esta canção que evoca o ambiente cultural dos anos 1950 ainda foi por algum tempo considerada o hino angolano, trocada somente em 1975 com a instituição do estado nacional e a oficialização de Angola Avante Revolução como hino da nação. Cf.: MOORMAN, Marissa Jean. *Intonations*: a Social History of Music and Nation in Luanda, Angola, from 1945 to recent times. Ohio: Ohio University Press, 2008, p. 121-122.

272 Elaine Ribeiro

Muxima...

Assim como boa parte da população de Luanda, os contratados da expedição portuguesa ao Muatiânvua também tinham devoção à santa da Muxima. Quando em junho de 1884, o vapor Serpa Pinto aportou na região, para receber um passageiro para Massangano, os loandas:

> ... como fossem devotos da imagem de Nossa Senhora que ahi se venera, traziam já de Loanda vassouras, para varrer a capella e vélas de cera e ainda outras cousas para depositarem aos pés d'aquella tão afamada imagem, implorando-lhe uma boa viagem até á Mussumba e que os livrasse de perigos e grandes trabalhos, e permitisse que regressassem todos com saude.[109]

Embora tivessem a permissão do chefe da expedição para fazerem a cerimônia de lavação da igreja, não puderam os loandas realizá-la, uma vez que o capitão do vapor não estava disposto a esperar – "nem por meia hora!" – porque "queria adiantar a carreira com receio que lhe faltasse água no Dondo", isto é, que em alguns pontos do rio Kwanza faltasse água suficiente para o vapor navegar.

Chegando à parada seguinte, no porto conhecido como Cunga, os loandas indo-se lamentar para o capitão de segunda linha João Rebello, "de boas e antigas relações com Henrique de Carvalho, da contrariedade que sentiam e da situação em que os colocara o comandante do vapor, não lhes permitindo que fossem a Muxima levar as suas oferendas", conseguiram desta autoridade

---

109 Para a citação e a gravura da região da Muxima, com destaque da igreja, ver respectivamente: CARVALHO, Henrique A. D. *Descripção...*, vol. I, p. 90 e 93. Mais sobre esta intenção dos loandas ver a legenda manuscrita da fotografia do vapor Serpa Pinto supracitada.

Barganhando sobrevivências 273

a promessa "dele mesmo ir na manhã seguinte, á outra banda do rio, satisfazer esse compromisso religioso". [110]

Tal contrariedade vivenciada no início da viagem foi lembrada pelos loandas quase três anos depois, quando na mussumba, Henrique de Carvalho ficou muito doente de febres, – conforme o próprio expedicionário anotou em seu diário, em 11 de abril de 1887:

> ... Os contractados de Loanda teem velado por mim ficando dois de noite ao meu lado sem se deitarem. Por mais de uma vez me teem forçado a fallar, e me teem lembrado a esposa e filhos, e insistido para que eu tome algum alimento e não me deixe morrer. [...] Reanimavam-me, despertavam-me da somnolencia com agua fria, e mostravam-me a necessidade de reagir contra o mal, de viver, a fim de que elles me pudessem entregar em Loanda ao governador geral, e este me mandar para Lisboa. Tanto elles como os lundas que para aqui fugiram teem sido incansaveis em procura de caça para mim; e Marcolino que conseguiu matar tres passarinhos depois de tantos dias de buscas infructiferas ferveu-os em agua, e muito satisfeito pediu-me para que a bebesse, obrigando-me pelas suas instancias a comer os passarinhos. O meu creado Antonio, que chora como uma criança, já vendeu todos os pannos que tinha para me comprar bananas e batatas doces, e anda agora com uma pequena toalha da cara a cobrir-se. O pequeno Filippe não descança a esgravatar a terra em procura de batatas para o Muata Majolo. [...] Os interpretes e Loandas chamaram adivinhos, e convencidos que Nossa Senhora da Muxima se zangou commigo por os Loandas não terem ido visitá-la

---

110 CARVALHO, Henrique A. D. *Descripção...*, vol. I, p. 95-96.

274 Elaine Ribeiro

> como queriam, fizeram-lhe promessas para ella me
> dar forças e saude...[111]

Tal promessa para apaziguar a zanga da N. S. da Muxima era a de entregar para o serviço da igreja um dos afilhados do muata majolo, que como escravo da santa, "tomaria d'ele conta o parocho ou o encarregado da Igreja, para ele a varrer, limpar, lavar, etc., ser mais um trabalhador para as lavras da mesma, que se diziam de Nossa Senhora".

Como tal procedimento contrariava todo o discurso do chefe da expedição contra práticas escravistas, principalmente, porque tal caso poderia abastecer os adversários dos portugueses de munição para acusar a expedição de promover escravização de africanos, Henrique de Carvalho tentou convencer os seus loandas a desobrigaram-se da promessa. O Muata Majolo comprometeu-se de na volta, em Malanje, conversar com o pároco da região para substituí-la por outra coisa que agradasse Nossa Senhora, a qual também se associaria no pagamento da obrigação, porque "todos os loandas sabiam que presentemente nas terras portuguezas ninguem podia dispor da vida e dos serviços de seus semilhantes".

Esta proposta foi respondida pelo cozinheiro Marcolino da seguinte maneira:

> Nós somos pretos, mas não gostamos de brincar
> com as cousas da Senhora da Muxima e o Angana
> Majóri deve ter reparado que todos os nossos padecimentos, nesta viagem, fomes, doenças, mortes,
> trabalhos para podermos chegar á Mussumba, foi
> devido ao capitão do vapor Serpa Pinto não nos
> deixar desembarcar em Muxima e irem os Loandas
> á igreja levar as vassouras, escovas, toalhas e velas, que prometteram entregar a Nossa Senhora, e
> queriam pedir-lhe que nos desse uma feliz viagem.

---

111 Cf.: CARVALHO, Henrique A. D. *Ethnographia e História...*, p. 685-687.

Barganhando sobrevivências 275

Era verdade que o sr. Rebello se offereceu para tudo mandar para a Igreja, mas não fomos nós que lho levamos e quem sabe se o portador entregou aquellas cousas. Os rapazes nunca se atreveram a fallar nisto ao patrão, mas em toda a viagem, quando succede alguma cousa má, todos se lembram que a Senhora da Muxima não está contente comnosco.

O loanda também fez questão de lembrar a Henrique de Carvalho que não era nenhum gentio e percebia bem que o majolo não aprovaria a promessa feita porque significava a escravização de um rapaz. E afirmou ainda, como que rebatendo o discurso do chefe da expedição, que sabia da possibilidade, mesmo havendo a proibição de comercializar escravos imposta pelas autoridades portuguesas, do mesmo rapaz ser vendido por quem dele tomasse conta:

> que podia ser um bom homem, mas também podia ser mau e ir vende-lo ás occultas das autoridades, e Nossa Senhora ficava sem os seus serviços, como já ficou sem os de muitos escravos, ouro e pratas, que tinha de promessas de pessoas ricas de outros tempos. [...]
>
> Deu isto logar a um certo numero de perguntas da parte de Marcolino, admirando-se muito da maldade dos que se atreviam a roubar o que era de Nossa Senhora, e com isto me entretive, emquanto com muito apetite estava honrando os seus merecimentos na arte da cosinha, dizendo elle, como de costume, se a comida tivesse todos os temperos necessarios, veria eu do que elle era capaz.[112]

---

112 Sobre os excertos que tratam da promessa dos loandas à N.S. da Muxima para Henrique de Carvalho sobreviver à doença, ver: CARVALHO, Henrique A. D. *Descripção...*, vol. IV, p. 416-420.

276   Elaine Ribeiro

Outros eventos fizeram com que os loandas lembrassem a Henrique de Carvalho da promessa à Muxima, porém tal situação aparentemente se resolveu quando em Malanje, no retorno da viagem, eles puderam contribuir com o *Te Deum* realizado em ação de graças pelo regresso da expedição a salvo, com o altar sendo "iluminado por conta d'elles".[113]

Deste modo, a igreja da Muxima, mesmo sendo uma "fabricação do território colonial", constituiu um rito literal de passagem em prol da prosperidade da expedição portuguesa à mussumba do Muatiânvua e uma vez não realizado representou para os loandas a causa dos problemas enfrentados na viagem. Diferente de como entendeu Henrique de Carvalho, que apontou a guerra entre lundas e chokwes e as "artimanhas" dos chefes políticos envolvidos nela como entraves para o desenvolvimento de sua missão.

Destacável da fala de Marcolino é que ela também sinaliza o contrário do discurso colonialista sobre o trabalhador africano, já que mesmo sendo eles pretos, entendiam suas responsabilidades, tanto como crentes em N.S. da Muxima, quanto por seus trabalhos na expedição: ao fazer questão, como de costume, de demonstrar o melhor de sua capacidade como cozinheiro e admirar-se muito da má procedência daquelas pessoas ricas de outros tempos que, além de não temerem os maus feitiços, atreviam-se a roubar o que não era delas, inclusive da santa da Muxima.

---

113 Cf.: CARVALHO, Henrique A. D. *Descripção...*, vol. IV, p. 619.

Considerações finais

A importância da temática do trabalho africano para a história está além dos significados tomados com a escravização de pessoas originárias deste continente nas Américas, durante a época moderna. A relevância está, em nosso entendimento, no próprio sentido do trabalho como conformador de organização social, que pressupõe em seu desenvolvimento a ideia de movimento, de conflito, portanto, de história. Uma história negada ao longo do tempo, com relação às sociedades africanas, e que precisa ser investigada em todos os seus níveis.

Por partirmos desta premissa que elegemos o século XIX como baliza cronológica de nossa investigação, uma época significativa de discussões quanto aos modos de se tratar os trabalhadores africanos: no plano do discurso, o debate abolicionista colocando no palco das discussões temas como liberdade humana em contraposição à escravização dos africanos, e no prático, o século da técnica e da ciência, ainda com a persistência de formas de trabalho análogas à escravidão.

Neste quadro complexo, para refletir sobre o estatuto do trabalho africano para os portugueses, algo que influenciava nas suas relações com as sociedades africanas, foi-nos necessário analisar a legislação abolicionista lusa, por meio dos escritos dos homens políticos portugueses, como Alfredo Margarido chamava os detentores do poder colonial em Portugal.

Recuperando propostas metodológicas, como a de Richard Price, que preconiza a análise conjunta entre memória e evento; no

278   Elaine Ribeiro

primeiro capítulo, além dos textos da legislação, o exame dos relatórios, projetos de lei, relatos e estudos portugueses nos proporcionou a compreensão da colonização dos territórios e do controle da força de trabalho africanos como parte de um mesmo processo gestado ao longo do XIX no parlamento, no governo e nas esferas intelectuais lusas.

Porém, nos interstícios dos discursos de estadistas como Antonio Saldanha da Gama, Sá da Bandeira, João Andrade Corvo, Antônio Enes, entre muitos outros, pudemos visualizar e, quiçá, demonstrar as ininterruptas formas de atuação dos trabalhadores africanos que teimavam afirmar os seus próprios conceitos de liberdade, trabalho e organização social.

Deste modo, com intuito de avançarmos na compreensão da história social dos trabalhadores africanos, para além das generalizações imprecisas e dualistas que, com relação a estes sujeitos históricos, buscam apontar diferenças entre civilização e barbárie ou desenvolvimento capitalista e atraso econômico, como percurso investigativo, apresentamos no segundo capítulo uma análise de parte da produção de intelectuais portugueses do século XIX. A partir dos diferentes discursos tentamos abarcar as especificidades da obra de Henrique de Carvalho, por nós eleita como fonte principal do trabalho de homens e mulheres centro-africanos no contexto de partilha dos seus territórios.

Utilizando o mesmo procedimento analítico de desmontagem de discurso, foi nos possível verificar perturbações astigmáticas no olho soberano de Henrique de Carvalho, que influenciou a escrita de seus relatos. Por sua natureza ambivalente – de desejo pelos espaços africanos e, portanto, de reconhecimento dos seus protagonismos – estas alterações do olhar permitiram-nos historicizar experiências concretas dos trabalhadores da expedição à mussumba do Muatiânvua.

Assim, o estudo sobre os caminhos da expedição foi o primeiro estágio para identificarmos por meio da organização das

Barganhando sobrevivências 279

sociedades contatadas– sejam aquelas de colonização portuguesa antiga, sejam as autônomas, como as lundaizadas – as experiências dos trabalhadores que a elas se ligavam em termos de identificação social. Neste sentido, entender os modos da organização política, das hierarquias de poder, do controle social do trabalho e da reprodução das riquezas locais foi importante para a compreensão da presença de tensões que emergiram na sociedade expedicionária chefiada por Henrique de Carvalho.

O perscrutar dos significados destas tensões revelou as concepções de sujeitos históricos como os loandas, que por sua experiência de escravização na sociedade colonial foi o grupo que melhor nos deixou perceber suas estratégias no trato tanto com as autoridades africanas contatadas, quanto com a chefia portuguesa da expedição. Ser "filho de muene puto", significou para os loandas serem trabalhadores livres, devido ao contrato de trabalho acordado e registrado em Luanda. Como significativo também era ser devoto de nossa senhora da Muxima, uma fabricação do território colonial, mas além disso um signo de prosperidade para a sociedade expedicionária.

Portanto, a partir do enlace do evento e da memória, entendemos que o percurso seguido em nossa pesquisa, que culminou na análise do caso dos loandas a partir dos escritos de Carvalho, resultou em um movimento duplo de compreensão: em direção aos grupos de trabalhadores centro-africanos da expedição e ao próprio expedicionário português. Todos estes agentes históricos que em terras africanas *barganharam por sua sobrevivência.*

Fontes e bibliografia

I. Manuscritos

Instituto Histórico e Geográfico Brasileiro (IHGB)

Documentos pertencentes ao acervo do IHGB citados de acordo com os verbetes publicados em: WANDERLEY, Regina M. M. P. Inventário analítico da documentação colonial portuguesa na África, Ásia e Oceania integrante do acervo do Instituto Histórico e Geográfico Brasileiro. *RIHGB*. a. 166, nº 427, p. 27-570, abr./jun. 2005.

674 – 20/03/1798 – Carta de Joaquim José da Silva, do Presídio de Ambaca, respondendo a d. Miguel António de Melo, [governador de Angola], sobre os negociantes, comércio e restabelecimento dos negócios do sertão, diminuição da distância das feiras para melhora a comunicação e diminuir o número de viagens propiciando o aumento de importações de escravos para a capital. Informa que a feira de Cassange permanece como o melhor entreposto de escravos. Col. IHGB DL81, 02.27

675 – 21/03/1798 – Ofício de Francisco José de Lacerda e Almeida, [governador da Vila de Tete], para o [1º conde de Linhares] d. Rodrigo Domingos de Sousa Coutinho, [ministro e secretário de Estado dos Negócios da Marinha e Domínios Ultramarinos] sobre a diligência que foi incumbido para verificar a possibilidade de comunicação das costas oriental e ocidental

282 Elaine Ribeiro

da África e a informação obtida de Gonçalo Caetano Pereira, homem dos sertões, sobre existência de um rei de nome Cazembé vizinho as terras de Angola, enviado para conquistar as terras do interior da África, ficando de posse das terras dos movizas. Col. IHGB DL39, 10.01

676 – 22/03/1798 – Ofício de Francisco José de Lacerda e almeida, [governador da Vila de Tete], para o [1º Conde de Linhares] d. Rodrigo Domingos de Sousa Coutinho, [ministro e secretário de Estado dos Negócios da Marinha e Domínios Ultramarinos], sobre as notícias dadas por Manuel Caetano Pereira, comerciante que se entranhou pelo interior da África até a povoação ou cidade do rei Cazembé. Col. IHGB DL39, 10.01.01.

855 – c.1810 – Ofício (minuta) do [5º Conde das Galveias], d. João de Almeida de Melo e Castro, [secretario de Estado da Marinha e Conquistas], para o sr. Freitas informando ter remetido um maço de requerimentos e um aviso que deve ser encaminhado à Junta do Comércio. Anexos minutas do Conde das Galveias sobre a possibilidade da venda do navio português "Emulação", sendo prejudicial ou não para o comércio de navegação; dificuldades do tráfico no interior da África, devido à falta de carregadores pois são espancados por sertanejos e fogem; e de um plano do [1º] conde de Linhares [Rodrigo Domingos de Sousa Coutinho, secretário de Estado dos Negócios Estrangeiros e da Guerra] utilizando um navio de comércio de Moçambique para ir às ilhas de França, a fim de examinar o estado de defesa e possibilitar posterior ataque, em resposta à tomada da fragata "Minerva". Col. IHGB DL82, 05.14

1248 – 19/10/1824 a 20/10/1825 – Relação dos ofícios enviados por [Nicolau de Abreu Castelo Branco], governador de Angola, através da charrua "Princesa Real", sobre o casamento do capitão de engenheiros, Henrique Martins Pereira, com uma menina de nove anos, má administração da justiça em Benguela, a

Barganhando sobrevivências 283

chegada da charrua "Princesa Real" ao porto de Luanda com todos os empregados públicos exceto o boticário que faleceu em Benguela, o julgamento dos capitães Antônio dos Santos Leite e Eusébio Xavier de Morais Resende, comércio de escravos, marfim, barras de ferro e salitre, as campanhas da Guerra peninsular das Índias Ocidentais de 1816 a 1818, tratando dos fortes de São Pedro da Conceição de Penedo, porto de Luanda, Sítio de Calumbo e os presídios de Muxima, Massangano e Cambembe. Col. IHGB DL76, 02.23.01

Projeto Acervo Digital Angola Brasil (PADAB)

Coleção de documentos do Arquivo Histórico de Angola disponível em discos digitais (DVD) que estão sob a guarda do Instituto Histórico e Geográfico Brasileiro (IHGB)

Correspondência do governador-geral Francisco Joaquim Ferreira do Amaral ao ministério da marinha e ultramar que trata do pedido de exoneração do padre Antonio Castanheira Nunes do cargo de missionário da expedição ao Muata-Ianvo. 24 de maio de 1884. PADAB, DVD 19, AHA Códice 40-A-9-3, Pasta 78, DSC 00022.

Correspondência do governador-geral Francisco Joaquim Ferreira do Amaral ao ministério da marinha e ultramar que trata do Auto de vistoria passado ao vapor Cunga da Companhia do Cuanza. 14 de julho de 1884. PADAB, DVD 19, AHA Códice 40-A-9-3, Pasta 78, DSC 00087.

Correspondência do governador-geral Francisco Joaquim Ferreira do Amaral ao ministério da marinha e ultramar que trata do ofício do chefe da expedição ao Muata Yanvo. 14 de agosto de 1884. PADAB, DVD 19, AHA Códice 40-A-9-3, Pasta 78, DSC 00160 a 00162.

284 Elaine Ribeiro

Relatório do governador-geral Francisco Joaquim Ferreira do
Amaral encaminhado ao ministério da marinha e ultramar e que
trata de propostas para o abastecimento de água em Luanda. 14
de maio de 1885. PADAB, DVD 19, AHA Códice 42 -A-9-5, pasta
78, DSC 00233 a 00280.

Correspondência do governador-geral G. A. de Brito Capello ao
ministério da marinha e ultramar remetendo cópia de um ofício
do subchefe da expedição ao Muata Yanvo relativos aos socorros
prestados ao major Carvalho. 09 de maio de 1887. PADAB, DVD
20, Pasta 83, Códice 45 -A-10-3, DSC 00107.

Correspondência do governador-geral G. A. de Brito Capello ao
ministério da marinha e ultramar informando os gastos da expedição ao Muata Yanvo. 10 de outubro de 1887. Projeto Acervo
Digital Angola Brasil (PADAB), Pasta 85, Códice 46 -A-10-4, DSC
00033.

II. Fontes Impressas

Biblioteca Nacional do Rio de Janeiro

CARVALHO, Henrique A. D. Explorações ao Muatianvo. *As
Colônias Portuguezas*. Revista Illustrada. Lisboa, 01 de fevereiro de 1883, n° 2, anno I, p. 15.

_____. Escola Profissional de Loanda. *As Colónias Portuguezas*.
Revista Illustrada. Lisboa, 01 de fevereiro de 1883, n° 2,
anno I, p. 17-18.

_____. São Thomé – Aquisição de braços. *As Colónias
Portuguezas*. Revista Illustrada. Lisboa, 01 de maio de
1883, n° 5, anno I, p. 51.

_____. Colónias Penitenciarias. *As Colónias Portuguezas*. Revista Illustrada. Lisboa, 01 de maio de 1883, n° 5, anno I, p. 52-53.

_____. Hospital de Lourenço Marques. *As Colônias Portuguezas*. Revista Illustrada. Lisboa, 01 de maio de 1883, n° 5, anno I, p. 55.

_____. S. Thomé, sua questão vital. *As Colónias Portuguezas*. Revista Illustrada. Lisboa, 01 de agosto de 1883, n° 8, anno I.

_____. Timor, abertura de cannaes. *As Colónias Portuguezas*. Revista Illustrada. Lisboa, dezembro de 1883, n° extraordinário, anno I.

_____. S. Thomé, seu estado financeiro. *As Colónias Portuguezas*. Revista Illustrada. Lisboa, dezembro de 1883, n°s. 10, 11, 12 e extraordinário, anno I.

LAVRADIO, José Maria de Almeida Correia de Sá, Marquês do (1874-1945). *Henrique Augusto Dias de Carvalho pelo marquez do Lavradio*. Lisboa: Divisão de publicações e biblioteca; Agência geral das colônias, 1935.

Biblioteca Florestan Fernandes da FFLCH-USP

SOCIEDADE DE GEOGRAPHIA DE LISBOA. Ata da sessão de 20 de junho de 1882. *Boletim da Sociedade de Geografia de Lisboa*. Lisboa: Imprensa Nacional, 1882, 3ª série, n° 1, p. 50-65.

CARVALHO, Henrique A. D. Expedição ao Muata Yanvo. *Boletim da Sociedade de Geografia de Lisboa*. 5ª série, n° 8, p. 467-492, 1885.

_____. Expedição portugueza ao Muatyan-vu-a. *Boletim da Sociedade de Geografia de Lisboa*. 6ª série, n° 3, 1886, p. 133-162, 1885.

286   Elaine Ribeiro

CORREA, Elias Alexandre da Silva. *História de Angola*. Lisboa: Agência Geral das Colônias, 1937. (Obra original da década de 1790)

GRAÇA, Joaquim Rodrigues. Expedição ao Muatiânvua – diário. *Boletim da Sociedade Geografia de Lisboa*, 9ª série, n° 8-9, 1890, p. 399-402.

LEITÃO, Manuel Correia (ou Corrêa). "Viagem que eu, sargento mor dos moradores do distrito do Dande, fiz às remotas partes de Cassange e Olos, no ano de 1755 até o seguinte de 1756". In: DIAS, Gastão de Sousa (ed.) "Uma viagem a Cassange nos meados do século XVIII". Boletim da Sociedade de Geografia de Lisboa, 56ª série, n° 1-2, 1938, p. 3-30.

MARTINS, J. P. De Oliveira. *Portugal em África*. A questão colonial e o conflito anglo-português. 2ª ed. Lisboa: Guimarães & Cia Editores, 1953.

OLIVEIRA, Mário António Fernandes. *Angolana* (Documentação sobre Angola). 2 vols. I (1783-1883) e II (1883-1887). Luanda; Lisboa: Instituto de Investigação Científica de Angola; Centro de Estudos Históricos Ultramarinos, 1968; 1971.

Relação dos sócios falecidos em 1909. *Boletim da Sociedade de Geografia de Lisboa*. 7ª série, n° 12, dez. de 1909.

PEREIRA, J. C. *Angola*. Colecção de Gravuras Portuguezas. Lisboa: Lith. Continental, 1970, 10ª. série.

QUEIRÓZ, Eça. "O ultimatum". *Obras de Eça de Queiroz*. Lisboa: Edição Livros do Brasil, 1890.

Instituto de Estudos Brasileiros (IEB–USP)

ANÔNIMO. *Quarenta e cindo dias em Angola*. Apontamentos de viagem. Porto: Typographia de Sebastião José Pereira, 1862.

Barganhando sobrevivências 287

ASSIS JR., A. Dicionário *Kimbundu-Português*. Linguístico, Botânico, Histórico e Corográfico seguido de um índice alfabético dos nomes próprios. Luanda: Argente, Santos e Cia Ltda., s.d.

BANDEIRA, Marquês de Sá da. *O trabalho rural africano e a administração colonial*. Lisboa: Imprensa Nacional, 1873.

BAPTISTA, Pedro João. "Viagem de Angola para Rios de Sena"; "Explorações dos portugueses no interior d'África meridional (.) Documentos relativos à". *Annaes Maritimos e Coloniaes*, vol. III, 5-11, p. 162-190; 223-230; 278-297; 423-440; 493-506; 538-552., 1843.

BIKER, Julio Firmino Judice. *Collecção dos tratados, convenções, contratos e actos publicos celebrados entre a coroa de Portugal e as mais potencias desde 1640*. Lisboa: Imprensa Nacional, vol. 28, 1880.

CAPELLO, Hermenegildo, e Roberto IVENS, *De Benguella às Terras de Iaca – Descripção de Uma Viagem na África Central e Occidental*, Lisboa: Imprensa Nacional, 1881, 2 vols.

_____. *De Angola à Contra-Costa*, Lisboa: Imprensa Nacional, 1886, 2 vols.

CARRISSO, L. W. *Colecções de fotografias diapositivas de Angola*. Primeira Série, números 1 a 20. Coimbra: Imprensa da Universidade, 1932.

CARVALHO, Henrique A. D. *A Lunda ou os estados do Muatiânvua*. Domínios da soberania de Portugal. Lisboa: Adolpho, Modesto & Cia., 1890.

_____. *Expedição Portuguesa ao Muatiânvua*. Ethnographia e História Tradicional dos Povos da Lunda. Lisboa: Imprensa Nacional, 1890.

288   Elaine Ribeiro

_____. *Expedição Portuguesa ao Muatiânvua*. Méthodo prático para fallar a língua da Lunda contendo narrações históricas dos diversos povos. Lisboa: Imprensa Nacional, 1890.

_____. *Expedição Portuguesa ao Muatiânvua*. Meteorologia, Climatologia e Colonização: estudos sobre a região percorrida pela expedição comparados com os dos benemeritos exploradores Capello e Ivens e de outros observadores nacionaes e estrangeiros: modo practico de fazer colonisar com vantagem as terras de Angola. Lisboa: Typ. do jornal "As Colonias portuguezas",1892.

_____. *Expedição Portuguesa ao Muatiânvua* 1884-1888: Descripção da Viagem à Mussumba do Muatiânvua. Lisboa: Imprensa Nacional & Typographia do Jornal As Colônias Portuguesas, vol. i: de Loanda ao Cuango, 1890; vol. ii: do Cuango ao Chicapa, 1892; vol. iii: do Chicapa ao Luembe, 1893 e vol. iv: do Luembe ao Calanhi e regresso a Lisboa, 1894.

CARVALHO, Henrique A. D.; FONSECA, Henrique Quirino da et al. *Relatório da sub-comissão africana encarregada de dar parecer sobre a memória do consócio Francisco Swart respeitante à cultura do algodão em Cabinda*. Lisboa: Typographia da Livraria Ferin, 1902.

CORVO, João de Andrade. *Estudos sobre as províncias ultramarinas*. Lisboa: Typographia da Academia Real das Sciencias, 1884. 4 vols.

DINIZ, José de Oliveira Ferreira. *Populações indígenas de Angola*. Coimbra: Imprensa da Universidade, 1918.

ENES, António. *Moçambique*. Lisboa: Agência Geral das Colônias, 1946. [Texto original de 1893].

FRANCINA, Manoel Alves de Castro. Itinerário de uma jornada de Loanda ao distrito de Ambaca, em junho de 1846. *Annaes do*

Conselho Ultramarino. Parte não-oficial. Lisboa: Imprensa Nacional, n° 1ª série, 1854-58, p. 3-15, 1867.

_____. Viagem a Cazengo pelo Quanza, e regresso por terra, em dezembro de 1846. *Annaes do Conselho Ultramarino (ACU)*. Parte não-oficial. Lisboa: Imprensa Nacional, 1ª série, 1854-58, p. 452-464, 1867.

GAMA, António Saldanha. *Memoria sobre as colonias de Portugal*, situadas na costa occidental d'Africa, mandada ao governo pelo antigo governador e capitão general do reino de Angola, Antonio Saldanha da Gama. Paris: Typographia de Casimir, 1839.

GRAÇA, Joaquim Rodrigues. Descripção da viagem feita de Loanda com destino ás cabeceiras do rio Sena, ou aonde for mais conveniente pelo interior do continente, de que as tribus são senhores, principiada em 24 de abril de 1843. In: Annaes *do Conselho Ultramarino*. Parte não-oficial. 1ª série, 1854-58. Lisboa: Imprensa Nacional, 1867.

LOPES DE LIMA, José Joaquim. Ensaios sobre a Statísticas das Possessões Portuguesas na África Occidental e Oriental, vol. III: Angola e Benguela, Imprensa Nacional, Lisboa, 1846.

MARQUES, Agostinho Sisenando. *Expedição Portugueza ao Muata-Yanvo*. Os climas e as producções das terras de Malange à Lunda. Lisboa: Imprensa Nacional, 1889.

MATTA, J. D. Cordeiro da. *Ensaio de Diccionario Kimbundú-Portuguez*. Lisboa: Casa Editora Antonio Maria Pereira, 1893.

MENEZES, Sebastião Lopes de Calheiros e. *Relatório do Governo Geral da Província de Angola para o ano de 1861*. Lisboa, Imprensa Nacional, 1867.

290   Elaine Ribeiro

MONTEIRO, Joachim J. *Angola and the river Congo*. London: Macmillan and Co., 2 vols., 1875.

NASCIMENTO, J. Pereira do. *Diccionario Portuguez-Kimbundu*. Huilla: Typographia da Missão, 1903.

NEVES, José Accursio das. *Considerações políticas e commerciaes sobre os descobrimentos e possessões dos portuguezes na África e na Ásia*. Lisboa: Impressão Régia, 1830.

PINTO, Alexandre Alberto da Rocha de Serpa, *Como eu atravessei Africa do Atlântico ao mar Indico. Viagem de Benguella à contra-costa* (1877-1879), Londres, Sampson Low, Marston, 1881, 2 vols.

III. Bibliografia

ALENCASTRO, Luis Felipe de. *O trato dos viventes*: formação do Brasil no Atlântico Sul, séculos XVI e XVII. São Paulo: Companhia das Letras, 2000.

ALEXANDRE, Valentim. *Origens do colonialismo moderno*. Lisboa: Sá da Costa, 1979. (Portugal no século XIX. Antologia de Textos Históricos).

_____. A questão colonial no Portugal Oitocentista. In: ALEXANDRE, Valentim.; DIAS, Jill. *Nova História da Expansão Portuguesa*. O império africano 1825-1890. Lisboa: Editorial Estampa, vol. X, 1998, p. 21-132.

_____. *Velho Brasil, Novas Áfricas*. Portugal e o Império (1808-1975). Porto: Afrontamento, 2000.

ALPERN, Stanley B. What Africans Got for Their Slaves: A Master List of European Trade Goods. *History in Africa*, vol. 22, p. 5-43, 1995.

AMARAL, I. D. Importância das 'fontes cruzadas' na historiografia angolana (reflexões de um geógrafo). Actas do Seminário Encontro de Povos e Culturas em Angola., Lisboa: Comissão Nacional para as Comemorações dos Descobrimentos Portugueses, p. 63-60, 1997.

ATKINS, Keletso. 'Kafir Time': Preindustrial Temporal Concepts and Labour Discipline in Nineteenth-Century Colonial Natal. The Journal of African History, vol. 29, n° 2, p. 229-244, 1988.

BARBEITOS, Arlindo. Oliveira Martins, Eça de Queiróz, a raça e o homem negro. In: SANTOS, Maria Emilia Madeira (dir.) *A África e a Instalação do Sistema Colonial* (c.1885 – c.1930). III Reunião Internacional de História da África. Lisboa: Centro de Estudos de História e Cartografia Antiga; Instituto de Investigação Científica Tropical, 2000.

_____. A 'raça' ou a ilusão de uma identidade definitiva. Racismo ontem e hoje. *Papers do* VII *Colóquio Intenacional Estados, Poderes e Identidades na África Subsaariana.* Porto: FLUP, p. 139-148, 2005. In: http://ler.letras.up.pt/uploads/ficheiros/6895.pdf. Último acesso em novembro de 2009.

BARBOSA, João Alexandre. *A leitura do intervalo.* São Paulo: Iluminuras, 1990.

BENJAMIN, W. Sobre o conceito da História. In: *Obras Escolhidas* I: Magia e técnica, arte e política. São Paulo: Brasiliense, 1985: 222-234.

BIRMINGHAM, David. *Trade and Conflitc.* The Mbundu and their Neighbours under the Influence of the Portuguese, 1483-1790. Oxford: Clarendon Press, 1966.

_____. The Coffee Barons of Cazengo. *The Journal of African History*, vol. 19, n° 4, p. 523-538, 1978.

292   Elaine Ribeiro

_____. A Question of Coffee: Black Enterprise in Angola. *Canadian Journal of African Studies/Revue Canadienne des Études Africaines*, vol. 16, n° 2, p. 343-346, 1982.

BURIN, Eric. *Slavery and the Peculiar Solution*. A History of the American Colonization Society. Gainesville: University of Florida Press, 2005.

CAPELA, José. *A burguesia mercantil do Porto e as colónias* (1834-1900). Porto: Afrontamento, 1974.

CARVALHO, João Augusto de Noronha Dias de. *Henrique de Carvalho*. Uma vida ao serviço da pátria. Lisboa: Serviços Gráficos da Liga dos Combatentes, 1975.

CONCEIÇÃO NETO, Maria da. O luso, o trópico... e os outros. (Angola, c. 1900-1975). In: *A dimensão atlântica da África*. São Paulo: CEA/USP; SDG-Marinha; CAPES, p. 118-122, julho de 1996.

_____. Ideologias, contradições e mistificações da colonização de Angola no século xx. *Lusotopie*, p. 327-359, 1997. Disponível em: http://www.lusotopie.sciencespobordeaux.fr/resu9719.html. Último acesso em: novembro de 2010.

CONRAD, Joseph. *Coração das trevas*. Tradução de Sergio Flaksman. São Paulo: Companhia das Letras, 2008.

COOPER, Frederick. Work, Class and Empire: An African Historian's Retrospective on E. P. Thompson. *Social History*, vol. 20, n° 2, p. 235-241, 1995.

COOPER, Frederick, HOLT, Thomas C. e SCOTT, Rebecca J. *Além da escravidão*: investigações sobre raça, trabalho e cidadania em sociedades pós-emancipação. (trad. Maria Beatriz de Medina) Rio de Janeiro: Civilização Brasileira, 2005.

Barganhando sobrevivências 293

COSGROVE, Denis. Prospect, Perspective and the Evolution of the Landscape Idea. *Transactions of the Institute of British Geographer*, new series, vol. 10, n° 1, p. 45-62, 1985.

COSTA e SILVA, Alberto da. Os estudos da História da África e sua importância para a História do Brasil. Abertura da IIª. Reunião Internacional de História da África. In: *A dimensão atlântica da África*. São Paulo: CEA/USP; SDG-Marinha; CAPES, p. 13-20, julho de 1996.

CRAEMER, W., VANSINA, J. e FOX, R. Religious Movements in Central Africa: a theoretical study. *Comparative Studies in Society and History*. 18, no. 4, p. 458-475, 1976.

CUNHA, J. M. Da Silva. *O trabalho indígena*. Estudo de direito colonial. 2ª ed. Lisboa: Agência Geral do Ultramar, 1954.

CURTO, José C. *Resistência à escravidão na África*: o caso dos escravos fugitivos recapturados em Angola, 1846-1876. Afro-Ásia, n° 33, p. 67-86, 2005.

DIAS, Jill. Photographic Sources for the History of Portuguese-Speaking Africa, 1870-1914. *History in Africa*, vol. 18, p. 67-82, 1991.

_____. Mudanças nos padrões de poder no 'hinterland' de Luanda. O impacto da colonização sobre os Mbundu (c.1845-1920). *Penélope*. Lisboa, n° 14, p. 43-91, 1994.

DIAS, Jill. O Kabuku Kambilu (c. 1850-1900): uma identidade política ambígua. In: _____ *Actas do Seminário Encontro de povos e culturas em Angola*. Lisboa: Comissão Nacional para as Comemorações dos Descobrimentos Portugueses, 1995, p. 13-53.

_____. Angola. In: ALEXANDRE, V.; DIAS, J. *Nova História da Expansão Portuguesa*. O império africano 1825-1890. Lisboa: Editorial Estampa, vol. x, 1998, p. 319-556.

294   Elaine Ribeiro

_____. "Novas identidades africanas em Angola no contexto do comércio atlântico". In: BASTOS, Cristina; ALMEIDA, Miguel Vale de; FELDMAN-BIANCO, Bela (orgs.) *Trânsitos Coloniais. Diálogos críticos luso-brasileiros.* Campinas: Editora da Unicamp, 2007, p. 315-343.

DIAS, Maria Odila Silva. *Quotidiano e poder em São Paulo no século* XIX. São Paulo: Brasiliense, 1984.

_____. Hermenêutica do quotidiano na historiografia contemporânea. *Projeto História.* Revista do programa de estudos pós-graduados em História e do departamento de História da PUC-SP, nº 17, p. 223-258, nov. 1998.

FARIAS, Paulo Fernando de Moraes. *Sahel: a outra costa da África.* Curso apresentado no departamento de História da Universidade São Paulo, 29 de setembro de 2004. Transcrição de Daniela Baoudouin.

FERREIRA, Roquinaldo A. *Dos sertões ao Atlântico*: tráfico ilegal de escravos e comércio lícito em Angola, 1830-1860. Rio de Janeiro: [s.nº], 1996. Dissertação (Mestrado em História Social). IFCS/UFRJ.

FONER, Eric. *Nada além da liberdade.* A emancipação e seu legado. Rio de Janeiro; Brasília: Paz e Terra; CNPq, 1988.

FREUDENTHAL, Aida. Os quilombos de Angola no século XIX: a recusa da escravidão. *Estudos Afro-Asiáticos*, nº 32, p. 109-134, 1997.

_____. *Arimos e fazendas.* A transição agrária em Angola. Luanda: Edições Chá de Caxinde, 2005.

_____. Voz de Angola em tempo de Ultimato. *Estudos Afro-asiáticos.* Rio de Janeiro: Candido Mendes, vol. 23, nº 1, jan. jun. 2001. Disponível em: http://www.scielo.br/pdf/eaa/v23n1/a06v23n1.pdf. Acesso em: março de 2008.

Barganhando sobrevivências   295

GAMBOA, Fernando: A guerra luso-dêmbica através de um periódico oitocentista angolense (1872-1885). *Actas do Seminário Encontro de Povos e Culturas em Angola*, Lisboa, p. 83-95, 1997.

GEBARA, Alexsander. *A África de Richard Francis Burton*. Antropologia, política e livre-comércio, 1861-1865. São Paulo: Alameda, 2010.

GONÇALVES, Rosana Andréa. *África Indômita*: Missionários capuchinhos no Reino do Congo (século XVII). São Paulo, 2008. Dissertação (Mestrado em História Social) – FFLCH – USP.

GUIMARÃES, Ângela. *Uma corrente do colonialismo português*: a Sociedade de Geografia de Lisboa, 1875-1895. Lisboa: Livros Horizonte, 1984.

HEGEL, G. W. F. *Filosofia da História*. Brasília: Editora da UNB, 1995.

HEINTZE, Beatrix. In Pursuit of a Chameleon: Early Ethnographic Photography from Angola in Context. *History in Africa*, vol. 17, p. 131-156, 1990.

_____. Representações visuais como fontes históricas e etnográficas sobre Angola. In: *Construindo o passado angolano*: as fontes e a sua interpretação – Actas do II Seminário Internacional sobre a História de Angola. Lisboa: Comissão Nacional para as Comemorações dos Descobrimentos Portugueses, 2000, p. 187-236.

_____. *Pioneiros Africanos*. Caravanas de carregadores na África Centro-Ocidental (entre 1850 e 1890). Lisboa: Editorial Caminho, 2004.

_____. A lusofonia no interior da África Central na era pré-colonial. Um contributo para a sua história e compreensão na Actualidade. *Cadernos de Estudos Africanos*, nº 7-8, p.

179-207, jul. de 2004 a jul. de 2005. Disponível em: http://cea.iscte.pt/index.php?option=com_docman&task=doc_view&gid=73. Último acesso em: outubro de 2010.

_____. *Angola nos séculos* XVI *e* XVII. Estudo sobre fontes, métodos e história. Luanda: Kilombelombe, 2007, p. 387-436.

_____. *Um tesouro para a investigação científica*: os relatos de Henrique Dias de Carvalho sobre a sua 'Expedição ao Muatiânvua' na Lunda/Angola (1884-1888). Texto apresentado na Academia das Ciências de Lisboa aos 28 de maio de 2009 no Acto da admissão como Acadêmica Correspondente Estrangeira da Academia.

_____. A Rare Insight into African Aspects of Angolan History: Henrique Dias de Carvalho's Records of his Lunda Expedition, 1880-1884. *Portugal Studies Review*, 19, 1-2, p. 93-113, 2011.

HENRIQUES, Isabel Castro. "Sal, comércio e poder em Angola no século XIX", In: *Colóquio Construção e Ensino da História de África*. Lisboa: Grupo de Trabalho do Ministério da Educação para as Comemorações dos Descobrimentos Portugueses, p. 355-368, 1995.

_____. *Percursos de Modernidade em Angola*: Dinâmicas Comerciais e Transformações Sociais no Século XIX. Lisboa, IICT, 1997.

_____. "Presenças angolanas nos documentos escritos portugueses". In: *Actas do* II *Seminário Internacional sobre a História de Angola. Construindo o passado angolano: as fontes e a sua interpretação*. Lisboa: Comissão Nacional para as Comemorações dos Descobrimentos Portugueses, 1997, p. 26-62.

_____. *O pássaro do mel*. Estudos de História Africana. Lisboa: Edições Colibri, 2003.

_____. *Os pilares da diferença*. Relações Portugal-África. Séculos XV-XX. Lisboa: Caleidoscópio, 2004.

_____. A materialidade dos simbólico: marcadores territoriais, marcadores identitários angolanos (1880-1950). *Textos de História*: Revista do Programa de Pós-Graduação em História da UNB, Brasilia: UnB, vol. 12, n° 1-2, p. 9-41, 2004.

_____. Território e identidade. O desmantelamento da terra africana e a construção da Angola Colonial (c.1872-1926). Lisboa: [s.n°], 2003. Disponível em: http://www.ics.ul.pt/agenda/seminarioshistoria/pdf/isabelcastrohenriques.pdf#search=%22HENRIQUES%2C%20Isabel%20Castro.%20Territ%C3%B3rio%20e%20identidade%22. Último acesso em: 2008.

HEYWOOD, Linda. Porter, Trade, and Power. The Politics of Labor in the Central Highlands of Angola, 1850-1914. In: COQUERY-VIDROVITCH, Catherine, LOVEJOY, Paul E. *The Workers of African Trade*. Berverly Hills, London, New Delhi: Sage Publications, 1985, p. 243-267.

HOOVER, James Jeffrey. *The Seduction of Ruwej*: Reconstructing Ruund History (The Nuclear Lunda, Zaire, Angola, Zambia). 1978, 2v. Tesis (Doctor of Philosophy) Yale University.

HOBSBAWM, Eric. *A era dos impérios 1875-1914*. Rio de Janeiro: Paz e Terra, 1988.

HOLANDA, S. B. *Caminhos e fronteiras*. 3ª ed. São Paulo: Companhia das Letras, 1994.

JONES, A.; HEINTZE, B. Introduction. European Sources for Sub-Saharan Africa before 1900: use and abuse. *Paideuma*, Stuttgart: Frobenius-Institut, n° 33, p. 1-17, 1987.

JORGE, Lia Santos. *A Colecção Henrique de Carvalho da Sociedade de Geografia de Lisboa à luz de um plano de*

298   Elaine Ribeiro

estudo e conservação e restauro. Lisboa, 2008. Dissertação (Mestrado em Museologia). Instituto Superior das Ciências do Trabalho e da Empresa (ISCTE)/Instituto Universitário de Lisboa (IUL).

KARASCH, Mary C. *A vida dos escravos no Rio de Janeiro (*1808-1850*).* São Paulo: Companhia das Letras, 2000.

LAW, Robin. Problems of Plagiarism, Harmonization and Misunderstanding in Contemporary European Sources. Early (pre-1680s) Sources for the 'Slave Coast' of West Africa. In: JONES, Adam e HEINTZE, Beatrix. European sources for Sub-Saharan Africa before 1900: use and abuse. *Paideuma.* Stuttgart: Frobenius-Institut, p. 337 – 358, n° 33, 1987.

LOPO, Júlio de Castro. *Um doutor de Coimbra em Luanda.* Luanda: Museu de Angola, 1959, (Separata de Arquivos de Angola, n⁰ˢ 47 a 50)

_____. *Recordações da capital de Angola de outros tempos.* Luanda: Centro de Informação e Turismo de Angola, 1963.

LOVEJOY, Paul E. Identifying Enslaved Africans in the African Diaspora. In: LOVEJOY, P. E. (.). *Identity in the Shadow of Slavery.* Londres: Continuum, 2000, p. 1-29.

M'BOKOLO, Elikia. *África Negra.* História e Civilizações. Tomo I (até o século XVIII). Tradução de Alfredo Margarido. Salvador: Edufba; São Paulo: Casa das Áfricas, 2009.

MACAMO, Elísio S. Denying Modernity: the Regulation of Native Labour in Colonial Mozambique and its Postcolonial Aftermath. In: MACAMO, E. S. *Negotiating Modernity –* Africa Ambivalent Experience. London: Zed Books, 2005, p. 67-97.

MACÊDO, Tania Celestino. *Da fronteira do asfalto aos caminhos da liberdade* (Imagens do musseque na

Barganhando sobrevivências 299

literatura angolana contemporânea). São Paulo, 1990. Tese de Doutorado (Literatura Portuguesa). FFLCH/USP.

MACHADO, Mônica Tovo Soares. *Angola no período pombalino*: o governo de Dom Francisco Inocêncio de Sousa Coutinho (1764-1772). São Paulo, 1998. Dissertação – Mestrado em História Social – FFLCH-USP.

MACHADO, Pedro Félix. *Cenas de Africa*. ? Romance íntimo. Lisboa: Imprensa Nacional; Casa da Moeda, 2004.

MARGARIDO, Alfredo. La capitale de l'Empire Lunda. Un urbanisme politique. *Annales Économies, Sociétés, Civilisations*. vol. 25, n° 4, p. 857-861, 1970.

_____. Les porteurs: forme de domination et agents de changement em Angola (XVII-XIXe. Siècles). *Revue Française d'Histoire d'Outre-mer*. Tomo LXV, 1978, 240, p. 377-400.

_____. Algumas formas da hegemonia africana nas relações com os europeus. In: SANTOS, Maria Emilia Madeira. 1ª *Reunião Internacional de História de África*: relação Europa-África no 3° quartel do séc. XIX. Lisboa: Instituto de Investigação Científica Tropical, p. 383-406, 1989.

_____. Um livro trágico. Prefácio da obra de CURTO, José C. *Álcool e Escravos*. O comércio luso-brasileiro do álcool em Mpinda, Luanda e Benguela durante o tráfico atlântico de escravos (c.1480-1830) e o seu impacto nas sociedades da África Central Ocidental. Tradução Márica Lameirinhas. Lisboa: Editora Vulgata, 2002, p. 5-15.

MARQUES, João Pedro. *Os sons do silêncio*: o Portugal de Oitocentos e a abolição do Tráfico de Escravos. Lisboa: Instituto de Ciências Sociais da Universidade de Lisboa, 1999.

_____. Uma cosmética demorada: as Cortes perante o problema da escravidão (1836-1875). *Análise Social*, vol. XXXVI, n° 158-159, p. 209-247, 2001.

_____. Quatro assassinatos e um retrocesso: violência escrava em Angola (1860-61). In: CENTRO DE ESTUDOS AFRICANOS DA UNIVERSIDADE DO PORTO (coord.) *Trabalho forçado africano*. Articulações com o poder político. Porto: Campo das Letras, 2007, p. 101-115.

MARQUES, J. P. e ALEXANDRE, Valentim. Debate Abolicionismo. *Penélope*, n° 14, p. 95-118; 119-125, 1994.

_____. Debate Abolicionismo II. *Penélope*, n° 15, p. 143-155;157-168, 1995.

_____. Debate Abolicionismo III. *Penélope*, n° 17, p. 123-136;137-151, 1997.

MARTINEZ, Esmeralda Simões. *O trabalho forçado na legislação colonial portuguesa* – o caso de Moçambique (1899-1926). Lisboa, 2008. Dissertação (Mestrado em História da África) – Faculdade de Letras da Universidade de Lisboa.

MATOS, Sérgio Campos. *Historiografia e memória nacional no Portugal do século XIX* (1846-1898). Lisboa: Edições Colibri, 1998.

MENDONÇA, Joseli N. M. *Entre as mãos e os anéis*. A lei dos sexagenários e os caminhos da abolição no Brasil. Campinas: Editora da Unicamp, 1999.

MILLER, Joseph. C. *Poder político e parentesco*. Os antigos estados Mbundu em Angola. Luanda: Arquivo Histórico Nacional; Ministério da Cultura, 1995.

_____. *Way of Death*. Merchant Capitalism and the Angolan Slave Trade, 1730-1830. Madison, University of Wisconsin Press, 1988.

Barganhando sobrevivências 301

_____. África Central durante a era do comércio de escravizados, de 1490 a 1850. In: HEYWOOD, Linda M. *Diáspora Negra no Brasil*. (trad. Ingrid C. V. Fregonez, Thaís Cristina Casson e Vera Lucia Benedito) São Paulo: Contexto, 2008, p. 29-80.

MOORMAN, Marissa Jean. *Intonations:* a Social History of Music and Nation in Luanda, Angola, from 1945 to recent times. Ohio: Ohio University Press, 2008.

MOURÃO, Fernando A. A. *Continuidades e descontinuidades de um processo colonial através de uma leitura de Luanda:* uma interpretação do desenho urbano. São Paulo: Terceira Margem, 2008.

NASCIMENTO, Augusto. São Tomé e Príncipe. In: ALEXANDRE, V.; DIAS, J. *Nova História da Expansão Portuguesa*. O império Africano 1825-1890. Lisboa: Editorial Estampa, vol. X, 1998, p. 269-318.

OLIVEIRA, Mario Antônio F. A formação da Literatura Angolana (1851-1950). Lisboa: Imprensa Nacional, 1997.

_____. Os 'Libertos' em Luanda no Terceiro Quartel do século XIX. SANTOS, Maria Emília Madeira (org.) *Primeira reunião internacional de história da África. Relação Europa-África no 3º quartel do século XIX* – Actas., Lisboa: CEHCA; IICT, p. 259-261, 1989.

_____. Aspectos sociais de Luanda inferidos dos anúncios publicados na sua imprensa. *Boletim do Instituto de Angola*, Luanda: Instituto de Angola, p. 45-53, maio-agosto 1964.

_____. *Alguns aspectos da administração de Angola em época de reformas (1834-1851)*. Lisboa: Universidade de Lisboa, 1981.

PARÉS, Luís N. *A formação do Candomblé*. História e ritual da nação jeje na Bahia. Campinas: Editora da Unicamp, 2006.

302   Elaine Ribeiro

PEREIRA, Maria Manuela Cantinho. *O museu etnográfico da Sociedade de Geografia de Lisboa*. Modernidade, colonização e alteridade. Braga: Fundação Calouste Gulbenkian, 2005.

PEREIRA, Miriam Halpern. Decadência ou subdesenvolvimento: uma reinterpretação das suas origens no caso português. *Análise Social*, vol. XIV, nº 53, p. 7-20, 1978.

PRATT, Mary L. *Os olhos do império*. Relatos de viagem e transculturação. Bauru: Edusc, 1999.

PRICE, Richard. O milagre da crioulização: retrospectiva. *Estudos Afro-Asiáticos*. Ano 25, nº 3, p. 383-419, 2003.

REGINALDO, Lucilene. *Os Rosários dos Angolas*: irmandades negras, experiências escravas e identidades africanas na Bahia setecentista. Campinas, 2005. Tese (Doutorado em História). IFCH, Unicamp.

REGO, A. Silva. *O Ultramar Português no século* XIX (1834-1910). Lisboa: Agência Geral do Ultramar, 1966.

RIBEIRO, Elaine. O Daomé como evento histórico. In: RIBEIRO, Alexandre Vieira; GEBARA, Alexsander L. A. *Estudos Africanos:* múltiplas abordagens. Niterói: EdUFF, 2013, p. 368-393.

RIBEIRO, Gladys S. *Desenlaces no Brasil pós-colonial*: a construção de uma identidade nacional e a Comissão Mista Brasil – Portugal para o reconhecimento da Independência. Disponível em: http://www.historia.uff.br/artigos/ribeiro_desenlace.pdf. Último acesso em: dezembro de 2009.

RODRIGUES, Eugénia. Chiponda, a "senhora que tudo pisa com os pés". Estratégias de poder das donas dos prazos do Zambeze no século XVIII. In: *Actas do Simpósio Internacional O Desafio da Diferença*. Articulando Género, Raça e Classe.

Salvador, 9-12 de Abril. Disponível em: http://www.desafio. ufba.br/gt3-002.html. Último acesso em: outubro de 2010.

RODRIGUES, Jaime. *De costa a costa*. Escravos, marinheiros e intermediários do tráfico negreiro de Angola ao Rio de Janeiro (1780-1860). São Paulo: Companhia das Letras, 2005.

SANTOS, Catarina Madeira. "Escrever o poder. Os autos de vassalagem e a vulgarização da escrita entre os africanos: o caso dos ndembu em Angola (séculos XVII – XIX). *International Symposium Angola on the Move:* Transport Routes, Communication, and History. Berlim, 24-26 sept. 2003. Disponível em: http://www.zmo.de/angola/Papers/Santos. Acesso em: julho de 2008.

SANTOS, Eduardo dos. *A questão da Lunda.* 1885-1894. Lisboa: Agência Geral do Ultramar, 1966.

SANTOS, Elaine R. S. Nas engrenagens do tráfico: grupos canoeiros e sua atuação nos portos do Golfo do Benim. In: *Anais do* XIX *Encontro Regional de História. Poder, violência e exclusão.* São Paulo: Anpuh, 2008 (cd-rom).

SANTOS, Gabriela Aparecida. *Reino de Gaza*: o desafio português na ocupação do sul de Moçambique (1821-1897). São Paulo: Alameda, 2010.

SANTOS, Maria Emília Madeira. *Viagens de exploração terrestre dos portugueses em África.* Lisboa: CEHCA; IICT, 1988.

_____. *Nos caminhos de África.* Serventia e Posse (Angola – século XIX). Lisboa: Instituto de Investigação Científica Tropical, 1998.

SANTOS, Milton. *Por uma geografia nova.* 3a ed. São Paulo: HUCITEC, 1990.

SAID, Edward. *Orientalismo.* São Paulo: Companhia das Letras, 1990.

304 Elaine Ribeiro

SERRANO, Carlos. *Poder Político Tradicional na África*. Disciplina de graduação: Seminários de Antropologia I. 22 ago. 2007. Notas de aula. Manuscrito.

SERRANO, Carlos M. Henriques e WALDMAN, Maurício. *Memória d'África*. A temática africana em sala de aula. São Paulo: Cortez Editora, 2007.

SERRÃO, Joel. De cor-de-rosa era o mapa. *Da 'Regeneração' a República*. Lisboa: Livros Horizonte, 1990, p. 159-169.

SILVA, Juliana Ribeiro. *Homens de ferro*. Os ferreiros na África Central no século XIX. São Paulo: Alameda, 2011.

SILVA, Raquel. *Figurações da Lunda*: experiência histórica e formas literárias. São Paulo, 2007. Tese (Doutorado em Estudos Comparados de Literaturas de Língua Portuguesa) – FFLCH, USP.

SILVA, Rosa Cruz. "O nacionalismo angolano. Um projecto em construção no século XIX? Através de três periódicos da época: O Pharol do Povo, O Tomate e O Desastre". *Actas do II Seminário Internacional sobre a História de Angola. Construindo o passado angolano: as fontes e a sua interpretação*. Lisboa: Comissão Nacional para as Comemorações dos Descobrimentos Portugueses, p. 741 – 802, 2000.

_____. O Corredor do Kwanza: a reurbanização dos espaços – Makunde, Kalumbo, Massango, Muxima, Dongo e Kambambe. Séc. XIX. In: *A África e a instalação do sistema colonial (c.1885-c.1930)*. Actas da III Reunião Internacional de História de África, Lisboa: IICT, p. 157-173, 2000.

SLENES, Robert. 'Malungu, ngoma vem!': África coberta e descoberta no Brasil. *Revista USP*, nº 12, p. 48-67, dez/fev, 1991-1992.

SOUZA, Marina de Mello e. *Reis negros no Brasil escravista*: história da festa de coroação do Rei Congo. Belo Horizonte: Editora da UFMG, 2002.

TAVARES, Ana Paula. *Na mussumba do Muatiânvua quando a Lunda não era leste. Estudo sobre a Descripção da Viagem à Mussumba do Muatiânvua de Henrique de Carvalho.* Lisboa: [s.nº], 1995. Dissertação (Mestrado em Literatura Brasileira e Literaturas Africanas de Expressão Portuguesa) – Faculdade de Letras da Universidade de Lisboa.

TAVARES, Ana Paula e SANTOS, Catarina Madeira. *Africae Monumenta*. A apropriação da escrita pelos africanos. Lisboa: IICT, 2002, vol. I – Arquivo Caculo Cacahenda.

TEIXEIRA, Valéria M. B. *A recuperação da cultura tradicional angolana a partir da releitura do mito, da lenda e da História em Lueji (O nascimento dum Império)*. São Paulo, 1999. Dissertação (Mestrado em Teoria Literária e Literatura Comparada). FFLCH-USP.

THOMAZ, Omar Ribeiro. *Ecos do Atlântico Sul*: representações sobre o terceiro império português. Rio de Janeiro: Editora da UFRJ; Fapesp, 2002.

_____. Tigres de papel: Gilberto Freyre, Portugal e os países africanos de língua oficial portuguesa. In: BASTOS, C.; ALMEIDA, M. V.; FELDMAN-BIANCO, B. *Trânsitos coloniais*. Diálogos críticos luso-brasileiros. Campinas: Editora da Unicamp, 2007, p. 45-70.

THOMPSON, E. P. *Costumes em comum*. Estudos sobre a cultura popular tradicional. São Paulo: Companhia das Letras, 1998.

_____. As peculiaridades dos ingleses. In: NEGRO, Antonio Luigi e SILVA, Sérgio (orgs.). *As peculiaridades dos ingleses e outros artigos*. Campinas: Editora da Unicamp, 2001.

306   Elaine Ribeiro

THORNTON, John. *A África e os africanos na formação do mundo atlântico* 1400-1800. Tradução de Marisa Rocha Mota. Rio de Janeiro: Elsevier, 2004.

TORRES, Adelino. *O Império Português entre o real e o imaginário*. Lisboa: Escher, 1991.

TURNER, Victor. *Florestas de símbolos* – aspectos do ritual Ndembu. Trad. Paulo Gabriel H. R. Pinto. Niterói: Editora da Universidade Federal Fluminense, 2005.

VANSINA, J. "The many uses of forgeries – The case of Douville's Voyage au Congo." *History in Africa*. 31, 2004.

VANSINA, Jan; SEBESTYÉN, Evá. Angola's Eastern Hinterland in the 1750s: A Text Edition and Translation of Manoel Correia Leitão's "Voyage" (1755-1756). *History in Africa*, vol. 26, p. 299-364, 1999.

VELLUT, Jean-Luc. *Notes sur le Lunda et la frontière luso-africaine* (1700-1900). Extrait de Études d'histoire africaine. t. III, p. 61-166, 1972.

VERA CRUZ, Elizabeth Ceita. *O estatuto do indigenato* – Angola – A legalização da discriminação na colonização portuguesa. Lisboa: Novo Imbondeiro, 2005 (Colecção Estudos e Documentos).

WESSELING, H. L. *Dividir para dominar*: a partilha da África (1880-1914). Tradução de Celina Brandt. 2ª ed. Rio de Janeiro: Editora da UFRJ; Renavan, 2008, p. 92-101, p.

WHEELER, Douglas L. Angolan Woman of Means: Dona Ana Joaquina dos Santos Silva Mid-Nineteen Century Luso-African Merchant Capitalist of Luanda. *Santa Bárbara Portuguese* Studies, 3, 1996, p. 284-297.

WISSENBACH, Maria Cristina C. *Sonhos africanos, vivências ladinas*. Escravos e forros em São Paulo, 1850-1880. São Paulo: Hucitec; História Social USP, 1998.

_____. *Entre caravanas de marfim, mercadorias europeias e o tráfico de escravos:* Georg Tams e os centros do comércio atlântico e sertanejo em Angola (década de 1840). Ensaio apresentado como relatório final bolsa da Fundação Biblioteca Nacional do Rio de Janeiro (PNAP), 2009.

_____. As feitorias de urzela e o tráfico de escravos: Georg Tams, José Ribeiro dos Santos e os negócios da África Centro-Ocidental na década de 1840. *Afro-Ásia*, 43, p. 43-90, 2011.

ZAMPARONI, Valdemir. *De escravo a cozinheiro:* colonialismo & racismo em Moçambique. Salvador: EdUFBA; CEAO, 2007.

IV. Bases de Dados da internet

FACULDADE DE DIREITO DA UNIVERSIDADE NOVA DE LISBOA. *Biblioteca Digital.* Disponível em: http://www.fd.unl.pt/default. asp. Último acesso em: novembro de 2010.

Info: Acervo digital sobre direito Colonial: doutrina; textos legislativos; legislação – direito constitucional, direito internacional, organização ministerial, organização administrativa, organização judicial, organização do trabalho; Índices, Repertórios, Coletâneas e Varia.

BIBLIOTECA NACIONAL DA FRANÇA. *Gallica Biblioteca Digital.* Disponível em: http://gallica.bnf.fr/. Último acesso em: novembro de 2010.

Info: Acervo digital da Biblioteca Nacional da França que contém: livros, manuscritos, mapas, imagens, periódicos, revistas, letras, músicas e partituras.

BIBLIOTECA NACIONAL DE PORTUGAL. Henrique de Carvalho. A Expedição 1884-1888. Disponível em: http://henriquedecarvalho.bnportugal.pt/Último acesso em: dezembro de 2012.

Info: Página de conteúdo sobre a expedição de Henrique de Carvalho à Lunda que disponibiliza grande parte da obra do expedicionário português.

SOCIEDADE DE GEOGRAFIA DE LISBOA. *Memórias de um Explorador*: A Colecção Henrique de Carvalho da Sociedade de Geografia de Lisboa. Disponível em: http://socgeografialisboa.pt/projectos/2010/henrique-carvalho/. Último acesso em: novembro de 2010.

Info: Página de conteúdo sobre a Exposição patrocinada pela Fundação para a Ciência e a Tecnologia no âmbito do Projecto "EXPLORA – A Colecção Henrique de Carvalho: Património Museológico e Construção de Saberes nos Finais do séc. XIX".

GALE GROUP. *Eighteenth Century Collections Online*. Disponível em: http://galenet.galegroup.com/servlet/ECCO. Último acesso em: outubro de 2010.

Info: Acervo da British Library do século XVIII, incluindo livros, manuscritos e mapas.

INTERNET ARCHIVE. Disponível em: http://www.archive.org. Último acesso em: novembro de 2010.

Info: Acervos digitalizados de diferentes bibliotecas dos EUA e Canadá. Conteúdo: textos, imagens, filmes, áudios e 'softwares'.

V. Videografia

FURTADO, Joaquim. *A Guerra | Colonial | Do Ultramar | De Libertação. Episódios: Baixa do Cassange*. Documentário RTP, 2008. Disponível em: http://www.youtube.com/watch?v=I5xGtc8qqJ4 Último acesso em: outubro de 2010.

FARIAS, Paulo Fernando de Moraes. *Sahel: a outra costa da África*, curso promovido pela Casa das Áfricas e pelo departamento de História da USP. Disponível em: http://www.casadasafricas.org.br/site/movies.php?area=talks&action=show&filter=authors&id=8 Último acesso em: agosto de 2010.

Agradecimentos

Este livro constitui o texto da dissertação de mestrado defendido em dezembro de 2010 no departamento de História da Faculdade de Filosofia, Letras e Ciências Humanas da Universidade de São Paulo (USP). A partir de uma revisão geral do texto, para esta publicação foram realizadas algumas poucas alterações.

Este estudo é fruto de inúmeras contribuições, dentre as quais agradeço especialmente à professora Maria Cristina Cortez Wissenbach. Minha orientadora desde o início da graduação, compartilhou comigo o seu conhecimento, incentivou-me e presenteou-me com sua amizade.

Aos meus companheiros de pesquisa Elisangela Mendes Queiroz e Pedro Figueiredo Alves da Cunha, a minha gratidão pelo apoio, pelos incentivos e pela importante ajuda nos momentos de produção da escrita deste trabalho. Com vocês compartilho esta importante fase de minha vida.

Também agradeço ao grupo de orientados da Cristina, pela convivência intelectual. Assim como aos professores e alunos que participaram das reuniões da linha de pós-graduação de História Atlântica e do Núcleo de Evangelização e Colonização do projeto temático Fapesp Dimensões do império português. Reputo a estes debates historiográficos parte substancial de minha formação.

Enorme gratidão também ao professor Carlos Serrano, que muito me ajudou desde a graduação a refletir sobre as temáticas africanas e fez considerações precisas e instigantes sobre minha pesquisa. Nesta mesma intensidade, agradeço à Lucilene

Reginaldo e Alexsander Gebara pela leitura atenta de meus textos e pelas sugestões preciosas que me ofereceram.

Aos professores de longe, especialistas em história angolana, Roquinaldo Ferreira e Beatrix Heintze, obrigada pelas sugestões e materiais enviados.

Um muito obrigada às professoras Mariza de Carvalho Soares da UFF e Regina Wanderley do IHGB, por me proporcionarem pesquisa em tão importante acervo digitalizado proveniente do Arquivo Histórico de Angola. Grata também aos alunos da professora Regina que me receberam em sua sala de trabalho e compartilharam comigo seus conhecimentos.

À querida Eliane Junqueira, bibliotecária da Casa de Portugal, obrigada pelo conhecimento e pelos livros. Aos funcionários da biblioteca Florestan Fernandes da FFLCH-USP, do IEB-USP, da Biblioteca Nacional e IHGB, obrigada pela ajuda atenciosa.

À amiga de ofício Gabriela Aparecida dos Santos, minha profunda admiração por você e por seu trabalho e aos novos amigos da Universidade Federal de Alfenas, professores e alunos que me fazem crescer intelectualmente.

Agradeço à Fundação de Amparo à Pesquisa do Estado de São Paulo – Fapesp pelo importante apoio financeiro que permitiu que este trabalho se realizasse com mais tranquilidade.

Aos meus avós Ana e Sebastião (*in memorian*), minha saudosa gratidão.

E de maneira muito especial ao Marcio Granado, meu companheiro de todas as horas, e a minha mãe, Santina Ribeiro. A verdade é que muito pouco eu faria sem os incentivos e a ajuda incondicional de vocês. Ofereço aos dois este trabalho.

Esta obra foi impressa em São Paulo no inverno de 2013. No texto foi utilizada a fonte Sabon em corpo 10 e entrelinha de 14 pontos.